MW01047540

DIRK MEIER

BAUER/BÜRGER/EDELMANN

DIRK MEIER

BAUER/BÜRGER/EDELMANN

Stadt und Land im Mittelalter

 JAN THORBECKE VERLAG

Bibliografische Information Der Deutschen Bibliothek
Die Deutsche Bibliothek verzeichnet diese Publikation
in der Deutschen Nationalbibliografie; detaillierte
bibliografische Daten sind im Internet über
http://dnb.ddb.de abrufbar.

Wir danken allen Rechteinhabern für die freundliche
Genehmigung zum Nachdruck. Trotz nachdrücklicher
Bemühungen ist es uns nicht gelungen, alle Rechteinha-
ber zu ermitteln. Wir bitten diese daher um Verständnis,
wenn wir gegebenenfalls erst nachträglich eine Ab-
druckhonorierung vornehmen können.

Dieses Buch ist aus alterungsbeständigem Papier nach
DIN-ISO 9706 hergestellt.

Gestaltung: Finken | Bumiller, Stuttgart
Druck: Westermann Druck, Zwickau
Printed in Germany · ISBN 3-7995-0115-0

Das Mittelalter gehört zu den faszinierenden Epochen der europäischen Kulturgeschichte. Hier soll weniger die Ereignisgeschichte betrachtet werden als vielmehr die funktionalen Zusammenhänge zwischen Mensch und Umwelt, Stadt und Land. Dieses Buch ist nicht von einem Mediävisten geschrieben worden, sondern von einem Archäologen, dem es ein wesentliches Anliegen war, aus verschiedenen Blickwinkeln Landschaft, Gesellschaft und Siedlung des Mittelalters in Mitteleuropa exemplarisch zu beleuchten. Ergebnisse archäologischer Ausgrabungen werden dabei ebenso beispielhaft betrachtet wie historisch-geographische, paläobotanische und geoökologische Untersuchungen. Die Quellen dieser Forschungen sind unterschiedlich und reichen von Ausgrabungen über die Auswertung archäologischer Funde, der Botanik oder der Tierknochen und verschiedener Bodenprofile, bis hin zur Analyse historischer Quellen. Nicht immer erlauben die verschiedenen Untersuchungen eine Synthese, aber erst ihre Zusammenschau ermöglicht eine ganzheitliche Betrachtungsweise.

Dieses Buch möchte anhand verschiedener Beispiele von Forschungen im ländlichen Raum und in den Städten in verständlicher Form sowohl eine Brücke schlagen zwischen diesen Forschungszweigen als auch zwischen urbanen Zentren und ländlichem Raum des Mittelalters. Anhand dieser Fakten entsteht ein komplexeres Bild des Mittelalters – jener Epoche, in der sich mit der Fixierung von Dörfern, Kirchen und der Gründung neuer Städte die Grundlagen unserer heutigen Kulturlandschaft formten. Insofern ist das »Mittelalter« der Beginn der Moderne, es liegt gar nicht soweit zurück, wie wir denken. Mancher Archäologe wird die Beschreibung der mittelalterlichen

Sachkultur vermissen, mancher Historiker eine minutiöse Betrachtung einzelner Schriftquellen, der Bauhistoriker die Bauhistorie herausragender Bauwerke, der Kunsthistoriker die Analyse von Bildquellen, allein – das Buch kann und soll nicht den Anspruch erheben, erschöpfend zu sein, es mag Denkanstöße geben und auf breiter Basis das Interesse wecken, sich mit dem Mittelalter zu beschäftigen.

Der Autor dieses Buches dankt Kollegen und Freunden für viele Erkenntnisse, ohne die dieses Buch hätte nicht geschrieben werden können. Ich danke Herrn Prof. Dr. G. J. Borger, Amsterdam, und Prof. Dr. H. T. Waterbolk, Groningen, für ihre Exkursionsbegleitung in den Niederlanden. Weitere Reisen führten mich von den Marschen als extremer, den Natureinflüssen unterliegender Landschaft in das Hochgebirge. Dankbar denke ich an den Aufenthalt auf der Außenstelle des Institutes für Hochgebirgsforschung der Universität Innsbruck in Obergurgl zurück. Mit Prof. Dr. G. Patzelt unternahm ich manche Wanderung in die Gletscherwelt der Ötztaler Alpen. Gewidmet sei das Buch Prof. Dr. Hans Eugen Specker zum 65. Geburtstag in dankbarer Erinnerung an eine leider zu kurze Zusammenarbeit bei der Erforschung der Stadtgeschichte von Ulm.

Frau Dr. G. Hartmann und Herr Dr. J. Laakmann vom Thorbecke Verlag haben das Projekt mit Rat und Tat gefördert und aus dem Manuskript ein Buch werden lassen. Ihnen allen gilt mein Dank.

DIRK MEIER, *Wesselburen, im Frühjahr 2003*

INHALT

1. EINLEITUNG

AM ANFANG DER MODERNE

Das hohe und späte Mittelalter, die Zeit zwischen 1000 und 1500, steht am Anfang der Moderne. Gewiß, aus der Perspektive der Renaissance oder der Aufklärung war das Mittelalter eher eine dunkle Epoche. Aber wenn in unserem Leben unsere tägliche Umwelt, unser Lebensraum, eine hohe Bedeutung einnimmt, dann ist das Mittelalter modern. Das Verhältnis des Menschen zu seiner Umwelt jedoch gehört zu den elementarsten Kernfragen der menschlichen Existenz. Die Topographie einer Landschaft wird in hohem Maße nicht nur durch den Naturraum bestimmt, sondern auch durch die Art, wie sie vom Menschen genutzt wird. In der Landnutzung steht das Mittelalter am Anfang der Moderne. Denn unsere heutige Landschaft wurde nicht etwa in der Steinzeit präformiert, sondern mit der Rodung der Wälder, der Eindeichung und Entwässerung der Marschen, der Trockenlegung von Mooren sowie der Anlage von Dörfern und Kirchen in dieser Zeit. Mit dem Phänomen der Fixierung der Dörfer ist die Entwicklung unserer Kulturlandschaft eng verbunden. Der Begriff der Kulturlandschaft leitet sich vom lateinischen *colere* für »pflegen« ab. Gepflegt wurden solche Landschaften aber im Mittelalter nicht, sondern vom Menschen bewirtschaftet. Die Parallelen zu unserer heutigen Zeit sind verblüffend: Alle nur erreichbaren Ressourcen von den Waldlandschaften, den mit Wald bedeckten Mittelgebirgen, bis hin zu den Marschen, Mooren und alpinen Hochweiden wurden genutzt – Rücksicht auf die Umwelt wurde nicht genommen. Dies zeigt in einem besonderen Maße der intensiv betriebene Bergbau in den Mittelgebirgen. Das alles wäre nicht möglich gewesen ohne technische Innovationen in allen Bereichen, im Bergwerk ebenso wie bei den Handwerkern in den Städten oder bei den Bauern auf dem Felde.

Die Äcker wurden in einer modernen Dreifelderwirtschaft mit Brachjahr und regelmäßigem Fruchtwechsel bewirtschaftet. Düngung steigerte ebenso die landwirtschaftliche Produktion wie neue Pflüge, welche die Schollen wenden konnten. Die Steigerung der Agrarproduktion lieferte die Ernährungsgrundlagen für eine steigende Bevölkerungszahl. Eine dichte Bevölkerung und die Aussicht auf neuen Gewinn verlangte von vielen Menschen erstmals seit der Völkerwanderungszeit wieder eine hohe Mobilität. Ausgehend von den Altsiedelgebieten erfaßte ein Landesausbau nahezu alle Bereiche Europas. Zwischen Rhein und Elbe erfolgte eine Verdichtung des Siedlungsbildes ebenso wie in den Seemarschen, im Zuge der Ostsiedlung entstanden neue Dörfer und Städte in den von Slawen bewohnten Gebieten. Träger dieses Landesausbaus waren weltlicher Adel, Kirche und Klöster. Sichtbares Zeichen sind zahlreiche neue Burgen, die das Land und die Verkehrstraßen kontrollierten.

Die Intensivierung der landwirtschaftlichen Produktion schuf die Voraussetzungen für die Versorgung der Menschen in den Klöstern, Burgen und Städten. Vielschichtig waren die Verbindungen zwischen diesen und dem ländlichen Umland. In den Städten boten die Bauern ihre landwirtschaftlichen Erzeugnisse auf den Märkten an. Zwar gab es Städte schon zur Römerzeit, nun aber entstanden erstmals im Schnittpunkt der Verkehrswege zahlreiche neue urbane Zentren. Der Fernhandel zwischen den Städten spielte eine zunehmende Rolle. In vierrädrigen Karren rollte der Warenverkehr langsam über die unbefestigten Straßen dahin, schneller ging es bei günstigen Winden über das Meer. Größere Schiffe mit mehr Frachtraum segelten entlang der Nord- und Ostseeküsten. Hier entstand ein neuer Typus von Städten. Durch die Verbindung von Hafen und Ufermarkt mit den Landhandelswegen nahmen diese urbanen Zentren an der Küste einen schnellen Aufschwung. Die Hanse, ein Bund von Städten, beherrschte den internationalen Handel in Nord- und Ostsee. Die damalige Welt – so schien es – war überschaubar geworden, wenn auch nur für wenige.

Aber wie heute war auch damals der Fortschritt nicht kostenfrei zu haben. Häuser und Schiffe mußten aus Holz errichtet werden, in den Bergen schürfte man nach Erzen, und für die Anlage neuer Agrarflächen verschwanden ganze Wälder. Das »Perpetuum mobile«, eine sich ständig erneuernde Energie, ist bis heute nicht erfunden. Die umfangreiche Rodung der Wälder und die intensive Agrarwirtschaft blieben nicht ohne Folgen für die Umwelt. Aber wer konnte diese Folgen schon voraussehen? Die Natur, die dunklen Wälder und die unheimlichen Moore, war feindlich, sie zu schützen wäre niemandem in den Sinn gekommen. Denn das Bild der Natur, insbesondere des Waldes, das man üblicherweise den historischen Quellen entnehmen kann, ist das eines gefürchteten Ortes, bewohnt von Räubern, Bestien und Hexern, unsicher durch den Wolf und verwandt mit der Dunkelheit.

Wenn Adel, Kirche und Klöster die Rodungen der Wälder und die Trockenlegung von Mooren initiierten, konnte daran auch nichts falsch sein. Die Mönche, wie die Zisterzienser, schufen ja aus der wilden Natur eine menschliche Umwelt. Aber die Natur war nicht nur feindlich, sie war auch wundersam. Der Zerfall des Römischen Reiches ließ Magie, Astrologie und Alchemie wieder aufblühen. Wunder, Vorzeichen und Prophezeiungen durch himmlische Signale sind in vielen mittelalterlichen Chroniken zu finden. Aber alles, was die Natur hervorbrachte, kam von Gott. Katastrophen wurden vielfach als Gottesgericht empfunden. Auch wunderbare Phänomene waren weniger das Werk des Teufels als vielmehr des Herrn. Für Franz von Assisi gar war die Erde die Mutter, und Thomas von Aquin sah Gott nicht als Organisator und Kontrolleur der Welt, sondern vielmehr als deren Schöpfer.

Wenn aber alles von Gott kam, dann auch die Ordnung des Lebens. Wer Herr und Knecht war, das war eindeutig. Es gab eine Hölle und einen Himmel. Bildnerische Darstellungen der Höllenqualen nahmen die Schrecknisse vorweg, die den Ausklang des Mittelalters begleiten:

Flüsse traten über die Ufer, Starkregenfälle spülten Ackerkrume und Ernten davon, Hungersnöte breiteten sich aus, und an der Pest starb ein großer Teil der Bevölkerung. Doch die meisten Städte und Dörfer überdauerten diese Schreckenszeit. Das Mittelalter des Abendlandes war stark genug, entscheidende Grundlagen unserer heutigen Welt zu legen. Hier wurden die Schiffe gebaut, welche die Ozeane befahren sollten. Ohne das alte Europa wäre Amerika nicht entdeck worden. Aber wie sah es aus, das alte Europa?

2. PFAFFEN, RITTER UND GEBURE
ANMERKUNGEN ZUR GESELLSCHAFT DES MITTELALTERS

Wir leben heute in einer demokratischen Gesellschaft mit nur wenigen verbindlichen Normen. Das Mittelalter war anders, es war keine Demokratie. Die Menschen waren eingebunden in zahlreiche gegenseitige Verpflichtungen. Aber kann man überhaupt von der mittelalterlichen Gesellschaft sprechen? In Europa gehörte dazu die ganze *societas christina*, also die gesamte Christenheit. Bereits der um 321 v. Chr. gestorbene griechische Staatsdenker Aristoteles hatte zwischen Staat und Gesellschaft unterschieden. Seine Schriften wurden im 12. Jahrhundert verstärkt wiederentdeckt und von Gelehrten diskutiert. Bis dahin hatte das Christentum das Bild der Menschen geprägt. 700 Jahre nach Aristoteles beschrieb der Kirchenlehrer Augustinus von Hippo, der um 430 n. Chr. verstarb, die Gesellschaft recht einfach: Diese *civitas* war entweder Gottes oder des Teufels – die irdische Staatlichkeit aber war aus beiden gemischt, und niemand konnte wissen, ob er in dieser gemischten Welt zur Gefolgschaft Gottes oder des Teufels gehörte. Irdische Ordnung folgte irdischen Notwendigkeiten.

Diese Ordnung aber war gegliedert und umfaßte – vereinfacht gesagt – drei Stände: Die Bauern bildeten den Nährstand, die Ritter den Wehrstand, die Geistlichkeit den Lehrstand. Über allem standen Kaiser und Papst als Vertreter Gottes auf Erden, ein ungeheurer Anspruch. Nur erwähnt sei hier, daß die genaue Definition des »Standes« umstritten ist, sich aber jedenfalls auch in der langen Zeit des Mittelalters die Vorstellung davon veränderte.

Die Abbildung illustriert den Alptraum eines mittelalterlichen Herrschers: Die Stände der Bauern, des weltlichen Adels und des oberen Klerus erheben sich gegen den König (Ende 12. Jahrhundert).

Bis um 1200 jedenfalls begriff sich die mittelalterliche Gesellschaft als eine geschlossene Gruppe unter göttlicher Führung. Das Heil des große Gebiete Europas umspannenden »Heiligen Römischen Reiches« entsprang der Tradition des römischen Imperiums und wurde durch das Gottesgnadentum der Könige und Kaiser vermittelt. Die weit überwiegende Zahl der Menschen war allerdings weit entfernt von diesem Heil, sie waren Bauern oder noch nicht einmal das. Einen Staat in unserem heutigen Sinne gab es im Mittelalter nicht. Deutschland um 1000 war ein »Personenverbandsstaat«, personale Beziehungen hielten ihn zusammen, weder eine Institution noch eine abstrakte Staatsvorstellung oder ein Raum. Vielmehr formte eine Vielzahl rechtlicher Bindungen zwischen großen und kleinen Herren oder zwischen Herren und Knechten dieses Gebilde. Eine Zusammengehörigkeit ohne die Person eines gekrönten Hauptes war unvorstellbar, Staatsidee und zugehöriges Staatsterritorium – die Grundlagen heutiger Gemeinsamkeit – waren erst spätere Konzepte. Eine Herrschaft mußte nicht über einen geschlossenen, gleichbleibenden Raum verfügen, es genügte, einen Herrn zu haben. Der aber mußte sein. Etwas anderes hätte gegen die göttliche Weltordnung verstoßen. Konsequent trennt deshalb Hugo von Trimberg um 1300 die Gesellschaft in Geistliche, Ritter und Bauern, und auf die Frage nach der Gerechtigkeit dieser Gesellschaft gab er folgende Antwort: *Ihr* – und damit waren die Bauern gemeint – *seid die Nachkommen Chams, den sein Vater Noah verfluchte und zum Knecht bestimmte. Und deshalb müßt Ihr Knechte sein!* Was für eine Weitsicht – war das die Leitkultur?

Wer Herr und wer Knecht war, das war im Mittelalter eindeutig. Mit den Herren waren jedenfalls nicht die Bauern gemeint. Das altdeutsche Wort *Fro* für Herr kommt ebenso im Fronhof wie im Fest des Fronleichnam vor. Im Lateinischen standen »Herr« und »Haus«, *dominus* und *domus*, in enger Verbindung. Doch darf man sich die Oberschicht nicht durchweg als wohlhabend vorstellen. Die Mitglieder des Adels hatten unterschiedliche Anteile an der Macht. Unterhalb des Kaisers und Königs folgte der fürstliche Adel, dann der nichtfürstliche, und ganz unten standen die Ministerialen als Dienstadel. Zwischen all diesen Mächtigen und Adligen gab es festgelegte Verbindungen. Die Herzöge wählten den König und verbanden sich so gleichsam mit ihm. Der König war ursprünglich auch einer der Ihren gewesen, einer der Herzöge von Sachsen, Franken, Bayern, Schwaben und Lothringen. Herzöge waren zunächst in Zeiten der Gefahr als Heerkönige gewählt worden, die über Land, abhängige Bauern und bewaffnete Gefolgsleute verfügten. An die Stelle der Wahl traten später Dynastien mit Erbfolgerecht. Das Königtum beruhte zu Beginn auf der Zustimmung dieser Herzöge. König konnte ursprünglich nur der werden, dessen Geschlecht das »Geblütsheil« besaß. Dieses war ein altes Prinzip, man hat es »germanisch« genannt, um es vom römischen Prinzip der Caesaren zu unterscheiden. Beide Traditionen verbanden sich mit der Krönung Karls des Großen zum Kaiser in Rom im Jahr 800. »Herrscher von Gottes Gnaden« – an der Spitze der Weltordnung, nur mit dem Papst um den ersten Platz streitend. Wie die Kaiser immer aufs neue die kaiserliche Karlstradition zu erneuern trachteten, symbolisiert das Kopfreliquiar, eine Büste mit Krone, die Karl IV. 1349 für die Schädelkalotte Karls des Großen anfertigen ließ. Seine Herrscherwürde wurde immer wieder in Anspruch genommen zur Rechtfertigung der Krönung durch Gott. Fundamental sollte das Vertrauen sein zu dem von Gott gekrönten Herrscher.

Die wirkliche Macht der mittelalterlichen Kaiser und Könige beruhte aber weniger auf diesem universalen Anspruch als vielmehr auf dem eigenen Königsland, auf ihrer Hausmacht und auf ihrem Geschick, sich die Großen des Reiches zu treuen Gefolgsleuten zu machen. Das Königsland wurde ursprünglich von den Grafen als Gefolgsleuten des Königs verwaltet. Sie erhielten ein Lehen und gaben dafür ihre Treue – zumindest war das so vorgesehen. Aber nicht immer konnte sich der Herrscher darauf verlassen, und mit der Gefolgschaft der Herzöge war das noch weniger der Fall, wie der Konflikt des sächsischen Herzogs Heinrich des Löwen mit dem Stauferkönig Friedrich Barbarossa zeigt.

All diese Verflechtungen waren komplex und unübersichtlich, auch das war kennzeichnend für das scheinbar so geordnete Mittelalter. Das Fundament dieser gegenseitigen Rechte und Pflichten bildete das

Lehnswesen. Dieses bestand aus drei miteinander verbundenen Elementen. Bereits in der Spätantike ist die »Vasallität« nachweisbar. Der Begriff geht auf das keltische Wort für Knecht, *gwas*, zurück. Es bezeichnete einen Mann, der sich aus wirtschaftlicher Not heraus in die Abhängigkeit eines Herren begab. Der Vasall war ursprünglich ein Unfreier. Seit dem 8. Jahrhundert konnten die Vasallen ein Lehen vom König erhalten. Damit wurde es auch für Freie interessant, Vasall zu werden und sich durch eine rechtliche Ergebungshandlung, die »Kommendation«, in den Dienst eines Herren zu stellen. Woher kam das Lehen? Mit dieser Frage mußte sich auch der fränkische Hausmeier Karl Martell (714–741) beschäftigen. Als der König starb, eignete Karl sich Kirchengut an und gab es als Lehen an Adlige ab, die dafür zur Heerfolge verpflichtet wurden. Zu diesen beiden Elementen trat als drittes die Treuepflicht hinzu. Diese entstammte dem Gefolgschaftsdenken und bezeichnete eine auf einem Eid begründete Verbindung zwischen Gefolgsmann und Herrn. Durch die »Investitur« empfingen die Vasallen ihr Lehen und legten dabei gleichzeitig ihren Treueid ab. Die Dienste wurden mit »Rat und Hilfe« umrissen, worunter in erster Linie Waffenhilfe zu verstehen ist. Diese Feudalisierung ist ein kennzeichnendes Element der mittelalterlichen Gesellschaft.

Neben dem weltlichen Adel waren auch Bischöfe und Klöster Grundherren. Durch große Landschenkungen waren Kirche und Klöster schon im frühen Mittelalter zu grundherrschaftlicher Macht gekommen. Ihre Herrschaft war »immun« und stand außerhalb der weltlichen Rechtssphäre. Da die Kirche nach den Normen des Kirchenrechts jedoch keine Blutgerichtsbarkeit vollziehen konnte, bestellte sie kurzerhand Adlige als Vögte. Die Rolle der geistlichen Herren in der mittelalterlichen Gesellschaft beschränkte sich keinesfalls nur auf religiöse und kulturelle Aspekte, sondern sie hatten eine wichtige Funktion beim Landesausbau. Otto der Große (936–973) hatte die Herzogsgewalt in die Hände der Bischöfe gelegt, denn ihrer Gefolgschaft glaubte er sich sicher zu sein. Damit legte er die

Grundlagen für die Entstehung der geistlichen Reichsfürsten in Deutschland. Diese Reichskirche diente ihrerseits dem König und stellte feste Kontingente für das Reichsheer. Daß es später zu heftigen Auseinandersetzungen zwischen König und Papst über die Frage kam, wer die Bischöfe einsetzen durfte, ist eine andere Geschichte. Der König war fast ständig unterwegs, um seine Macht zu sichern. So reiste er mit seinem Gefolge von Pfalz zu Pfalz oder von einem Kloster zum anderen. Denn der König bildete gleichsam den Staat – und der war ständig auf Reisen.

Für die Eigenwirtschaft des Königs wie der Herzöge waren die Ministerialen als Funktionsträger tätig, sie verwalteten Burgen und übten die Aufsicht über die hörigen Bauern aus. Viele dieser Ministerialen machten Karriere und stiegen in den Territorialadel auf oder erwarben Vermögen in den Städten, wo sie sich am Fernhandel beteiligten. Um 1300 bestand der Adel etwa zu 80 Prozent aus solchen Ministerialen, aus denen das Rittertum seine Kraft entfaltete. Mit den Rittern, berittenen Panzerreitern, und den Ritterburgen verbinden wir heute allgemein das Bild des Mittelalters. Den Rittern war innerhalb der mittelalterlichen Gesellschaft der Platz des Wehrstandes zugedacht. Um aber beritten zu sein und sich eine Rüstung leisten zu können, die dem Gegenwert mehrerer Ochsen entsprach, bildete der Besitz über Grund und Boden eine unverzichtbare Voraussetzung. Das Mittelalter ist denn auch der Zeitraum, in dem besonders viele Burgen gebaut wurden. Diese waren sichtbarster Ausdruck der zunehmenden Zersplitterung in viele kleine Machtbezirke. Noch eine wichtige Funktion übte der niedere Adel aus, denn das waren die einzigen Herren, die das Landvolk überhaupt zu Gesicht bekam. Der niedere Adel trat so gleichsam als intermediäre Gewalt zwischen König, höheren Adel und Bauern. Grundlage der eigenständigen Macht des Adels war weniger das Lehen, das einem entzogen werden konnte, als vielmehr der eigene Besitz, das *allod*, das er frei erwerben, besitzen und tauschen konnte. Dieser Eigenbesitz war zur ertragreichen Landnutzung als Fron-, später als Grundherrschaft organisiert.

Im Mittelpunkt stand der Fronhof, den der Grundherr mit Hilfe der Hörigen, also abhängiger Bauern, selbst bewirtschaftete.

Die bäuerliche Welt umfaßte die Felder mit den zugehörigen Dörfern, die nun aufgrund der Gründung von Kirchen über Jahrhunderte platzkonstant blieben. Die ländliche Bevölkerung lebte auf engem Raum, in Norddeutschland mit dem Vieh unter einem Dach. Erhaltene ländliche Bauten des Mittelalters gibt es kaum; wie die Häuser aussahen, vermitteln aber zahlreiche archäologische Ausgrabungen. In den Häusern lebten meist zwei Generationen unter einem Dach in oft drangvoller Enge. Die kräftezehrende Arbeit auf den Feldern machte die Menschen anfällig für Krankheiten, besonders in Hungerzeiten. Mangelnde medizinische Versorgung verringerte die Lebenserwartung zusätzlich. Ebenso wie die mittelalterliche Welt war auch die Familie geordnet: An der Spitze stand der Bauer, der Mann. Die Familie bildete einen Zweckverband zur Arbeitsteilung. Die Frauen waren nicht nur mit Tätigkeiten im Haushalt befaßt, sondern halfen auch auf den Feldern. Heiraten erfolgten weniger aus Liebe, vielmehr stand die Arbeitskraft der Frau für den Mann im Vordergrund. Je mehr ein Bauer besaß, desto wichtiger waren die materiellen Verhandlungen bei der Eheschließung. Ein reicherer Bauer vermählte sich eher mit einer reichen Frau als mit einer armen. Noch in der Neuzeit hieß es in Angeln: »Kuhschwanz zu Kuhschwanz« – anhand der Kühe maß man den Reichtum, und der war wichtiger als die Liebe. Die gewöhnliche Tracht der Bauern bestand um 1500 aus einem groben Mantel mit kurzer Hose (»Bruch«) und langen Strümpfen (Beinlinge), worüber ein bis zu den Knien reichender Leibrock mit Gürtel getragen wurde.

Der Bauer, der *rusticus*, wie er nun erstmals in den Schriftquellen erscheint, war aber nicht frei, sondern eingebunden in ein Pachtsystem, in eine Grundherrschaft gegenseitigen Nehmens und Gebens. Aber es besserte sich vieles im Vergleich zur früheren Zeit. Denn während des hohen Mittelalters vollzog sich die Auflösung des alten Fronhofsystems, der Villikation. In diesem alten System war der Bau-

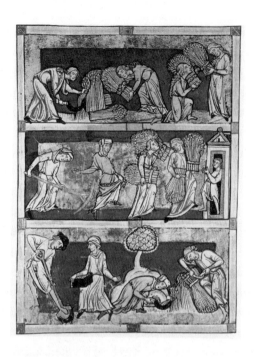

Szene bäuerlicher Feldarbeit mit Sichel, Rechen und Spaten aus dem
Jungfrauenspiegel (spätes 12. Jahrhundert). Die gesamte Familie ist
bei der Saat und Ernte eingesetzt. Das Getreide wird noch mit der Sichel
geschnitten, die Sense kam nur bei der Heuernte zum Einsatz. Die ver-
heirateten Frauen tragen Kopftücher.

er dem Fronhof als Herrenhof fest zugeordnet. Persönlich und unmittelbar war sein Bezug zum Herrn. Dieser bestimmte den bäuerlichen Alltag. Das System diente einzig der Versorgung des Herren-
hofes. Pflügen, Säen, Mähen, Dreschen und das Einfahren der Ernte,
somit die gesamte Feldarbeit, oblag den hörigen Bauern. Das Vieh des
Fronhofes mußte versorgt und gehütet werden. Bau- und Brennholz
wurden für den Herren geschlagen. Auch die Spinn- und Web-
arbeiten der Frauen kamen dem Herrn zugute. Allerdings gab es
regionale Unterschiede, und nicht überall war die Villikation über-
mächtig.

Im hohen Mittelalter änderte sich dies, denn die Auflösung des Fronhofsystems beendete die persönliche Ausrichtung auf den Herrn und
seinen Hof. Die Grundherren, die nun ihre Eigenwirtschaft reduzierten, wandelten die Frondienste in Naturalabgaben, später auch in
Geldabgaben um. Grundherrschaft war nicht mehr willkürlich, sondern ließ sich erstmals errechnen. Viele dieser Vereinbarungen wurden mündlich geschlossen. Diese Entwicklung läßt sich sicher schon
Mitte des 12. Jahrhunderts in Frankreich greifen, wo in der »Charte«
für Lorris-en-Gâtinais 1155 und der »Loi de Beaumont« 1182 einem
jeden Siedler auf Neuland im Rahmen einer besonderen Flurverfas-
sung die Freiheit gewährt wird. Frei bedeutet in diesem Fall das Recht,
den Boden zu vererben und auch zu verlassen und ohne Erlaubnis zu
heiraten. An die Stelle des Frondienstes treten Abgaben. Dieses Mo-
dell der Landnutzung verbreitete sich schnell in einem Europa, dessen
Gesellschaft zu mehr als drei Vierteln mit landwirtschaftlicher Produktion die Nahrungsgrundlage für sich und andere schuf. Innerhalb
des Regelwerks, wie es Adel und Kirche festlegten, konnten die Menschen nun frei wirtschaften. Die Beseitigung des Fronhofsystems bedeutete aber noch mehr: Aus den ländlichen Siedlungen bloßer
Nachbarschaftsverbände entstand das Dorf mit seiner festgefügten
Gemeinschaft.

Auch die sozialen Beziehungen im Dorf gestalteten sich nun, es wurde zu einem Rechtsverband mit eigenen Organen. Die Selbstverwal-
tungsrechte nahmen zu, es bildete sich eine Art dörflicher Verwaltung
mit eigenen Gerichten. Allerdings blieb der Grundherr durch seinen
Beauftragten, den Schulten, Schulzen oder Burmester, im Dorf vertreten. Zudem gab es eine deutliche soziale Schichtung auch innerhalb der Dörfer. In den nordhessischen Dörfern beispielsweise setzte
sich die Bevölkerung aus drei deutlich voneinander abgesetzten
Gruppen zusammen: den Hüfnern, die unseren heutigen Bauern
entsprechen, den Köttern und den Beiwohnern. Ähnlich war es in
Holstein, wo sich unterhalb der Vollbauern, der Hufner, die Kätner
und Insten befanden. Nur die Hufner waren vollberechtigte Ge-

meindemitglieder und Mitglieder der Feldgemeinschaft. Das bäuerliche Anwesen des Hufners war der Hufenbesitz, im Dänischen Toft genannt, der immer Wohnhaus, Scheune, Stall und Hofgrundstück umfaßte. Hufner bewirtschafteten mit Hilfe des Gesindes und Tagelöhnern, wie den Insten, Höfe und Felder. Der Umfang des bewirtschafteten Landes läßt sich meist aus Flurkarten seit der zweiten Hälfte des 18. Jahrhunderts erschließen. Ihr Land besaßen sie als Lehen eines Grund-, später eines Landesherren. Auch zwischen den Hufnern gab es soziale Unterschiede, wie die Größe der Höfe zeigt. Wohl seit dem hohen Mittelalter bildeten sich vermutlich aus dem Gesinde der Hofverbände auch die unterbäuerlichen Schichten wie die Kötter oder Kätner heraus. Die in »Hütten« wohnenden Kötter konnten auch in den Vollbauernstand aufsteigen, während das den Tagelöhnern in der Regel nicht gelang. Kartierungen der Hofstellen und ihrer Besitzer zeigen oft, daß die Kötter erst am Rande des Dorfes ihre Häuser bauen durften, häufig nur auf schlechterem Land, etwa nahe des Moores. In Wees in Angeln entstand auf diese Weise die Ausbausiedlung Weesries. Durch den Ausbau von Höfen konnten sich die Dörfer auch selbst vergrößern. Reichere Bauern konnten sich aufgrund der Größe ihrer Ländereien Gesinde leisten. Die dörfliche Gemeinschaft war somit im Mittelalter nicht gleich – sie war ebenso wie die Gesellschaft des Reiches gegliedert und zerfiel in Vollbauern, Kleinstellenbesitzer und Unterschichten wie Tagelöhnern. Die Chancen des gesellschaftlichen Aufstiegs blieben aber selbst für die reichen Bauern gering. Einige Freie bewährten sich im Kriegsdienst und stiegen in den niederen Adel auf.

Wege verbanden die Dörfer mit den Städten, auf deren Märkten die Bauern nun ihre Erzeugnisse, wie Feldfrüchte, Gemüse, Obst, Tierhäute für den Gerber, Honig und Wachs, anbieten konnten. Die Städte lebten ebenso wie der Grundherr von der Agrarproduktion der Bauern. Auf den Märkten erhielt der Bauer Geld für die angebotenen Nahrungsmittel, von den Grundherren bekam er als Gegenleistung Rechtsschutz und militärischen Schutz. In die Stadt ging es aber nicht oft, denn einen großen Teil der Zeit nahm die mühsame Feldarbeit ein. Die Natur mit ihren Wäldern und Mooren mußte erst einmal in ein agrarisches Nutzland umgewandelt werden.

3. GEHAUEN IST DER WALD, GEBREITET DAS FELD
VON DER NATUR- ZUR KULTURLANDSCHAFT

Gehauen ist der Wald, gebreitet das Feld – kein Ausspruch der Grünen, sondern Walters von der Vogelweide aus dem Jahre 1215. Was war geschehen? Für die seit dem frühen Mittelalter ständig wachsende Bevölkerung war der in Mitteleuropa zur Verfügung stehende Lebensraum immer kleiner geworden. Eine ausreichende Versorgung konnte nur eine Erweiterung der Landnutzung sicherstellen. Bis zum Mittelalter war Mitteleuropa eine intakte Waldlandschaft. Die Landschaft nördlich der Alpen prägte eine Wildnis in Form riesiger Urwälder und endlose Sumpfgebiete, die kaum von Menschen betreten wurden. Ab und zu fanden sich Lichtungen, kleine Siedlungen – umgeben von Feldern mit dürftigem Ertrag – und nur sehr selten eine städtische Siedlung oder eine Stadt, meist Reste von Römersiedlungen mit unzulänglich ausgebesserten antiken Gebäuden. Das Volk litt oft Hunger, denn jedes ausgesäte Getreidekorn ergab nicht mehr als drei bis vier Körner. Und dennoch waren die wenigen besiedelten Gebiete überbevölkert. Eine Ausdehnung und Verbesserung der Landnutzung war somit notwendig. Die Menschen im Mittelalter erschlossen die Wildnis und bebauten neue Böden. Zwar waren seit der Jungsteinzeit Wälder gerodet worden, doch blieben die Eingriffe auf den Raum um die Siedlungen herum begrenzt. Das Ökosystem blieb intakt.

Mit dem Mittelalter änderte sich das. Aus einer Naturlandschaft, die um 1000 in Mitteleuropa zu fast 90 Prozent aus Wald bestand, entstand eine vom Menschen geschaffene Kulturlandschaft. Bis um 1250 wurde der Wald in mehreren räumlichen und zeitlichen Phasen gerodet und landwirtschaftlich, in einigen Regionen auch bergbaulich, genutzt. Das geschah im wesentlichen während einer Zeitspanne von nur 250 Jahren, zwischen 1000 und 1250. Zunehmende Rodungen legten aber auch die Ursache für die Abtragung von Böden durch Wind und Regen. Das allerdings konnte der Mensch des Mittelalters am Beginn des Landesausbaus noch nicht voraussehen. Die in dieser Zeit neu gegründeten Dörfer erinnern mit den Endungen ihrer Ortsnamen, wie in den Niederlanden auf -holt, -loh, -rade oder -hout und -woude, an diesen Landesausbau durch Rodung. Der Wald lieferte Bauholz jeder Art, Feuerholz, Gerbrinde oder Streumaterial. Die grünen Zweige vieler Laubbäume wurden – wie schon in der Jungsteinzeit – zur Laubheugewinnung geschneitelt. Der Bedarf an Bauholz und Brennmaterial wuchs nicht nur aufgrund der rasch zunehmenden Bevölkerung, sondern auch aufgrund des höheren Lebens- und Baustandards in den Städten. In den Bergen benötigte der prosperierende Bergbau und das Schmelzen von Erz Holz und Holzkohle in großen Mengen. Ebenso brauchte die sich seit dem 12. Jahrhundert ausbreitende Glasproduktion Holz. An der Küste wurde Holz zum Schiffbau, seit dem 16. Jahrhundert auch zum Deichbau verwendet. Auch die zahlreichen Siele waren aus Holz. Die starke Auflichtung der Wälder griff auch auf die waldreichen Mittelgebirge über. Hier entstanden, wie im Solling, Glashütten. Am schlimmsten war der Harz betroffen, wo durch umfangreiche Buntmetall- und Silbererzeugung ein großer Bedarf an Holz und Holzkohle bestand. Zahlreiche Pollendiagramme belegen, daß im Mittelalter der Harz bis zu einer Höhe von 800 Meter weitgehend von der Buche beherrscht war. Heute finden wir hier nur ausgedehnte Fichtenforsten. Der Satz *Es grüne die Tanne, es wachse das Erz* hat also einen ganz anderen Hintergrund. Tannen (Fichten) gab es hier vermehrt erst nach der Rodung. Den mit der oft übermäßigen Nutzung des Waldes verbundenen Schäden versuchte man schon im Mittelalter durch Verordnungen Einhalt zu gebieten. So gab es in den

Wirtschaftswald mit geschneitelten Bäumen. So sahen im Umkreis der Dörfer viele Wälder des Mittelalters aus. Dieser Wirtschaftswald befindet sich auf einer kleinen Insel vor der schwedischen Küste von Halland.

Niederlanden im 13. Jahrhundert »Holtgerichte«. Aus dem Naturwald war ein Wirtschaftswald geworden.

Entsprechend der unterschiedlichen Nutzung werden Wälder auch in den Schriftquellen verschieden bezeichnet. Mit *silva* ist ein dichter Wald gemeint, in dem Holz geschlagen wird, *nemus* bezeichnet den Hochwald, *lucus* ein dichtes, selbst für die Sonne undurchdringliches Waldstück und *saltus* eine Wildnis. Heutige Schätzungen gehen davon aus, daß Mitteleuropa um 1250 nur noch einen Waldanteil von 20 Prozent aufwies, den Rest nahmen Grünländer, Brachen und Äcker ein, also landwirtschaftliche Nutzflächen. Zum Vergleich: Um 1950 betrug der Waldanteil etwa 30 Prozent.

Analysen der Häufigkeitsverteilung von Pollen sowie Bodenprofile lassen beispielhaft Nutzungsdauer und Ausdehnung von Ackerflächen erkennen. Im östlichen Schleswig-Holstein belegen pollenanalytische Untersuchungen einen Anstieg der Nichtbaumpollen und Siedlungszeigerpollen seit dem hohen Mittelalter, ein deutlicher Beleg des frühdeutschen Landesausbaus seit 1143 in dem seit dem 8. Jahrhundert von Slawen besiedelten Raum zwischen Elbe und Kieler Förde. Die Verbreitung deutscher Ortsnamen wie Hassendorf, Falkendorf oder Sophienhof und die archäologischen Funde zeigen, daß die deutschen Dörfer nicht nur in den von Slawen besiedelten Uferzonen um die Seen entstanden, sondern auf die bewaldeten Moränenkuppen ausgriffen. Aus den isoliert voneinander liegenden slawischen Siedlungskammern entstand infolge des mittelalterlichen Landesausbaus eine großräumig vom Menschen geprägte Kulturlandschaft. Die Baumpollenkurven belegen, daß im östlichen Holstein um den Belauer See herum vor allem Buche gerodet wurde, Erle und Schwarzerle wurden dagegen noch kaum beeinträchtigt. Diesen Befund bestätigen die historischen und archäologischen Erkenntnisse: Im Rahmen der Aufsiedlung Ostholsteins durch die eingewanderte frühdeutsche Bevölkerung wurden jetzt die mit Buchenwäldern bewachsenen, nährstoffreichen Geschiebelehmböden großflächig urbar gemacht. Bruchwaldbedeckte Niederungsgebiete galten hingegen als siedlungsfeindlich und wurden zu Beginn des Landesausbaus noch nicht von Rodungen erfaßt. Erst in der zweiten Rodungsphase, im 13. Jahrhundert, dezimierte man nicht nur die Buchenwälder weiter, sondern griff nun auch auf die Niederungsgebiete mit ihrem Bruchwaldbestand aus. Da diese sich nicht für Ackerbau eigneten, muß an eine Nutzung als Weideland gedacht werden. Allerdings war das Klima im Hochmittelalter wärmer, so daß diese Standorte während des Klimaoptimums auch eine andere landwirtschaftliche Nutzung zugelassen haben mögen. Ackerbaulich genutzte Flächen lagen in dieser Zeit noch in unmittelbarer Nähe der Seeufer. Die Siedlungszeigerkurven steigen in den Pollendiagrammen weiter an und erreichen maximale Werte bis zur Mitte des 14. Jahrhunderts. Bis in diese Zeit wurden somit Wirtschafts- und Siedelflächen laufend erweitert sowie die verbleibenden Wälder intensiv als Waldweide genutzt. In den Pollendiagrammen wird ferner deutlich, daß der Anbau von Wintergetreide, vor

*Die Slawen siedelten – wie in Bosau am Plöner See – meist in der
Nähe von Seen und Flüssen.*

allem von Roggen, eine überragende Rolle spielte und das Hauptbrotgetreide lieferte.

Auf diesen Abschnitt intensiver Siedlungstätigkeit folgte wieder eine
Phase der Abnahme der Siedlungs- und Wirtschaftsflächen sowie der
Nutzung der stark in Anspruch genommenen Wälder, die mit einem
Anstieg der Baumpollen verbunden ist. Zwischen 1350 und 1500 läßt
sich aus den Pollenprofilen ein Rückgang der Besiedlung ablesen.
Dieser fällt in eine Zeit, in der viele Dörfer verlassen wurden und
sich die Pest in Europa ausbreitete. Verschiedene Bodenprofile deuten
eine Ausdehnung der Landnutzung vom 12. bis zur Mitte des 14. Jahrhunderts, im Nordosten vom 13. bis zum beginnenden 14. Jahrhundert
an. Seuchen, eine einsetzende Agrarkrise und die dadurch bedingte
Abwanderung in die Städte führten danach zu Wüstungen und zum
Rückgang der Landnutzung. Über den aufgegebenen Feldern breitete
sich wieder Wald aus.

Welchen Umfang die mittelalterlichen Rodungen annahmen, zeigt
die Tatsache, daß nahezu alle heutigen Wälder auf mittelalterlichen

Böden wachsen. Die Rodung der Wälder und die damit verbundene schnelle Zunahme der mittelalterlichen Landnutzung lieferte die Ernährungsgrundlagen für eine steigende Bevölkerungszahl. Hauptnahrungsmittel bildete das Brot. Im frühen Mittelalter blieben Getreide- und Gartenbau noch eng mit Jagd und Viehhaltung sowie dem Sammeln von Früchten verbunden. Schon im 9. Jahrhundert wurde infolge der zunehmenden Rodung der Wald knapp. Dies war zunächst in Italien der Fall, bald aber auch in anderen Gebieten Süd-, West- und Mitteleuropas. Mehr und mehr wurde die Jagd, aber auch der Fleischkonsum nun zum Statussymbol, denn für den Anbau von Getreide brauchte man weniger Energie als zur Erzeugung tierischer Produkte. Oft wurden nun nur noch Wälder wirtschaftlich genutzt,

Zur Eichelmast wurden im November die Schweine in den Wald getrieben. Stundenbuch des Herzogs von Berry.

die weder Eicheln noch anderes Viehfutter hervorbrachten. Die Waldnutzung wurde reglementiert, und die Rechte zur Nutzung unkulti-
vierter Flächen wurden eingeschränkt. Ein starkes Bevölkerungswachstum entwickelt jedoch eine eigene Dynamik. Weiterer Rodung
fielen nun die meisten Wälder in den mitteleuropäischen Landschaften zum Opfer. Um so intensiver wurden die verbleibenden
Restwälder nahe der Dörfer genutzt. Die von den Bauern in den Wald
getriebenen Rinder, Pferde, Schweine, auch Schafe, Ziegen und Gänse
fraßen alles ab, was sie erreichen konnten. Deshalb breiteten sich zunehmend stachelige Arten aus. Eichen als Mastbäume wurden geschützt und konnten sich im Freistand mit starker Beastung oft prächtig entwickeln. Reste derartiger Hüte- oder Hudewälder finden sich
noch gelegentlich in Mitteleuropa und Skandinavien. Wo die Eichen
nach dem Aufhören der Beweidung nicht weiter als Hudewald gepflegt werden, werden sie von Buchen überwipfelt und sterben ab.
Grenzen zwischen dichtem Wald, bewirtschaftetem Wald, aufgelich-
tetem Hudewald und baumfreier Weide gab es im Mittelalter nicht.
Wald und Weide bildeten ein einheitlichen Nutzungsraum außerhalb
der die Dörfer umgebenen Kernflur. Mit der Bevölkerungsverdichtung war nun die Erweiterung der Nutzungsräume weit über den
eigenen dörflichen Umkreis hinaus notwendig geworden.

4. AUF IN DIE FREMDE
DER MITTELALTERLICHE LANDESAUSBAU

Jahrtausendelang hatten die Menschen in Mitteleuropa in den gleichen Gebieten gesiedelt und gewirtschaftet. Weite Landflächen, wie
die von Wald bedeckten Gebirge oder die Moore, blieben ungenutzt.
Mit dem beginnenden 11. Jahrhundert setzte erstmals ein Landesausbau ein, der erheblich über das Altsiedelland ausgriff. Dieser Landes-

ausbau ging mit einer erheblichen Bevölkerungszunahme einher. Zwischen dem 11. und 14. Jahrhundert etwa nahm die Bevölkerung Englands von 1,5 auf etwa 5 Millionen zu, die französische und die deutsche vervierfachten sich jeweils gar von 6 auf 22 Millionen, wenn man Schätzungen glaubt. Eine vergleichbare gesellschaftliche Dynamik kennen wir nur aus der Zeit der industriellen Revolution im 19. Jahrhundert. Es entstanden Flurformen, wie wir sie erst mit der modernen Flurbereinigung verändert haben. Eine zunehmende Bevölkerung verlangte nach neuem Wirtschaftsland, Wälder wurden gerodet und Moore urbar gemacht. Erstmals schon im 8. und 9. Jahrhundert wurden vielerorts die Siedlungsinseln erweitert, der weitere Landesausbau setzte nach den Ungarnstürmen im 11. Jahrhundert ein. Ein Zentrum des Landesausbaus in Deutschland war das Rheingebiet mit seinen Nebenflüssen. Die Erschließung erfolgte hier aus den Altsiedelräumen von Köln bis Basel heraus. Im Norden verband der Hellweg, eine alte Salzstraße, die Lößgebiete um Münster und Paderborn mit dem Rheinland. Vom 10. bis zum 13. Jahrhundert war der Rhein aufgrund seiner Transportfunktion die pulsierende Schlagader Deutschlands. Weniger gilt dies für die Donau, wenn auch hier die alten alemannischen kleinräumigen Siedelzentren erweitert wurden. In den vom Landesausbau erfaßten Mittelgebirgen prägten sich spezifische Wirtschaftsweisen und Sozialstrukturen heraus. In den hohen Mittelgebirgen wie dem Harz oder den Vogesen kam es wie in den Alpen zu saisonalen Einzelhofsiedlungen der Bergweidewirtschaft. Noch bis in die Zeit nach dem Zweiten Weltkrieg hat die Hudewirtschaft, Waldweide und Grünlandwirtschaft, jedoch in den hohen Lagen der meisten Mittelgebirge eine Rolle gespielt. Mit zunehmender Höhe und ungünstigerem Klima geriet die Landwirtschaft in den Mittelgebirgen ebenso wie in den Alpen an ihre Anbaugrenzen. Die permanenten Agrarsiedlungen in den Mittelgebirgen sind zum großen Teil Gründungsdörfer des hoch- und spätmittelalterlichen Landesausbaus. Dies zeigen insbesondere die planvollen Waldhufendörfer mit ihren langgestreckten Streifenfluren.

Der weitere Landesausbau erfaßte ebenso die noch bewaldeten Räume des heutigen Mittel- und Ostdeutschlands. Entlang der Nordseeküsten wurden durch Eindeichungen neue Wirtschaftsflächen gewonnen. Nach Werbungen durch die geistliche und weltliche Grundherrschaft machten sich Scharen von Landsuchenden auf und erhielten Rodeland in Thüringen, der Mark Meißen oder in Brandenburg. Eine zweite Siedelwelle ergriff Schlesien, Böhmen und Polen – was für eine Aufbruchsstimmung mag es gewesen sein, ähnlich wie wir es in der frühen Neuzeit bei den Auswanderern nach Nordamerika sehen. Dennoch darf man die Zahlen der Neusiedler nicht überschätzen, und sie schufen auch keine neue Leitkultur. Als Bauern waren sie keine Kulturträger im eigentlichen Sinne, aber die Landnahme schuf doch Impulse für die weitere Entwicklung im östlichen Mitteleuropa. Neues Wissen und technische Errungenschaften breiteten sich aus. Aber es war nicht die ländliche Bevölkerung, die den Umfang und die Zielrichtung des Landesausbaus bestimmte. In der Welt des Mittelalters waren die bestimmenden Kräfte Kirche, Klöster und Adel.

Deutlich läßt dies die Geschichte der Salier erkennen. Die Könige und Kaiser aus dem salischen Haus gehören zweifelsohne zu den bedeutenden Initiatoren des Landesausbaus zwischen 1024 und 1125. In einer weitgehend schon besetzten Siedlungslandschaft vermochten sie sich neue Einnahmequellen zu sichern. Der Kernraum ihrer Königsmacht erstreckte sich vor allem auf ein relativ kleines Gebiet der Pfalz westlich des Rheins zwischen Ingelheim im Norden und Hagenau im Süden. Rechts des Oberrheins war kein salisches Hausgut vorhanden. Damit lagen die Grundlagen ihrer Herrschaft in einem bereits in der Merowingerzeit dicht besiedelten Raum. Möglicherweise stammten die Salier von fürstlichen Persönlichkeiten aus dem Kontext der frühmittelalterlichen Reihengräber ab, allerdings läßt sich dies weder archäologisch noch historisch fassen. Innerhalb dieser räumlich beengten Altsiedellandschaft zwischen Rhein und Pfälzer Wald, in einer West-Ost-Erstreckung von nur 50 und einer Nord-

Süd-Ausdehnung von 100 Kilometern, liegen hervorragende Ackerböden. Die guten Böden und die dichte Besiedlung bildeten somit den
Rückhalt des räumlich nicht sehr ausgedehnten Hausgutes der Salier.
Seit dem frühen 11. Jahrhundert gelang es dieser Adelsfamilie, ihre
Machtbasis durch den Landesausbau in wenig erschlossenen Gebieten östlich des Rheins zu erweitern. Dazu gehörten vor allem die un-
wegsamen Fluß- und Mittelgebirgsregionen. Die praktische Durch-
führung der Rodungen erfolgte durch die neu entstandene Schicht
des Dienstadels, der Ministerialen, die durch Bau von Burgen auch die
neuen Siedlungsgebiete schützten. Nur vereinzelt ist salisches Hausgut auch an Plätzen nachzuweisen, die bereits in der Karolingerzeit
besiedelt waren. Dazu zählt Forchheim auf dem rechten Ufer der Reg-
nitz. Hier war aus einem karolingischen Königshof des 9. Jahrhunderts eine Pfalz hervorgegangen, die auch von den ottonisch-sali-
schen Königen Heinrich II. und Heinrich IV. wieder besucht wurde.
Ihren großen Reichsgutbesitz schenkte Heinrich II. 1007 dem neu-
gegründeten Bistum Bamberg. Burg und Bistum waren nach den archäologischen Untersuchungen hier bereits in einem besiedelten Gebiet
entstanden, nun wurde der Ort ebenso wie das 1050 erstmalig erwähnte
Nürnberg zum Mittelpunkt der umliegenden Gebiete.

In den neu erschlossenen Siedlungsräumen entstanden zahlreiche
neue Dörfer. Noch im Kernraum der salischen Reichs- und Königs-
gutes, in der Pfalz, befand sich die Mehrzahl der Siedlungen im
Rheintal in Höhen von 80 bis 90 Meter über Normalnull. Nur vereinzelt lagen Dörfer in der Rheinebene höher, wie Colmar mit 190
Meter. Ganz anders hingegen sind die Verhältnisse östlich des Rheins
in Hessen, Mainfranken und Mittelfranken. Rodungssiedlungen in
den Mittelgebirgen erreichen vor allem Höhen von 250 bis 500 Meter. Dieser Befund deckt sich mit den in diese Zeit weisenden Ortsnamen, wie Wiesenthau, Weltrich, Hetzels oder Grabitz, die eine ältere Namensschicht der Endungen auf -ingen, -heim, -dorf und
-hoven ablösen. Zu den bedeutenden Ausbaugebieten gehörte auch
der Harzraum mit seinem nördlichen Vorland. Das neu erworbene,

durch Burgen gesicherte salische Reichsgut reichte hier bis Braunschweig und an die Aller im Osten.

Im südwestlichen Unterharz war der Gebirgsfuß schon während der Karolingerzeit erreicht worden. Das Gebirge selbst wurde im 10. Jahrhundert von der Besiedlung erfaßt. Diese breitete sich, auch verbunden mit dem Bergbau und der königlichen Jagd, bis um 1300 aus. Die Aufsiedlung des Gebirges im 10. Jahrhundert geschah vor allem auf Königsland, wenn es dies auch nicht überall im Harz gab. Heinrich I. aus dem Hause der Liudolfinger verfügte im Harzraum über die größte und geschlossenste Grundherrschaft im fränkischen wie im fränkisch-thüringischen Raum. Diese hatte die wirtschaftliche und machtpolitische Basis für seine Wahl zum deutschen König dargestellt. Die von ihm bevorzugte Pfalz Quedlinburg sowie die weniger bedeutende in Derenburg begrenzten seinen Machtbereich im Norden; Nordhausen, Tilleda, Wallhausen und Allstedt lagen im Süden. Zwischen den nördlich und südlich des Harzes gelegenen Pfalzen ermöglichte die Erschließung des weithin in seiner Hand befindlichen Gebirges die kürzeste Verbindung und kam zudem dem Bedürfnis der herrschaftlichen Jagd entgegen. Daher entstanden im Gebirge königliche Jagdhöfe und in Verbindung mit dem Montanwesen auch Burgen.

Mit den Saliern wird für den Harz und sein Vorland der Landesausbau direkt in den Schriftquellen faßbar. Wenn man dem Chronisten Helmold von Bosau glauben kann, ließen sich im letzten Viertel des 11. Jahrhunderts im Harz mehr als 600 Holsten mit ihren Familien nieder, die im Zuge sächsisch-slawischer Auseinandersetzungen ihr Land verlassen hatten. Die Verdichtung der Besiedlung erreichte allerdings noch nicht die Hochlagen des Gebirges. Gleichzeitig beteiligten sich Kirche und Klöster, wie der Bischof von Halberstadt und das Stift Quedlinburg, am Landesausbau. Allerdings finden sich die meisten Klöster am Fuß des Gebirges. Viele der ebenfalls entstehenden neuen Burgen gehörten als Lehen dem niederen Adel, der auch selbst Befestigungen anlegte.

Rodungen und Anlage von Dörfern standen im Harz oft in Verbindung mit dem Abbau von Erzen. Allerdings läßt der gravierende Unterschied der Bodenqualität zwischen den eindeutig ackerbaulich genutzten Lößböden im Vorland und den geringwertigen Verwitterungsböden des Gebirges erahnen, daß im Harz selbst kaum Ackerbau betrieben werden konnte. Dies bestätigten historische Überlieferungen, die weit mehr Hufen im Harzvorland als im Gebirge selbst erwähnen. Die Viehhaltung war hier zweifellos von größerer Bedeutung. Vermutlich wurde diese auch in Wirtschaftshöfen von Klöstern der Zisterzienser betrieben, wenn auch aus dem Unterharz für das 14. Jahrhundert Nachweise für Ackerbau vorliegen, wie das Beispiel des aufgegebenen Dorfes Hohenrode bei Grillenberg im Kreis Sangershausen zeigt. Dort haben sich Hochäcker im Gelände erhalten.

Wie im Harz erfolgte auch im Schwarzwald ein Landesausbau. Noch im 6. und 7. Jahrhundert war der Nordschwarzwald so gut wie nicht besiedelt gewesen. Lediglich an den Rändern des Mittelgebirges lebten alemannische Bevölkerungsgruppen. Die archäologischen Forschungen am Zähringer Burgberg bei Freiburg zeigen aber, daß beherrschende Lagen seit dem frühen Mittelalter als Fürstensitze genutzt wurden. Die mittelalterliche Siedlungsgeschichte im nördlichen Schwarzwald belegt auch hier den Landschaftswandel. Bis um 1000 sind es vor allem Kirchen und Klöster, wie das um 830 gegründete Hirsau, die hier ebenso wie schon vorher in den Vogesen zu Trägern des Landesausbaus in dieser Mittelgebirgsregion werden. Zunächst nur zögernd hatte seit dem 7. Jahrhundert eine Siedlungsausdehnung vom Norden und den westlichen Talausgängen her eingesetzt. Die Rodung seit dem 12. Jahrhundert erfaßte nun auch die inneren Hochflächen und hielt bis in das 14. Jahrhundert an. Einzelaktionen wurden dabei zunehmend von planmäßiger Erschließung abgelöst. Träger der Kolonisation waren auch hier anfänglich neben kleineren Adligen die Klöster. Die Welle der Klostergründungen griff aus dem Westen auf den Schwarzwald über. Besonders waren dies Klöster der benediktinischen Reform, die im 10. Jahrhundert von Cluny ausging und im Schwarzwald bei Hirsau ihren Hauptstützpunkt fand. Wie Hirsau entstanden auch die anderen bedeutenden Klöster ausnahmslos im westlichen Schwarzwald.

Große Bedeutung für die Christianisierung und Besiedlung des westlichen Schwarzwaldrandes erlangte beispielsweise die 727/752 im unteren Kinzigtal, etwa zehn Kilometer oberhalb von Offenburg, gegründete Benediktinerabtei Gengenbach. Diese erwarb vielfache Rechte im Schwarzwald und drang mit der Gründung von Ausbausiedlungen flußaufwärts in bis dahin nicht besiedelte Gebiete vor. In einer späteren Phase wird dann auch die Rolle des Adels für den Landesausbau deutlich faßbar. Die Verbreitung der Burgen an den Rändern der von Flüssen durchzogenen Täler läßt dann ab dem 11. Jahrhundert die Stoßrichtungen der Landnahme deutlich werden. Motive der Erschließung waren neben dem Bevölkerungsdruck im Altland das Streben nach Machterweiterung im Neuland. Die wirtschaftliche Grundlage für die Kolonisten bot neben der Waldnutzung die Weidenutzung, vor allem aber der Ackerbau in den tieferen und mittleren Lagen. Charakteristische Siedlungsformen wurden im Nordschwarzwald wie in den Vogesen Dörfer in den breiteren Tälern, höher gelegen auch Weiler und Einzelhöfe. Neben der Rodung der Wälder zur Erschließung landwirtschaftlichen Nutzlandes spielte auch der Bergbau eine Rolle. Nachdem im Südschwarzwald schon früh vor allem silberhaltige Erze abgebaut wurden, bildete seit dem 11. Jahrhundert auch die Rohstoffgewinnung im Nordschwarzwald einen nicht wegzudenkenden Wirtschaftsfaktor. In der ältesten Phase des Landesausbaus entstanden vor allem Dörfer mit Namen, die auf -ingen und -heim endeten. Das Dorf Effringen beispielsweise, das in einer Urkunde des 12. Jahrhunderts nicht ganz sicher für 1005 belegt wird, befand sich wahrscheinlich im Grundbesitz des Klosters Stein am Rhein. Das 1090/95 erstmals erwähnte Kuppenheim hat sich in der Mitte des 13. Jahrhunderts bereits zu einer Stadt im Besitz der Grafen von Eberstein entwickelt. Mit der Gründung dieser Stadt besaßen die Grafen am Austritt des Flüßchens Murg in die Rheinebe-

ne einen wichtigen Stützpunkt, der sich talaufwärts zur Erschließung des Waldgebietes nutzen ließ. Dies zeigt, daß sich neben den
Klöstern im Hochmittelalter auch der weltliche Adel an der Landes-
erschließung beteiligte. Im Nordosten waren dies vor allem die Grafen von Calw und Eberstein sowie die Pfalzgrafen von Tübingen.
Eine Keimzelle des Landesausbaus spielten beispielsweise Burg und
Dorf Pfalzgrafenweiler. Die Lage an der Grenze des Altsiedelgebietes
und der Name auf -weiler weisen möglicherweise auf einen frühmittelalterlichen Ausbauort hin. Dieser dürfte von den Grafen von
Nagold gegründet worden sein, die spätestens um 1080 ihren Haupt-
sitz von Nagold auf die neu gegründete Burg in Tübingen verlegten.
Neben der Burg Hohennagold kam im 12. Jahrhundert der Burg in
Pfalzengrafenweiler eine erhöhte Bedeutung zu. Als Zentrum des
pfalzgräflichen Besitzes am Ostabhang des Schwarzwaldes wird sie
mehrfach erwähnt. Von hier aus wurde das bin in das Murgtal rei-
chende Waldgebiet des »Weiler Waldes« erschlossen. Möglicherweise
geschah dies auch zur Erschließung neuer Bergbaugebiete. Auch die
Grafen im Nagoldgau versuchten spätestens seit der zweiten Hälfte des
11. Jahrhunderts, ihr Territorium auszudehnen, vermutlich als Ministerialen der Pfalzgrafen im Besitz der Burg Mandelberg. Durch die
Machtverlagerung ihrer Schutzherren, der Pfalzgrafen, nach Tübingen mag diesem Versuch kein größerer Erfolg beschieden gewesen sein. Die Zerstörung der Burg in Pfalzgrafenweiler 1165 in einer
größeren Fehde beendete denn auch die pfalzgräfliche Herrschaft
in diesem Bereich.

Vielfältige Verbindungen zwischen Rodung, Burgenbau und Herrschaft lassen sich auch für die Schweiz aufzeigen. Hier waren vom 5.
bis 7. Jahrhundert über die Einfallspforten des Hochrhein, des Klett-
gau und Hegau Alemannen eingedrungen. Wie im Schweizer Jura
wurden auch andernorts die ackergünstigen Hangflächen als erste besiedelt. Ausgangspunkte des Landesausbaus waren seit fränkischer
Zeit die Klöster. Die Erschließung der höheren Lagen zog sich jedoch
bis in das Hochmittelalter hin. Kennzeichen dieser Entwicklung

sind im romanischen Teil der Schweiz die Anlage von Waldhufen-
dörfern, langgezogener Ketten von Einzelhöfen mit anschließenden
schmalen Streifenfluren. Nachdem auch in der Schweiz im frühen
Mittelalter als Mittelpunkte herrschaftlicher Güterkomplexe Fron-
höfe entstanden waren, vollzog sich hier allmählich die Umwandlung
in Burgen. Seit dem 10. Jahrhundert dürften hier Burgen auf Rodungsland gegründet worden sein. Burgen wie Schwanden, Schwandiburg
oder Rodenstein liegen im Bereich mittelalterlichen Rodungslandes.
Anlagen dieser Zeit mit Trockenmauern und Holzhäusern im Inneren befinden sich meist auf felsigen Anhöhen. Steinbauten ver-
drängten hier ebenso wie in anderen Gebieten Mitteleuropas die traditionelle Holz-Erde-Bauweise der Ringwälle, wie sie im Schweizer
Mittelland oder im Jura gehäuft auftreten. Historische Quellen lassen erkennen, daß ab dem 10. Jahrhundert, dem Beginn des adeligen
Burgenbaus in der Schweiz, vor allem Grafen *(comites)* und Edel-
freie *(nobiles)* als Träger in Frage kommen. So treten uns diese als
Initiatoren der Rodung, der Gründung von Klöstern und Burgen
sowie der Ansiedlung bäuerlicher und gewerblicher Untertanen
entgegen. Allerdings wurden viele der Gründungen wieder aufgegeben und durch neue Burgen im 12. und 13. Jahrhundert abgelöst.
Im Zentrum einer ausgedehnten Rodungszone entstand beispielsweise 1020 die Habsburg. Die zugehörige Adelsfamilie schuf sich
durch gezielte Rodungspolitik im Aargau einen neuen Machtbereich
und war so erfolgreich, daß dieses Geschlecht viel später über Jahrhunderte die deutsche Kaiserkrone trug. Was man mit Bäumefällen
doch erreichen kann!

Das 12. und 13. Jahrhundert brachte in der Schweiz eine zunehmende Beschleunigung und Intensivierung der Rodungstätigkeit. Da die
alten Familien nicht nur die Erschließung des an ihren Grund angrenzenden Waldes erstrebten, sondern auch die Bildung neuer, weit
abgelegener Rodungszentren betrieben, mußten diese bald durch
Burgen geschützt werden. Teilweise verlagerte sich auch der Schwerpunkt endgültig in das neue Rodungsland. Entsprechend der Geltung

dieser Familien setzte sich ein repräsentativer Baustil aus Stein durch, der durch seine hochragenden Türme, mächtigen Ringmauern, Torbauten und Wohntrakte noch heute weithin sichtbare Akzente in der Landschaft setzt. Diese Burgen gehörten dem niederen oder höheren Adel. Da die hochadeligen Dynastien seit dem späten 12. Jahrhundert ihre Macht ausbauen wollten, trachteten sie danach, die Burgen des niederen Adels unter ihre Kontrolle zu bringen. So zerstörte 1241 Graf Hermann von Frohburg die Burg des Ritters Heinrich von Kienberg, weil dieser durch die Ausbeutung einer Erzgrube angeblich das landesherrliche Bergwerksregal verletzt hatte. Was konnte man anderes tun, als die eigenen Rodungsgüter als Lehen anzubieten? Der Eintritt in die Lehnsabhängigkeit sicherte dann den Kleinen Schutz und Schirm eines mächtigen Herrn. Die Burg blieb erhalten und wurde nicht zur Ruine, was für den Eigentümer zweifellos besser war. Burgen galten zwar als besondere, der öffentlich-königlichen Gewalt entzogene, mit Betretungsverbot (Immunität) und Burgfrieden ausgestattete Rechtsbezirke, aber das hieß nicht immer viel. Als Vermögensobjekte spielten Burgen ebenso eine wichtige Rolle wie als Stützpunkte des Landesausbaus.

Neben der Ausweitung der Siedlungsgebiete im Rheinland, den Mittelgebirgen und der Schweiz drangen Siedlergruppen auch nach Osten vor. Östlich der Elbe siedelten um 1000, getrennt durch dichte Wälder, vor allem entlang von Seen und Flüssen eine Vielzahl von slawischen Stämmen, wie die Wagrier in Ostholstein, die Polaben südlich davon, die Abodriten, Warnower, Wilzen, Tollenser, Zirzipanen und Ranen in Mecklenburg und Vorpommern oder die Spreewannen in Brandenburg. Die sächsischen, später ottonischen und salischen Könige und Kaiser hatten bereits ihr Augenmerk auf diese Landschaften gerichtet. Hier Bauern anzusiedeln und Steuern einzutreiben war weit lohnender als eine bloße Mission. Eine ständig wachsende Bevölkerung war bereits in den heimischen Gebieten über die altbesiedelten Räume hinaus vorgestoßen, nun zogen bäuerliche Siedler in die Ostgebiete. Eine wichtige Rolle bei der Erschließung neuen Landes bildeten auch hier die Grundherren, der Adel, die Kirche und vor allem die Klöster. Die vielfältigen Vorgänge des mittelalterlichen Landesausbaus östlich der Elbe sind nicht leicht zu fassen. Zwar gibt es zahlreiche historische Quellen, doch lassen sich die tatsächlichen Besiedlungsvorgänge des Mittelalters nicht immer nachzeichnen. Zudem war dies ein längerfristiger, von Rückschlägen gekennzeichneter Prozeß.

Nachdem zwischen 810 und 819 der sogenannte *Limes Saxoniae*, ein Ödland und Waldgebiet zwischen Kieler Förde im Norden und Elbe im Süden, als Grenze zwischen den slawischen Abodriten und den Sachsen in Holstein durch Karl den Großen festgelegt worden war, änderte sich an dieser Grenzziehung wenig. Erst unter dem Grafen Heinrich von Badwide 1138/39 gelang die dauerhafte Eroberung des fruchtbaren, hügeligen und seenreichen Jungmoränenlandes. Ein böses Vorzeichen hatten die abodritischen Fürsten Pribislav und Niklot bereits in dem Bau der deutschen Burg Segeberg an den Grenzen des Slawenlandes gesehen: *Siehst du diesen festen hochragenden Bau? Laß dir vorhersagen, das wird ein Joch für das ganze Land! Von hier werden sie ausrücken, erst Plön brechen, dann Oldenburg und Lübeck, endlich die Trave überschreiten und Ratzeburg mit ganz Polabien erobern!* So überliefert es Helmold von Bosau. Und in der Tat, einem Aufruf des holsteinischen Grafen Adolf II. folgend begannen bäuerliche Siedler aus verschiedenen Teilen des Reiches mit der Besiedlung der Gebiete östlich von Segeberg, so an der Trave, in der Ebene der Schwentinemündung, im Raum zwischen Bornhöved und dem Plöner See sowie in den Landstrichen um Warder und Eutin. Den Slawen wurden Rückzugsgebiete um Lütjenburg und an der Küste zugewiesen. Zur Sicherung des eroberten Landes setzten die Grafen Lehnsmänner ein, die ihre Wohnsitze befestigten. Neben den Grafen beteiligten sich auch Klöster am Landesausbau, wie die Gründung des Klosters Preetz um 1210/11 belegt. Seit dem 12., mehr noch seit dem 13. Jahrhundert finden wir häufiger deutsche Ortsnamen. Über die slawischen Siedlungsgebiete an den Seen und Flüssen, wie in der

Umgebung von Preez, slawisch Porezze, »Ort am Fluß«, greift der deutsche Landesausbau durch die Rodung der bewaldeten Moränenkuppen hinaus. Aber auch innerhalb der slawischen Altsiedellandschaft entstanden deutsche Dörfer, wie das im Südosten des Plöner Sees gelegene Bosau.

Das heutige Dorf Bosau mit seiner in der Mitte des 12. Jahrhunderts errichteten Kirche liegt südöstlich einer in den See reichenden Halbinsel, auf der sich im 8. und frühen 9. Jahrhundert der slawische Burgwall Bischofswarder mit einer vorgelagerten Siedlung befand. Da durch den Mühlenstau bedingt das Wasser des Plöner Sees im Mittelalter stark angestiegen war, veränderten sich die Seeuferlinien in hohem Maße. Um 1200 erreichte der Seespiegel einen Höchststand und ist seitdem wieder gesunken. Der slawische Burgwall liegt heute noch teilweise im See. Östlich des Burgwalles, getrennt durch eine kleine Bucht, befand sich auf dem Flurstück Möhlenkamp eine slawische Siedlung, eine weitere lag im Bereich des heutigen Dorfes Bosau. Die Siedlung auf dem Möhlenkamp – nachgewiesen sind mehrere Grubenhäuser – existierte nach Aussagen archäologischer Funde vom 8./9. bis zum 12. Jahrhundert. Im Dorf Bosau lagen slawische und deutsche Siedlungsreste im heutigen Ortskern. Nach Ausweis der Flurkarten bildete sich seit dem späten Mittelalter ein Haufendorf mit mehreren Höfen heraus, die um einen Dorfplatz südlich der Kirche lagen. Ausgrabungen an der Kirchenmauer belegten den Bau einer Vorgängerkirche aus Feldsteinen, deren Rotunde vermutlich in der Mitte des 11. Jahrhunderts – also noch in slawischer Zeit – errichtet worden war, wahrscheinlich als Missionskirche.

Ähnlich verlief die Entwicklung im hannoverschen Wendland. Diese im Norden durch die breite Niederung der Elbe, im Westen durch die eiszeitlichen Moränenkuppen des Drawehn begrenzte Landschaft hatte Karl der Große nicht dauerhaft seinem Machtbereich einverleiben können. Auch unter den sächsischen und salischen Kaisern blieb diese Region dem direkten Zugriff weitgehend entzogen. Nur nominell war das Wendland im 10. Jahrhundert dem Bistum Verden zugewiesen. Wie im östlichen Holstein lagen auch hier um 1000 zahlreiche slawische Ringwälle als politische und wirtschaftliche Mittelpunkte kleinerer Siedlungsgebiete. Die besondere Marktfunktion mancher Burgen zeigt sich hier in dem seit dem 11. Jahrhundert belegten Anstieg sächsisch-deutscher Keramik. Nachdem der friedliche Handel zwischen den Slawen im Wendland und deren westlichen Nachbarn das Bild dieses Jahrhunderts geprägt hatte, fand schon im 12. Jahrhundert ein politischer Machtwechsel statt. Die Grafen von Lüchow und Dannenberg erscheinen nun im Besitz von Burgen. Obwohl diese nun den Landesausbau vorantrieben, lebte die slawische Kultur fort. Noch heute gehen viele größeren Orte des Wendlandes auf slawische Siedlungen zurück. Die für das Wendland so typischen Dorfformen der Rundlinge mit ihrer halbkreis- und kreisförmigen Anlage der Höfe um einen großen Platz mit einem aus dem Dorf führenden Weg und der umgebenden, in gleichgroße Streifen eingeteilten Ackerflur sind hingegen erst von den neuen Grundherren angelegt worden. Die dort angesiedelten Menschen waren jedoch Slawen.

Zwischen Harz und Thüringerwald dehnte sich der Landesausbau seit dem 9./10. Jahrhundert über die altbesiedelten Gebiete an den Flüssen der Unstrut und Saale aus und erschloß seit dem 12. Jahrhundert den Harzrand. Die Verteilung der frühmittelalterlichen Befestigungen, der historischen Nachweise und der archäologischen Befunde hingegen zeigen, daß die Waldgebiete des Thüringerwaldes und des Harzes noch gemieden wurden. Im Hoch- und Spätmittelalter bildeten sich hier – ähnlich wie im Wendland – neue Dorfformen heraus, die an die Stelle der slawischen Siedlungen traten. Seit dieser Zeit entstanden beispielsweise Sackgassendörfer, deren Verbreitung sich weit über die ehemals von Slawen besiedelten Gebiete erstreckt.

Nachdem deutsche Eroberungsversuche der slawischen Gebiete östlich der Elbe unter Otto II. und Otto III. durch den Slawenaufstand 983 ihr Ende fanden, dürften sich noch feste Burgen, wie Brandenburg und Spandau, behauptet haben. Bereits unter Otto I. war der slawische Burgwall Spandau entsprechend dem Befestigungsbau der damaligen Zeit in eine Burghügelburg (Motte) umgestaltet und mit einer Besatzung versehen worden. Von diesen Stützpunkten ebenso wie von Magdeburg und Meißen aus setzte im 12. Jahrhundert ein intensiver Landesausbau ein. Träger waren mit den Askaniern die Markgrafen von Brandenburg, mit den Wettinern die Markgrafen von Meißen und der Erzbischof von Magdeburg.

Das im Zusammenhang mit den Kriegszügen Heinrichs I. gegen die Slawen an der Mündung der Triebisch in die Elbe angelegte Meißen war um 1000 einer der meist umkämpften Plätze in Mitteleuropa. Als Burg des Königs war Meißen 929 auf einer strategisch günstigen Kuppe oberhalb der Elbe gegründet worden, um das umliegende, von Slawen besiedelte Gebiet zu kontrollieren. Aus diesem Raum waren vorher zahlreiche Überfälle auf Thüringen und Sachsen ausgeübt worden. Doch gingen Heinrichs Pläne weiter, denn von hier aus konnte er auch die östlich anschließende Oberlausitz unterwerfen und tributpflichtig machen. Unter Otto I. bildete Meißen 968 mit Bischofssitz und Stützpunkt des königlichen Burggrafen und des Markgrafen immer noch eine der am weitesten vorgeschobenen Bastionen in dem von Slawen besiedelten Gebiet. Die Reichsherrschaft war hier jedoch zunächst noch nicht gesichert. Weniger die Slawen als vielmehr die Eigeninteressen der Großen des Reiches sowie der Fürsten von Polen und Böhmen bedrohten Meißen vorübergehend, was wechselnde Herrschaften nach sich zog. Kein Wunder, lag Meißen doch an einer wichtigen Handelsstraße zwischen den sächsischen und böhmischen Siedlungsgebieten. Vor allem westlich von Meißen erstreckten sich dicht besiedelte Gebiete mit fruchtbaren Böden. Der hochmittelalterliche Landesausbau führte hier noch zu einer weiteren Siedlungsintensivierung, bevor auch die Hänge der Mittelgebirge erfaßt wurden.

Ebenfalls seit slawischer Zeit dicht besiedelt war die südlich und westlich von Magdeburg liegende Börde mit ihren fruchtbaren Lößböden.

Auch aus dem Berliner Stadtgebiet sind eine Vielzahl von Neugründungen aus der Zeit um 1200 bekannt. Häufig wurden diese schon 30 bis 50 Jahre später verlassen und an ihre heutigen Stellen verlegt. Der Wüstungsprozeß vieler dieser frühen Dörfer hängt mit den Bodenverhältnissen zusammen. Die leichter zu bearbeitenden, aber schnell erschöpften Sandböden wurden zugunsten der schweren, fruchtbaren Lehmböden aufgegeben. Eine verbesserte landwirtschaftliche Technik machte deren Bewirtschaftung erst möglich. Die Erträge auf den fruchtbaren Böden stiegen so, daß im Mittelalter sogar Getreide exportiert werden konnte. Allerdings wurden durch die Rodung auch wertvolle Harthölzer dezimiert, und Sandflug breitete sich dort aus, wo einst Wald gewesen war. Wenn man in der frühen Neuzeit von »des Reiches Streusandbüchse« sprach, zeigt dies deutlich, wie sehr sich die Landschaft gewandelt hatte. In den seit dem hohen Mittelalter neu erschlossenen Gebieten kristallisierten sich teilweise Angerdörfer heraus, langgezogene Dörfer, deren Höfe an der zu einem langen Platz verbreiterten Straße lagen. Die im Berliner Raum erhaltenen Kirchen dieser Neugründungen stammen aus der Zeit um 1250, somit der zweiten Phase des Landesausbaus.

Das Museumsdorf Düppel, Berlin, gibt einen Eindruck, wie die mittelalterlichen Dörfer um Berlin herum aussahen.

Archäologische Ausgrabungen bei Zehlendorf lassen ein Dorf dieser Zeit erkennen. Dort lagen nahe einer vermuteten Zollstation sechzehn Hofstellen in hufeisenförmiger Anordnung um einen freien Platz. Nachgewiesen sind 25 Meter lange Pfostenbauten. Die hier siedelnden Bauern waren größtenteils noch Slawen. Nur das Dorf verwaltende Schulzen und einige wenige Bauern dürften Deutsche gewesen sein. Das Dorf Machnow lag ebenso wie die anderen mittelalterlichen Dörfer am Rand eines höheren sandigen Rückens der letzten Eiszeit, eines Geestrückens, und damit in einer Übergangslage zur feuchten Niederung. Diese diente als Weideland. Auf den höher liegenden Feldern wurde Roggen und Hanf angebaut. Auch noch in dieser Zeit, die bereits in die frühe Phase der deutschen Ostsiedlung fällt, wurden die Häuser des Dorfes hufeisenförmig angelegt. Ähnliche Grundrisse wiesen auch die Dörfer auf, die zur selben Zeit im Havelland in der Mark Brandenburg entstanden. Nachdem Zuwanderer sich zunächst in den slawischen Siedlungen niedergelassen hatten, wurden diese in einer zweiten Phase im Verlauf des 13. Jahrhunderts aufgegeben. So wie die Bewohner des Dorfes am Machnower Fenn gemeinsam mit denen anderer, zeitgleich verlassener Kleinsiedlungen in das Angerdorf Zehlendorf umzogen, so verließen auch viele weitere Landbewohner slawischer und deutscher Sprache ihre an den Gewässern liegenden Siedlungen und beteiligten sich an der Gründung großer Straßen- oder Angerdörfer. Die landesherrlich-askanische Initiative förderte dort die Produktion von Getreide. Diese für die Anwendung der Dreifelderwirtschaft konzipierten Dorfformen ermöglichten einen erheblich gesteigerten Roggen- und Weizenanbau. Der Bau von Mühlen und Wehren an den Seen hatte vielerorts auch den Wasserspiegel ansteigen lassen und machte den Umzug in die neuen Dörfer notwendig. In all diesen Räumen, von den Alpen über die Mittelgebirge bis hin zu den Waldlandschaften des Ostens hatte ein durch Adel und Klöster gelenkter Landesausbau die Landschaft verändert.

5. ZWISCHEN PFLUG UND ERNTE
DÖRFER UND LANDNUTZUNG

Noch wie in den Jahrtausenden zuvor lagen im Mittelalter die Dörfer auf den eiszeitlichen Ablagerungen der norddeutschen Geest, im Alpenvorland und in den Mittelgebirgsregionen häufig am halben Hang oder in der Nähe von Terrassenkanten. In solchen Ökotopgrenzlagen zwischen Talauen und Wald befanden sich bereits vor 7000 Jahren die Siedlungen der ersten Bauern in den fruchtbaren Lößgebieten des Rheinlandes. Sie hatten diese Lagen gewählt, weil sie die von Flüssen und Bächen durchzogenen Täler zur Erschließung der Waldlandschaft nutzten. An den Rändern der Täler war der Wald weniger dicht und ließ sich für die Anlage der Siedlungen gut roden. Die oft steinigen, von Quellwässern überrieselten Hänge mit dem von Gebüschen und einzelnen Bäumen durchsetzten Grünland unterhalb der Siedlungen boten Weideland für das Vieh. Auf der anderen Seite der Siedlungen lagen die Ackerböden. So war es über Jahrtausende. Auch das Mittelalter änderte daran nichts. So lagen wie im Rheinland und in Mitteldeutschland am Rande der Lößplatten in Norddeutschland viele Dörfer an den Geesträndern in Grenzlage zu vermoorten Niederungen. Häufig entstanden die Dörfer nur auf einer Talseite, und zwar, wenn es möglich war, auf der südlichen. Erst im Laufe der Zeit dehnten sich die Dörfer oft über beide Talseiten aus. Von dieser bevorzugten Lage aus ließ sich die Landschaft am besten für Ackerbau und Viehhaltung nutzen. Daneben befanden sich Dörfer auch auf den Moränenkuppen; andere entstanden um Mühlen herum am Talgrund.

Die Errichtung der aufwendigen Wassermühlen war möglich, da die Dörfer platzkonstant blieben. Im Talgrund unterhalb der Dörfer hatte man das Wasser aufgestaut, indem man ein Wehr errichtete, hinter dem ein Weiher entstand. Ortsnamen wie Achterwehr bei Kiel erinnern noch heute daran. So ließ sich die Effektivität der Getreideproduktion erheblich steigern. Aber nicht jeder konnte eine

Mühle bauen, dies war das Recht des Grundherrn. Ein Beispiel mag diese Rechtslage verdeutlichen: Der Graf von Schauenburg hatte im holsteinischen Rellingen eine Mühle errichtet. Da jedoch das Hamburger Domkapitel Grundherr des Landes war, mußte er die Mühle 1291 wieder abreißen. In ähnlicher Weise galt dies auch für die Reichsstadt Lübeck. Als 1229 der dortige Rat den Plan faßte, die Wakenitz für die Anlage einer Wassermühle aufzustauen, mußte die Zustimmung Herzog Albrechts I. von Sachsen eingeholt werden. Dieser erteilte die Erlaubnis, allerdings unter dem Vorbehalt der dem Kaiser zu entrichtenden Mühlengefälle. Da auf die Eintreibung der Steuern empfindlich geachtet wurde, ermahnte 1275 auch König Rudolf von Habsburg den Lübecker Rat, neben den Zöllen auch die ihm zustehenden Zahlungen aus den Mühlen zu leisten. Auf dem Lande sorgte der Grundherr für den Mühlenbau. Die Bauern waren in den Mahlzwang eingebunden und konnten nicht dort ihr Korn mahlen, wo es ihnen günstiger erschien. Bäcker gab es nur in den Städten, auf den Dörfern brauchte man sie nicht. Befanden sich nahe der Mühlen in den Tälern Ackerflächen, dann vor allem da, wo gerade noch genug Wasser vorhanden war, um das Wachstum von Getreide zu ermöglichen und wo die Schwemmlehme (Auelehme) nicht so steinig waren, so daß sie sich leicht bearbeiten ließen. Die steinigen, trockenen Höhen boten hingegen Weideland für das Vieh. Wo vulkanischer Tuff im Untergrund den Wasserabfluß verhinderte, ließ sich das Trinkwasser in Teichen, den Hülen, sammeln. Deshalb enden bis heute auf der Schwäbischen Alb viele Ortsnamen auf -hülen oder -hülben.

Um das Dorf herum lagen die Wirtschaftsflächen. Wie die Dörfer waren auch die Felder eingezäunt, damit das Vieh nicht überall herumlaufen konnte. Die Bauern brachten ein, was die Felder hergaben. Dabei mußten sie sich nach guten und mageren Ernten richten, in Hungerjahren, ja auch in den Hungerwochen vor der neuen Ernte, war die Ernährung wohl nur bescheiden. Ursprünglich brachen die Bauern innerhalb des gerodeten Landes gelegentlich ein Stück Land um, um Korn anzubauen. Diese sogenannte Feld-Gras-Wirtschaft, eine der ältesten Agrarordnungen überhaupt, hat sich in peripheren Ackerbaugebieten Skandinaviens, der Alpen und des Schwarzwaldes in Relikten bis heute erhalten. Ein intensiverer Ackerbau setzte voraus, daß größere, zusammenhängende Teile der Feldflur bewirtschaftet wurden. Das Ackerland bestand jetzt aus Blockfluren, später aus streifenförmigen Äckern. Dieser Vorgang hatte wohl schon in der vorrömischen Eisenzeit eingesetzt. Der seit Jahrtausenden genutzte Ard, ein Haken, der den Boden lediglich anritzte und mit dem man kreuzförmig pflügte, wurde nun durch den die Scholle wendenden Beetpflug verdrängt. Anstelle der unregelmäßigen Blockfluren teilte man die Feldflur in Streifen. Diese wurden durch kreisförmiges Pflügen aufgehöht, so daß Wölbäcker oder Hochbeete entstanden. Am Rande der Feldflur lagen die »Kampen«, die den weniger Reichen des Dorfes gehörten, denjenigen, die überhaupt am Rande der Gesellschaft lebten und statt eines Beetpfluges nur eine Ard oder eine Hacke besaßen. Sie mußten noch den Boden wie seit Jahrtausenden hacken, wenn diese Arbeit nicht die wühlenden Schweine übernahmen.

Die besten Ackerparzellen waren jedoch in aller Regel streifenförmig gegliedert und wurden in langen Bahnen gepflügt. Die Bauern verlängerten die Streifen immer weiter in das noch nicht kultivierte Land. Die oft nur weniger als zehn Meter breiten Äcker wurden so immer länger, meist mehrere hundert Meter. In einer strikten Organisation wurden diese Streifenfluren zu größeren Bereichen zusammengefaßt. So erforderte die geringe seitliche Ausdehnung der Streifen den gleichen Anbau. Es ging nicht an, daß ein Ackerbeet neben einem Getreidefeld lag, denn das auf dem Ackerbeet liegende Unkraut wäre sonst in das Getreidefeld hineingewachsen. Aus diesen Erfordernissen heraus entstand der Flurzwang. Jeder Bauer des Dorfes mußte in jedem Feld oder Gewann mindestens einen streifenförmigen Wölbacker besitzen, damit er sowohl Sommer- als auch Wintergetreide ernten konnte und einen Anteil der Viehweide als

Brache hatte. Das führte zu einer Zersplitterung der Besitzstruktur, so daß jeder Bauer mal hier, mal dort einen Acker besaß. Zudem wurden die Verhältnisse infolge der Erbteilungen, in deren Verlauf ein Langstreifenbeet der Länge nach geteilt wurde, bei Heiraten und Besitzverlagerungen immer komplizierter.

Charakteristisch für den Ackerbau des Mittelalters war das Fruchtwechselsystem. Wintergetreide, Sommergetreide und Brache wechselten sich ab. Wo im ersten Jahr Wintergetreide stand, säte man im zweiten Sommergetreide ein, im dritten Jahr blieb dieses Areal brach. Diese sogenannte Dreifelderwirtschaft ist kennzeichnend für die mittelalterliche Landwirtschaft. Dabei sind unter den Feldern nicht die Äcker der einzelnen Bauern, sondern die Gesamtheit der Äcker zu verstehen, auf denen alle in einem bestimmten Jahr entweder Winter- oder Sommerfrucht anbauten oder Brache besaßen. Jedes Mitglied der dörflichen Gemeinschaft, somit alle Vollbauern, hatte einen Anteil an jedem Feld.

Kennzeichen der Dreifelderwirtschaft ist das Brachjahr. Die starke Verunkrautung führte jedoch auch zur Begrünung der Brachflächen, vor allem, wenn sie nicht wie später mehrfach gepflügt wurden. Das hatte auch sein Gutes, die Abtragung der Böden (Bodenerosion) blieb gering. Zudem ließ sich so die Brache als Weideland nutzen. In den fruchtbaren Lößlandschaften dominierte im Hochmittelalter der Getreideanbau. Roggen bildete das wichtigste Brotgetreide; daneben wurden Weizen, Gerste, Hafer, Dinkel, Emmer und Hirse sowie Hanf und Flachs angebaut. Weißes Brot aus hellem Weizenmehl konnten sich nur sehr wenige leisten. Das lag auch an den geringen Erträgen. Zwischen Saatgut und Ernteertrag war beim Weizen das Verhältnis 1 : 3. Den Überschuß verschlangen dann noch oft die Abgaben an die Grundherren. Von den Slawen übernahm man im Mittelalter den Buchweizen, eine anspruchslose Brotfrucht. In den historischen Quellen wird er in Niedersachsen für das Jahr 1380 erstmals erwähnt. Neben Getreide bildet Fett einen wichtigen Anteil der Ernährung. Tierische Fette ersetzten in Mitteleuropa das Olivenöl des mediterranen Raumes. Milch lieferte das notwendige Eiweiß. Als Brotersatz diente im Mittelalter Gemüse. Die armen Leute ernährten sich von Erbsen, Bohnen und von Kraut. Neben der Ernährung hat Getreideanbau hat aber noch einen Vorteil: Im Vergleich zu den heute verbreiteten Anbaufrüchten Mais, Zucker- und Runkelrüben bietet Getreide einen guten Erosionsschutz.

Diese Veränderungen der Landwirtschaft vollzogen sich aber nicht überall gleichmäßig. In Südwestdeutschland setzte sich die Dreifelderwirtschaft mit dominierendem Getreideanbau im hohen Mittelalter durch, in der Wetterau vielleicht schon im 11. Jahrhundert, im deutschen Osten erst im späten Mittelalter oder überhaupt nicht. Auch der Waldboden wurde genutzt: Humusreiche Soden stach man ab und brachte sie zur Düngung auf die Felder. Damit verbunden war ein erheblicher Nährstoffentzug. Die vielfältige Ausbeutung des Waldes zog eine Verarmung des Ökosystems nach sich. Da eine natürliche Regeneration in der alten Form nicht mehr möglich war, hatte dies unmittelbare Folgen für die Umweltentwicklung. Besonders empfindlich waren die armen Sandböden westlich der fruchtbaren Lehmböden der Jungmoräne in den Niederlanden, Norddeutschland und Dänemark. Hier entstanden aus den abgeholzten und beweideten ehemaligen bodensauren Wäldern nach und nach große Besenheidenflächen. Die Heide hat diesen Landschaften ihr Gepräge gegeben. Wesentlich dazu beigetragen hat eine Wirtschaftsform, die sich seit 1000 n. Chr. immer stärker ausbreitete.

Es ist die Plaggenwirtschaft, deren Beginn an die Einführung des Winterroggenbaus auf immer denselben Feldern gekoppelt ist. Auf den armen Sandböden ließ sich keine Dreifelderwirtschaft betreiben. Immer wieder folgte hier im »ewigen Roggenbau« Winterroggen auf Winterroggen. Dazwischen waren die Felder nur zwei Monate unbebaut – eine viel zu kurze Zeit für die Regeneration der armen Sandböden. Mit der Einführung dieser Wirtschaftsform wurde zugleich eine regelmäßige Düngung notwendig. So begann man in den Wäldern humusreiche Soden, Plaggen, zu stechen und auf die Felder zu bringen. Nach dem Rückgang der Wälder wich man auf Heideplaggen aus, die man in den Ställen mit dem Dung vermischte, kompostierte und auf die Äcker brachte. Auf diese Weise entstanden die Plaggenesche, Auftragsböden von bis zu über einem Meter Dicke. Aufgrund der ständigen Humusentnahme degenerierten die Böden, und die Regerationszeiten für die Heiden wurden immer länger, teilweise breitete sich Sand aus und Dünen entstanden. Entsprechend brauchte man immer größere Heideflächen, um die nötigen Plaggen zu schlagen. Auf armen Böden war oft eine Fläche von mehr als dem Zwanzigfachen der Ackerfläche für die Plaggenentnahme erforderlich. Die Folge war eine ständige Ausweitung der Heiden, die im 18. Jahrhundert ihre maximale Ausdehnung erreichten und mit wenigen Ausnahmen die ganzen Geestflächen der Niederlande, Nordwestdeutschlands und Westjütlands bedeckten. Diese Heideflächen sahen mit ihren abgeplaggten, offenen Sandflächen bis hin zur schlagreifen Heide anders aus als etwa die heutigen Reste der geschützten und mit Wacholderbüschen garnierten Lüneburger Heide. Reiseberichte aus dem 17. und 18. Jahrhundert sprechen von baumlosen, bis an den Horizont reichenden Heiden und vergleichen diese mit einer Wüste. Erst die chemischen Kunstdünger beendeten diese Wirtschaftsform. In Zeiten ohne Kunstdünger mußte man zu anderen, die Natur auch schädigenden Mitteln greifen.

Neben dem Dung mit Plaggen kannte man das Mergeln. Mergeln, Düngen mit kalkhaltigem Boden, war auf sauren Böden sehr vorteilhaft. Der kalkhaltige Boden wurde aus Gräben und Gruben entnommen und auf die Felder gebracht. Da der Kalk nach Regen auswusch, mußte man diese Prozedur oft wiederholen, sonst blieb der Effekt aus. »Mergeln gibt reiche Väter und arme Söhne«, lautete in der Frühneuzeit ein weit verbreitetes Sprichwort.

Im unmittelbaren Umkreis der Dörfer befanden sich nicht nur die Ackerfluren, sondern auch das Weideland, die Allmende. Diese konnte von jedem Bauern des Dorfes genutzt werden. Das beste Weideland für Pferde, Rinder und Schweine lag bei den am Hang liegenden

Dörfern im Talgrund. Es wuchsen dort nicht nur verschiedene Gräser und Kräuter, sondern auch Gebüsch und einzelne Bäume. Durch die intensive Beweidung verschwand nach und nach das Gehölz. In der Nähe der Dörfer – außerhalb der Dreifelderwirtschaft und des Flurzwangs – befanden sich auch Obstgärten mit Apfel-, Birnen-, Zwetschgen- und Kirschbäumen. Nußbäume standen meist auf zentralen Plätzen im Dorf. Weitere Spezialkulturen waren der Hopfengarten oder der Weinberg. Der Weinanbau hatte im Mittelalter eine viel größere Bedeutung als heute. Wein verdarb nicht wie gegorener Saft, Milch oder selbst Wasser. Da man auch mit herben Wein zufrieden war, mußte der Wein nicht seine volle Süße erreichen. Weinberge gab es im Mittelalter nicht nur an Rhein, Mosel, Nahe, Neckar, Main und Donau, am Bodensee und an der Elbe bei Dresden, sondern auch im Alpenvorland, an Leine und Weser, sogar bei Berlin und in England. Wie die Weinberge mußte auch der Hopfengarten über einen langen Zeitraum gepflegt werden. Hopfen, mit dem man das Bier würzte, konnte man nur dort kultivieren, wo sich keine Kaltluft sammelte. Zwischen Ingolstadt, Regensburg und Landshut, in der Holledau – heute das größte Hopfenanbaugebiet der Welt –, ist der Anbau von Hopfen seit dem frühen Mittelalter belegt. Gut gedieh er an den Hängen, wo der kalte Wind zum Tal strich. Obwohl seine Einrichtung von klösterlicher Seite gelenkt wurde, fand sich Hopfenanbau auch bei den Dörfern.

Wie die Dörfer und Häuser des Mittelalters aussahen, wissen wir vor allem anhand archäologischer Ausgrabungen, da die Bauernhäuser aus Holz errichtet wurden und die noch erhaltenen nur vereinzelt bis in das 14. Jahrhundert zurückreichen. Der einzige Bau des Mittelalters, der in den Dörfern bis heute überdauert, ist die aus Stein errichtete Kirche. Wenn die Siedlung älter war als die Kirche, wurde diese oft am Rand errichtet, ansonsten auch inmitten des Dorfes.

In den Bauernhäusen lebte die bäuerliche Familie beengt und ohne Komfort, in Norddeutschland mit dem Vieh unter einem Dach. Eine offene Feuerstelle diente der Zubereitung der Speisen und der Heizung. Manchmal gab es einen kuppelförmigen Lehmofen. In den Häusern war es kalt, der Wind pfiff durch die Wände, die aus mit Lehm verputztem Flechtwerk, seltener aus Spaltbohlen bestanden. Licht fiel nur durch kleine Fenster herein und erhellte nur wenig den nach allerlei tierischen und menschlichen Ausdünstungen und Qualm riechenden, auch aufgrund der Feuchtigkeit muffigen Raum. Neben dem offenen Feuer beleuchteten Kienspäne und Talglichter ihn nur notdürftig. Die bäuerliche Familie saß beim Essen um einen einfachen Holztisch. Dabei beanspruchte der Bauer den meisten Platz. Zur Familie gehörten nicht nur die Eheleute und deren Kinder, sondern auch unverheiratete Geschwister und teilweise auch entfernte Verwandte. Das kärgliche Mahl, meist Grützen, Hirse- oder Haferbrei, aß man mit einem Holzlöffel. Fleisch gab es seltener, wenn, dann vor allem Schweinefleisch und Geflügel. Brot wurde häufig ohne Hefe als Fladenbrot gebacken. Das Brot der Bauern war grau, das helle Weizenbrot diente als Herrenspeise. Aus Holz wurden die meisten Geräte des täglichen Bedarfs hergestellt, wie Löffel, kleine Daubenschalen oder Fässer. Einfache Kugeltöpfe und Krüge einer klingend hart gebrannten Irdenware dienten für allerlei Aufbewahrungszwecke. Bessere Importware, wie Krüge aus Steinzeug, bildete die Ausnahme. Diese bezog man vom Markt in den Städten.

Wie der Mann Herr im Haus war, so bestimmte er auch die Arbeitsteilung. Er entschied über den Anbau ebenso wie über die Verteilung der erwirtschafteten Erträge. Die Männer arbeiteten vor allem auf den Feldern, wurden aber beim Säen und Ernten von den Frauen unterstützt. Nur den Frondienst versahen fast ausschließlich die Männer. Die Frauen sichelten das Getreide, während die Männer mit der Sense arbeiteten. Die Frauen banden die Garben und waren auch an der Heuernte beteiligt. Im Haus versorgten sie das Herdfeuer, kochten, legten Vorräte an und kümmerten sich um die Kleinkinder. Das harte Leben und auch die Unsicherheit müssen auch die Mentalität der Bauern geprägt haben. Da sie jedoch außerhalb der schriftlichen Welt standen, haben wir von ihnen selbst keine Textzeugnisse. Was sich aber erhalten hat, sind Reste ihrer Häuser und des Hausrates.

Mit dem hohen und späten Mittelalter begannen sich auch die Dorfformen herauszubilden. Die Wandlung von der ländlichen Siedlung zum festgefügten, platzkonstanten Dorf vollzog sich vor dem Hintergrund der Grundherrschaft, die Dörfer des Mittelalters waren keine selbständigen Wirtschaftseinheiten mehr. Am häufigsten war das Haufendorf, in dem unregelmäßig verteilt Höfe um einen Dorfplatz herum lagen. Daneben gab es mehr geplante Dörfer, wie langgezogene Marschhufen- oder Waldhufendörfer. Bei diesen waren die Höfe zu langen Ketten aufgereiht, an die sich langschmale Streifenfluren anschlossen. Zu den planvoll angelegten Dörfer gehören auch Angerdörfer beiderseits eines langen Dorfplatzes oder Rundlinge, in den die Höfe kreisförmig um einen Platz herum angeordnet waren. Räumlich begrenzte Siedelplätze, wie auf den Wurten oder Warften als künstlichen Schutzhügeln gegen das Meer in den Nordseemarschen, führten zu Dörfern mit radial oder reihenförmig angelegten Hofplätzen. Ohne solche landschaftlichen Einschränkungen entstanden Dörfer mit großzügigeren Hausabständen. Archäologische Ausgra-

Im Haufendorf liegen die Höfe um einen Dorfplatz unregelmäßig verteilt.

In den neu entwässerten und kultivierten Marschgebieten entstanden die planvoll angelegten Marschhufendörfer. Als Schutz stehen die Häuser auf niedrigen Wurten. Von den Marschhufendörfern verlaufen langschmale Streifenfluren in das ehemalige Ödland. Ähnliche Siedlungsformen entstanden in den Moorgebieten und Wäldern als Moorhufen- und Waldhufendörfer.

In den Angerdörfern lagen die Höfe beiderseits entlang eines langen Dorfplatzes, der auch die Allmende beinhalten konnte.

Im Rundling lagen die Höfe in kreisförmiger oder halbkreisförmiger Anordnung.

bungen in Dörfer zeigen aber oftmals auch, daß sich die ländlichen Siedlungen in ihrer Struktur im Laufe der Zeit verändern konnten. Ausgrabungen in verschiedenen Regionen haben verschiedene mittelalterliche Dörfer erschlossen. Zu den gut untersuchten Dörfern in Süddeutschland gehört Wülfingen am Nordufer des Kocher gegenüber der Stadt Forchtenberg im württembergischen Hohenlohekreis. Da dieses Dorf schon im 12. Jahrhundert von seinen Bewohnern verlassen wurde, läßt sich seine Struktur gut erkennen. Die Ergebnisse der archäologischen Untersuchungen zeigten, daß der älteste Kern ursprünglich näher am Ufer der Kocher lag als der nordwestliche, archäologisch dokumentierte Rand des Dorfes. In den Grabungsflächen kamen Hunderte von Pfostengruben ebenerdiger Fachwerkgebäude, ein dreischiffiges Haus mit Steinfundament, zwanzig Grubenhäuser, drei steinerne Keller, vier Brunnen und zwei Töpferöfen zutage. Nachdem dieses Areal bereits in der Vorgeschichte mehrfach besiedelt worden war, entstand hier im mittleren 6. Jahrhundert eine Siedlung, die erstmals im 8. Jahrhundert schriftlich erwähnt wurde. Anhand der archäologischen Funde aus den Grubenhäusern ließen sich vier frühmittelalterliche Siedlungsphasen über eine Zeitspanne von 300 Jahren nachweisen. Während dieser Zeit veränderten sich zwar Anzahl und Standorte der Häuser, nicht aber die Struktur des Dorfes. Stets blieb Wülfingen ein Reihendorf mit von West nach Ost orientierten, zweischiffigen Firstsäulenbauten mit eingegrabenen Pfosten als Hauptwirtschaftsgebäuden mit Wohnräumen, Ställen und Scheunen unter einem Dach. Zu den Gehöften gehörten Speicher und Grubenhütten. Im 9. und 10. Jahrhundert war der Dorfrand vorübergehend nicht bebaut, wohl aber wieder im 11. und 12. Jahrhundert.

Mit der Neubesiedlung des Areals im 11. Jahrhundert veränderte sich das Bild des Dorfes. Das frühmittelalterliche Reihendorf wich zwei Gehöften. Der inmitten der Grabungsfläche freigelegte Hofkomplex umfaßte neben einem dreischiffigen Haus in den Boden eingetiefte Grubenhäuser und weitere aus Holz errichtete Gebäude. Diese gruppierten sich um einen kleinen Steinbrunnen. Auffällig ist das am Nordrand des Dorfes errichtete Haus. Die Wände dieses Gebäudes ruhten außer im Süden auf einem Steinfundament aus Trockenmauerwerk. Die Südwand bestand hingegen aus in den Untergrund eingelassenen Pfosten nach der traditionellen Bauweise. An die Schmalseite im Südosten war ein Keller angebaut. Da keine Innenpfosten nachgewiesen wurden, dürfte das Haus ein Walmdach besessen haben. In dem während des 11. bis Anfang des 12. Jahrhunderts bestehenden Gebäude haben wir eine Werkstatt für Buntmetallverarbeitung zu sehen, denn nahe der nördlichen Zwischenwand des Hauses lag eine als Röstherd dienende Feuerstelle, die dem Erhitzen von Metallbrocken diente. Diese wurden in einem benachbarten Tiegelschmelzofen weiter verarbeitet. Neben dem Keller dieses Gebäudes lag ein Grubenhaus mit eingetieften Pfosten. Den archäologischen Funden nach zu schließen wurden hier Stoffe gewebt. Gleichzeitig mit dem großen Gehöft im Zentrum der Grabungsfläche existierte am Wülfinger Bach ein zweiter Gebäudekomplex, von dem noch die Reste eines Steinfundamentbaus mit angebautem Keller mit Trockenmauern aus Kalksteinen und ein zugehöriges Grubenhaus erfaßt werden konnten. Die gefundenen Keramikscherben deuten an, daß der Steinkeller um 1200 verfiel. Das verödete Siedlungsareal wurde nur noch landwirtschaftlich genutzt.

Die Errichtung von Häusern mit Steinfundament und Steinkellern – einer Bauweise, wie sie für das Mittelalter nur von Burgen und aus Städten bekannt ist – deutet auf einen adeligen Grundherrn, dem das Dorf gehörte. Indizien dafür sind auch die Werkstatt für Buntmetallverarbeitung, der ebenfalls nachgewiesene Betrieb von Töpferöfen, der hohe Anteil der Wildtierknochen und importiertes Tafelgeschirr. Auch der Neubau der unweit gelegenen Pfarrkirche St. Michel mit abgesetztem Rechteckchor und rundem Turm könnte dem adeligen Grundherrn verdanken zu sein.

Immerhin findet die Bedeutung des Ortes ihren Ausdruck in einer am 3. Januar 1042 ausgestellten Urkunde, in der König Heinrich III. der bischöflichen Kirche in Würzburg konfiszierte Güter in mehreren Orten des Kochergaus übergab und zwar mit der Bemerkung, daß diese in der Grafschaft des Grafen Heinrich bei Wülfingen lägen. Die endgültige Auflassung von Wülfingen gegen Ende des 12. Jahrhunderts stand wohl in einem kausalen Zusammenhang mit der Gründung einer neuen Burg mit zugehörigem Dorf, nämlich Forchtenberg. Die Wülfinger Kirche behielt auch nach Aufgabe des alten Dorfes noch einige Zeit ihre Funktion als Pfarrkirche, bevor sie gegen Ende des 13. Jahrhunderts in eine Friedhofskapelle umgewandelt wurde. Die kleine Stadt Forchtenberg besaß jetzt eine eigene Kirche. Im Umkreis von Forchtenberg im dünn besiedelten Kochertal wurden nun auch andere Orte zu Wüstungen.

Ein weiteres archäologisch untersuchtes mittelalterliches Dorf lag innerhalb der heutigen Stadt Rottenburg. Veranlaßt durch den Bau einer Umgehungsstraße wurden Ausgrabungen auf der mittelalterlichen Wüstung Sülchen durchgeführt. Die freigelegten Siedlungsbefunde ließen auf eine dichte Bebauung des Dorfes mit zahlreichen in Holz errichteten Häusern schließen. Neben kaum noch zu rekonstruierenden Wohngebäuden der Gehöfte mit eingetieften Pfosten und Wandgräben fanden sich als Nebenbauten zahlreiche Grubenhäuser. Wie historische Schriftquellen belegen, bildete das Dorf Sülchen das Zentrum des Sülchgaus, eines Verwaltungsbezirks aus Königs- und Reichsbesitz. Nach der Gründung der Stadt Rottenburg durch die Grafen von Hohenberg im 13. Jahrhundert wurde der Ort verlassen, und die Bewohner zogen in das neue urbane Zentrum.

Nicht nur Städte konnten zum Abzug der ländlichen Bevölkerung führen, auch Klöster konnten Dörfer niederlegen, wie das Beispiel von Dalem vermittelt. Das durch Ausgrabungen gut erschlossene mittelalterliche Dorf liegt auf der von Mooren eingefaßten, 5,8 Quadratkilometer großen Geestinsel von Flögeln im nordwestlichen Niedersachsen. Pollenanalytische Untersuchungen wiesen nach, daß sich dort über älteren Siedlungen und Wirtschaftsfluren von der zweiten Hälfte des 6. bis ungefähr zur Mitte des 7. Jahrhunderts Wald ausgebreitet hatte. Dem entspricht eine weitgehende Entvölkerung der Gebiete zwischen Elbe und Weser. Eine Landnahme im frühen Mittelalter erschloß dann erneut die Geestflächen. Eine dieser neuen Gründungen ist das Dorf Dalem, das um 650 am Rande des westlichen Teils der Geestinsel nahe am Moor entstand – somit ebenso wie die am andere Ende liegende Siedlung Flögeln in einer Ökotopgrenzlage. Zwischen beiden mittelalterlichen Siedlungsbereichen erstreckte sich das Waldgebiet der Haselhörn.

Auf einer Flächengröße von etwa zwei Hektar wurden in den archäologischen Ausgrabungen mehrere Gehöfte freigelegt, von denen nur die in den Sandboden eingelassenen Pfostengruben noch erhalten waren. Die am Moorrand aufgereihten, von Zäunen eingefaßten rechteckigen und schiffsförmigen Gebäude ließen keine Innenraumeinteilung erkennen und wurden somit zu Wohn- und Wirtschaftszwecken genutzt. Die Wände der Häuser dürften aus Flechtwerk bestanden haben, die Dächer waren reetgedeckt. Der größte Pfostenbau, für dessen Errichtung der Platz extra planiert wurde, wies eine Länge von 36,5 Metern auf. In der Breite wurden neun bis zehn Meter überspannt. Das Haus wurde in einer zweiten Phase noch um zwei Seitenschiffe erweitert. Ob dieses Haus einem Schulzen gehörte, läßt sich mangels historischer Quellen nicht klären. Neben den landwirtschaftlichen Hauptgebäuden lagen der Stall sowie Speicher und in den Boden eingetiefte Grubenhäuser. Die Lagerkapazität der bis zwanzig Meter langen, auf Pfosten ruhenden Speicher dürfte über den Bedarf der Siedlung weit hinausgegangen sein. Möglichweise hatte Dalem als Stapelplatz Bedeutung, da sich von hier aus über nahe gelegene Seen die Flüsse Medem und Elbe erreichen ließen. Einen Hinweis darauf, daß Waren das Dorf erreichten, liefern die archäologischen Funde aus den Grubenhäusern. Mit einer Länge von fünf und einer Breite von vier Metern sind diese im Vergleich zu anderen Erdbauten ausgesprochen groß. In der Ecke der Grubenhäuser befanden sich Kuppelöfen. In sechs der Grubenhäuser standen Webstühle. Östlich der Siedlung des 8./9. Jahrhunderts lag auf einer in das Moor vorgeschobenen Geestzunge ein Gräberfeld mit etwa einhundert Körpergräbern. Dies gehörte wohl nur zu einem oder zwei der östlich anschließenden Gebäude; die Bewohner der anderen Höfe dürften ihre Toten anderswo beigesetzt haben.

Auch in mittelalterlichen Dörfern gab es noch Grubenhäuser als Nebengebäude der Höfe. Oft dienten sie als Webhäuser. Dieser Nachbau stammt aus dem Wikingercenter in Fyrkat, Dänemark.

Bedingt durch den steigenden Grundwasserspiegel verlegten die Bewohner im 10. Jahrhundert ihre Gehöfte auf höher gelegene Flächen nach Westen. Seit dem 11./12. Jahrhundert ersetzten Häuser mit gebogenen Außenseiten die älteren, rechteckigen Bauten. Wiederum bestanden die Gehöfte aus Haupt- und Nebengebäuden. An die zunächst einschiffigen Langhäuser wurden je nach Bedarf Seitenschiffe angebaut. Ein Teil der Nebengebäude diente als Scheunen. Das Heu wurde auch in Rutenbargen gelagert. Diese Behelfsscheunen wurden oft noch bis in die siebziger Jahre des 20. Jahrhunderts als zusätzliche Bergeräume gebaut. Sie bestehen aus drei bis neun Pfosten, die ein in der Höhe verschiebbares Dach tragen. Dieses schützte den Heuhaufen gegen Regen. Als weitere Nebenbauten gab es in Dalem immer noch Grubenhäuser. In einem der Grubenhütten des 11. oder 12. Jahrhunderts lagen 104 Webgewichte, die ehemals an den Fäden eines Gewichtswebstuhls hingen. Auf diesem dürften besonders breite Tuche gewebt worden sein. Ansonsten hatte sich in dieser Zeit bereits der Trittwebstuhl durchgesetzt.

Das Dorf Dalem fiel schon 1340 wüst. Über die Endphase berichten Urkunden eines Klosters. Dieses war 1334 zunächst in Midlum am Westrand der Hohen Lieth nahe der Seemarsch des Landes Wursten gegründet worden und wurde dann nach Altenwalde und schließlich nach Neuenwalde verlegt. Der neue Standort lag nahe der Furt eines Flüßchens, über das sich die Geestrücken der Hohen Lieth und Flögelns erreichen ließen. Dieses Kloster kaufte die einzelnen Hufen in Dalem gezielt auf.

Nach Aufgabe des Dorfes wurden von Neuenwalde aus noch einige Zeit die Felder bestellt. Die blockförmigen Fluren umfassen insgesamt etwa 120 Hektar, die sich weitgehend mit der Verbreitung von Auftragsböden decken. Diese Plaggenesche erreichen eine Mächtigkeit von bis zu 80 Zentimetern. Im Unterschied zu den frühmittelalterlichen Siedlungen wurden die Felder nun weitaus intensiver für den Getreideanbau, in erster Linie Roggen, genutzt. In Dalem sind die Oberflächenformen der mittelalterlichen Ackerflur unter dem heutigen Wald konserviert. Diese Fluren waren im Mittelalter flach, stellenweise sind auch schwach ausgeprägte Wölbäcker zu erkennen. Die Wirtschaftsflächen faßten im Mittelalter Gräben ein. Die Ackerflur von Flögeln wird nach Schätzungen um 1350 etwa 150 bis 180 Hektar betragen haben. Vergleichbar mit der Geestinsel von Flögeln ist die Siedlungskammer von Wanna. Auf der etwa neun Quadratkilometer großen Geestinsel befanden sich im hohen Mittelalter zwei Dörfer mit angrenzenden Streifenfluren. Beide Siedelbereiche trennte eine die Geestinsel überquerende Landwehr. Dieser Schanzwall läßt vermuten, daß es öfter zu Spannungen zwischen benachbarten Dörfern kam. In der Frühneuzeit traten beispielsweise zwischen Flögeln und Neuenwalde Streitigkeiten um die Rechte der Holznutzung in der Haselhörne auf.

Ähnlich wie im nordwestlichen Niedersachsen waren auch die Sandgebiete der Drenthe in den nördlichen Niederlanden beschaffen. Auch hier wurden die armen Sandböden im Umkreis der Eschdörfer wie Anlo durch das Auftragen von Plaggen verbessert, um Roggen anbauen zu können. Infolge des zunehmenden Plaggenabbaus schlossen sich an die Wirtschaftsfluren, die Eschen, im Mittelalter ausgedehnte Heideflächen an. Nachdem nicht mehr genügend Wald zur Verfügung stand, nahm man anstatt der humusreichen Waldböden auch Heideplaggen, was auf der Drenthe ebenso wie in Nordwestdeutschland oder Jütland Sandverwehungen nach sich zog. Mit der Einführung des Wendepfluges änderte sich auch die Flurform der Esche von blockförmigen zu streifenförmigen Parzellen. Die Länge der mittelalterlichen Streifen lag durchschnittlich bei 80 bis 120 Meter, die Breite bei 20 bis 30 Meter. Die streifenförmige Aufteilung der Äcker setzte vor allem im Umkreis der Dörfer ein, während der Grundbesitz der nicht aufgeteilten Dominalgüter noch lange an den blockförmigen Fluren festhielt. Mit dem späten Mittelalter gingen viele Bauern dazu über, die Eschfluren gemeinsam urbar zu machen. Nun entstanden große Gewanne mit bis zu 250 Meter Länge und 20 Meter Breite.

Die Düngung war im Mittelalter noch nicht so intensiv wie in späterer Zeit. Ein Stall, in den man die gestochenen Soden brachte, stammt aus Peelo. Dieser »Tiefstreustall« wurde im 14. Jahrhundert errichtet. Der Dung, der aus diesen frühen Tiefstreuställen auf die Äcker gebracht wurde, bestand aus einer Mischung aus tierischen Fäkalien, Waldboden und gemähter Heide. Dieser rein organische Dung hat im Unterschied zu den später verwendeten Heideplaggen noch kaum eine Erhöhung der Ackerböden bewirkt. Diese Umstellung geschah erst infolge der weitgehenden Abholzung in der zweiten Hälfte des 15. Jahrhunderts.

Der mittelalterliche Landesausbau erfaßte auf der Drenthe auch die Erlen-Auenwälder der Bachtäler, die gerodet und in Wiesen umgewandelt wurden. Als noch genügend Laubwald vorhanden war, schneitelte man die Bäume zur Gewinnung des Winterfutters für die Tiere. Nachdem kaum noch Wald vorhanden war, intensivierten die Bauern die Heugewinnung in den Bachtälern. Dazu gehörten vor allem die regelmäßig überschwemmten Wiesen, während die höheren Talflanken zur Allmende gehörten. Bis in das 15. Jahrhundert waren die genauen Grenzen zwischen den Beweidungsgebieten der einzelnen Dörfer nicht festgelegt und gingen ineinander über. Im frühen und hohen Mittelalter fand die Beweidung vor allem mit Rindern statt. Die ersten größeren Schafherden erschienen auf der Drenthe erst im 15. und 16. Jahrhundert, einer Zeit, in der aufgrund der jahrhundertelangen intensiven landwirtschaftlichen Nutzung die Heideflächen nicht mehr so gras- und baumreich waren.

Seit dem frühen Mittelalter hatte sich die Zahl der Dörfer auf der Drenthe noch vermehrt, was den Raubbau an der Natur begünstigte. Ortsnamen mit den Endungen auf -loo, -holte und -elte belegen den Landesausbau durch Rodung. Die bevorzugten Standorte der Dörfer bildeten die Geschiebelehmplateaus der Drenthe. Erst als es keine solchen mehr gab, legte man die Dörfer auf einem Esch oder auf Decksandböden an. Schließlich blieben nur noch die armen Podsolböden übrig. Ohne Düngung konnte man hier überhaupt keine Feldfrüchte mehr anbauen. Auf den ausgelaugten Decksandböden breitete sich Heide aus.

Trotz dieser Kultivierungsmaßnahmen blieben die Dörfer arm. So ist im Mittelalter ein deutlicher Kontrast zwischen dem Wohlstand der Dorfwurten in den nördlich anschließenden Seemarschen und den Dörfern auf der Drenthe zu erkennen. Diese profitierten weit weniger von dem maritimen Fernhandel entlang der Küste. Archäologische Untersuchungen in Zijen, Peelo, Gasselte und Odoorn zeigen, wie die Eschdörfer im Mittelalter beschaffen waren. In Odoorn deckten die Ausgrabungen eine Siedlung des 6. bis 9. Jahrhunderts auf. Die Struktur der frühmittelalterlichen Siedlung bestand aus meist rechteckigen Parzellen, in deren Mitte rechteckige Höfe standen. Wege verbanden die verschiedenen Gehöfte. Bedingt durch eine zunehmende Bodenerschöpfung wurde die Siedlung im hohen bis späten Mittelalter nach Norden verlegt. Das neue Dorf wurde als Haufendorf angelegt, wie sich auch aus der ältesten Katasterkarte von 1813 schließen läßt. Die Bauernhäuser verteilen sich nun unregelmäßig um einen breiten Dorfplatz.

Die Verlagerung der meisten Eschdörfer an ihre heutigen Standorte erfolgte auf der Drenthe schon seit dem 9. Jahrhundert. Hausformen des 9. bis 11. Jahrhunderts lassen sich in Gasselte verfolgen. In dieser Zeit erlaubte die Konstruktion mit Ankerbalken den Bau größerer Bauernhäuser, denen langschmale Parzellen zugewiesen werden konnten. Hier lagen zunächst neun, später elf Gehöfte reihenförmig an einem von Nord nach Süd verlaufenden Weg. Diese stellen den Ausbau einer östlich gelegenen, älteren Siedlung dar. Die durch Zäune oder Gräben abgegrenzten Gehöfte bestanden aus rechteckigen oder leicht schiffsförmigen Hauptwirtschaftsgebäuden in Pfostenbauweise, zu denen Scheunen, Brunnen und Rutenbergen gehörten. Die paarweise angeordneten mächtigen Pfosten in den Außenwänden der einschiffigen Haupthäuser trugen das Dach und die Decke. Am Westgiebel befand sich ein großes Tor zum Einfahren der Ernte auf die Tenne. Neben der vermuteten Lagerung auf den Böden der

Haupthäuser wurde die Ernte auch in den ein- oder zweischiffigen Scheunen und Rutenbergen untergebracht. Die Wirtschaft des Dorfes beruhte vor allem auf Ackerbau. Für das Vieh reichten die seit dem 11. Jahrhundert nachweisbaren ein- oder beidseitigen Nebenanbauten, sogenannte Kübbungen. Somit entwickelten sich in Gasselte aus ein- wieder dreischiffige Häuser. Die jüngsten Bauten waren noch breiter und besaßen einen abgetrennten Wohnbereich am Ende des Hauses. Im 13. Jahrhundert verlagerte sich das Dorf um etwa 1000 Meter nach Osten in Richtung eines Baches. Wie in Odoorn lagen die Häuser nun nicht mehr in Reihen, sondern nach dem Ausweis der Katasterkarte von 1813 unregelmäßig verteilt in einem Haufendorf. Dieses Dorf besteht bis heute.

In Peelo waren mehrere ältere Häuser im 11. Jahrhundert einem größeren Hof gewichen, dessen Areal ein Graben begrenzte. Ein weiteres, durch einen Zaun umgebenes Gehöft des 14. Jahrhunderts mit Haupthaus in Pfostenbauweise und einseitiger Erweiterung sowie zwei Nebenbauten und Rutenbergen konnte in Zeijen dokumentiert werden. Auch in der früh- bis hochmittelalterlichen Rodungssied-

Seit dem späten Mittelalter wurde die traditionelle Pfostenbauweise von der Schwellrahmenbauweise verdrängt. Die Pfosten standen nun auf Schwellsteinen, die Fachwerkwände – wie bei dieser frühneuzeitlichen Scheune in Ostholstein – auf Schwellrahmen.

lung Telgte bei Warendorf in Nordrhein-Westfalen fand sich eine Gehöftgruppe ähnlicher Art mit Haupthaus in Pfostenbauweise, Grubenhäuser als Nebenbauten und Rutenbergen. Weitere ausgegrabene Dörfer des Mittelalters aus Dänemark zeigen Häuser ähnlicher Konstruktion. Belegt sind von 1200 bis 1400 in Store Valby und Pebringe einschiffige, rechteckige Häuser in traditioneller Pfostenbauweise. Hingegen weist der um 1400 errichtete Hof in Hjenninge erstmals die Verwendung von Schwellsteinen nach.

Die archäologischen Befunde in Norddeutschland, den Niederlanden und Dänemark lassen somit erkennen, daß sich aus einschiffigen Häusern des Hochmittelalters durch Ankübbungen wieder dreischiffige Häuser entwickelten und noch lange Zeit Pfostenbauten und Schwellrahmenbauten im ländlichen Bereich parallel bestanden. Bei letzteren standen die Pfosten auf Schwellsteinen und waren nicht mehr in den Boden eingetieft. Somit waren es Ständerbauten. Die Basis der Fachwerkwände bildeten hölzerne Schwellen. Nachdem seit Jahrtausenden die Pfosten in den Boden eingegraben worden waren, vollzog sich seit dem 13. Jahrhundert der Übergang zur Ständerbauweise, in dem diese auf Ständersteine gesetzt wurden. Konstruktiv erfordert dieses Bauweise eine fortgeschrittenere Verzimmerungstechnik, die auf einen Halt im Boden verzichten kann. Die Ständerbauweise erhöhte die Lebensdauer der Gebäude, da die im Erdreich eingegrabenen Pfosten nach kurzer Zeit vom Schädlingsbefall morsch wurden. Bestanden Pfostenbauten oft nur wenige Jahrzehnte, so haben Ständerbauten des 15. Jahrhunderts bis heute überdauert. An die Pfosten- oder Ständerbauten wurden an die Seiten Nebenräume, die Kübbungen, angebaut. Diese waren zunächst als 1,5 bis 3 Meter breite Ställe geplant und dienten gleichzeitig als Nebenräume für die unterschiedlichsten Zwecke. Sie konnten auch wieder entfernt werden, ohne die Standsicherheit des Gebäudes zu gefährden. Veränderte Erntetechniken erforderten einen größeren Tennenraum, der zunächst geschaffen werden mußte. Dann wurde das Vieh an den Trennlängswänden der Kübbungen aufgestallt. Mittelalterliche

Gemälde mit christlichen Motiven zeigen Beispiele zur Tennen- und Scheunenform mit frühesten Kübbungen. Verwiesen sei auf das 1425 entstandene Bild der Geburt Christi des niederländischen Malers Johann Koerbecke. Der offen dargestellte Stall läßt eine seitliche Ankübbung am Gebäude erkennen. Das 1457 vollendete Tafelbild der Christusgeburt vom ehemaligen Hochaltar der Klosterkirche Marienfeld, Westfalen, zeigt dann Ankübbungen zu beiden Seiten des Bauernhauses. Die Wände der Kübbungen bestehen noch aus Flechtwerk.

Der Übergang vom kleineren Pfostenbau zum größeren Ständerbau mit Ankübbungen war auch, aber sicher nicht nur eine Folge der gesteigerten Wirtschaftskraft. Pfosten, die nicht mehr, wie seit der

Hinweise zu Konstruktionen ländlicher Bauernhäuser des Mittelalters lassen sich auch aus manchen Bilddarstellungen entnehmen, auch wenn die Häuser selten realistisch wiedergegeben sind. Das 1457 von Johann Koerbecke vollendete Altarbild der Geburt Christi vom Hochaltar der Klosterkirche Marienfeld, Westfalen, zeigt ein Bauernhaus mit Anküb-bungen. Die Queraussteifung erfolgte durch Spannbalken und Kopfbänder.

Jungsteinzeit vor 7000 Jahren, in den Boden eingetieft wurden, blieben vom Schädlingsfall länger verschont. Das bedauern nur die Archäologen, ist doch nichts dauerhafter im Boden als ein Pfostenloch. Die ältesten erhaltenen niederdeutschen Hallenhäuser des 14. Jahrhunderts, wie das von Woltmershausen, weisen eine Breite von zehn Metern auf. Diese Bautypen sind als Zweckbauten für den Ackerbau und Ackerbau-Weidebetrieb entstanden. Im Unterschied zu den frühgeschichtlichen Häusern mit ihren erdlastigen Lagerung erhielt das niederdeutsche Bauernhaus umfangreiche deckenlastige Bergeräume über einer breiten Einfahrt- und Dreschtenne.

Niederdeutsche Hallenhäuser dürften auch in dem zwischen 1350 und 1400 wüst gefallenen Dorf auf der Feldmark von Langenrehm am Stuvenwald, Kreis Harburg, das Ortsbild geprägt haben. Neben einem Backhaus in traditioneller Pfostenbauweise und weiteren Nebenbauten wurde hier ein Fachwerkgebäude mit Grundschwellen und Ständern auf Legesteinen freigelegt. Gefäßscherben des 13. und 14. Jahrhunderts sowie ein 1275 in Hamburg geprägter silberner Hohlpfennig erlaubten eine Datierung des Wohnstallhauses. Die archäologischen Spuren deuten an, daß das Haus nicht abbrannte, sondern verlassen wurde und allmählich verfiel. Dieses Haus besaß bereits einen abgeteilten Raum, somit ein Kammerfach. Eiserne Türbänder, Schlösser, Bügel und weitere Metallgegenstände lassen den hohen Stand der Bautechnik erkennen. Der über der Tenne zu rekonstruierende Dachraum dürfte der Ernteeinlagerung gedient haben.

Dieser niederdeutsche Haustyp wurde von den deutschen Siedlern aus Holstein, Niedersachsen und Westfalen während der Ostkolonisation in die vorher von Slawen besiedelten Gebiete mitgebracht. Archäologisch nachgewiesene Hallenhäuser treten in Mecklenburg seit dem 14. Jahrhundert auf. Das in der Dorfwüstung des Forstreviers Ramm bei Lübtheen unter Sandverwehungen nachgewiesene »Flettdielenhaus« stammte aus der Zeit um 1300. Das noch in der traditionellen Pfostenbauweise errichtete Haus war im Tennen-Stall-Bereich dreischiffig und wies eine bis 3,5 Meter breite Diele mit bis

3 Meter breiten Ankübbungen auf. Am Ende des Hauses lagen nebeneinander zwei Kammerfächer, wovon das eine eine Feuerstelle besaß.
Hingegen war das auf der Mecklenburger Wüstung Hungerstorf bei
Grevesmühlen freigelegte Bauernhaus ein »Durchfahrtsdielenhaus«.
Bei diesem um 1400 errichteten bis 13 Meter langen und 12 Meter
breiten Gebäude konnten die Erntewagen zu einer Seite hinein- und
zu anderen wieder hinausfahren.

Gemeinsam sind allen Bauernhäusern umfangreiche Bergeräume. Bis
zur Mitte des 20. Jahrhunderts bestimmten die teils decken-, teils erdlastigen Scheunenräume die unterschiedlichsten Hausgrundrisse,
die sich seit dem späten Mittelalter entwickeln zu begannen. Das Getreide wurde nach der Ernte unausgedroschen in Garben eingelagert, im Laufe des Winterhalbjahres vom Erntelagerraum auf die
Tenne gebracht und dort mit Dreschflegeln ausgedroschen. Die Ge-
treidekörner kamen auf den Schüttboden und das leere Stroh wieder
in den Bergeraum, um es später in den Viehstall als Einstreu zu bringen. Wie die Getreidegaben brachte man auch Heu decken- oder erd-
lastig ein. In den frühestens seit dem 14./15. Jahrhundert erhaltenen
niederdeutschen Fachhallenhäusern, die in ganz Norddeutschland
verbreitet waren, wurde die Ernte deckenlastig eingelagert. Einen
Teil des Getreides lagerte man in Rutenbergen. Der Bedarf an größeren Viehställen, verbunden mit größeren Bergeräumen, führte dann
bei kleineren Hallenhäusern wie dem sogenannten »Altfriesenhaus«
zu Erweiterungsbauten, Drei- und Vierkanthöfen. Beim mitteldeut-
schen Hof wurden Wohnbau, Ställe und Scheunen klar getrennt
rechteckig um den Wirtschaftshof herum gruppiert. Die Ernte wurde hier erd- und deckenlastig eingelagert.

Anders war die Hauslandschaft im südlichen und mittleren Deutschland. Die im Volksmund als »Schwedenhäuser« bezeichneten alten
Steildachgebäude des Nürnberger Raumes sind vierschiffige, quer
aufgeschlossene Bauten, die sich vermutlich aus Firstsäulenhäusern
entwickelt haben. Zu den Ausnahmen gehört ein Haus aus Höfstet-
ten, Kreis Ansbach. Das heute im Fränkischen Freilichtmuseum von

Bad Windsheim befindliche dreischiffige Zweiständerhaus ist mit seinem dendrochronologisch auf das Jahr 1367 datierten Dachstuhl eines der ältesten erhaltenen Bauernhäuser Süddeutschlands. Weitere Hallenhauskonstruktionen aus dem 14. Jahrhundert sind aus dem mittelfränkischen Raum überliefert. Auch auf der Fränkischen Alb und westlich davon ist eine beträchtliche Anzahl weiterer Zwei- und vor allem Vierständerbauten nachgewiesen.

Anhand der Beispiele aus archäologischen Ausgrabungen und erhaltenen Häusern haben wir versucht, uns ein Bild der mittelalterlichen Dörfer zu machen. Die historisch gewachsenen Bauernhäuser erfüllen heute nur noch selten ihren Zweck in der Landwirtschaft. Meistens dienen sie als reine Wohn-, Geschäfts- oder Gewerbebauten. Aber dabei dürfen wir nicht übersehen, daß Landwirtschaft immer auch Wandel bedeutet. Insofern haben die Menschen des Mittelalters mit ihren Möglichkeiten die ländlichen Bauten der Wirtschaftsweise ihrer Zeit angepaßt.

Neben den auf Agrarwirtschaft spezialisierten Dörfern gab es auch solche, deren Bewohner dem Fischfang nachgingen. Meeresfische, insbesondere der Hering, waren für die Stadtbewohner ein wichtiger und bezahlbarer Teil des Menüs. Daher kam es seit der zweiten Hälfte des 13. Jahrhunderts beispielsweise im Hinterland der Städtelandschaft Flanderns zwischen Nieuwport und Oostende an der belgischen Küste zu einer sprunghaften Vermehrung von Fischersiedlungen. Deren Wirtschaft beruhte vor allem auf dem Fischfang, während Viehhaltung und Ackerbau eher zur Selbstversorgung betrieben wurde. Die Schiffer oder Steuermänner standen an der Spitze der dörflichen Fischereiflotte und waren Eigentümer der Fischerboote. Sie organisierten den Fischfang und verhandelten auch den Fisch. Die Mannschaften der Boote wiesen neben dem Steuermann etwa zwanzig Männer auf. Anfangs waren die Fischer Teilhaber der Steuermänner. Jeder brachte sein eigenes Netz mit und behielt einen Teil des Fangs. Ein einziges Schiff besaß oft mehr als 50 Treibnetze. 1480 waren in der Fischersiedlung Walraversijde nicht weniger als

16 Steuermänner mit eigenem Schiff und eigener Bemannung ansässig. In Blankenberge waren es sieben, in Nieuwport 35 und in Oostende sogar 50.

Von den Fischerdörfern und Hafenorten aus fuhren die Fischer zur See. Gefangen wurden neben Hering vor allem Meerengel, Katzenhai, Rochen, Stachelrochen, Kabeljau, Schellfisch, Weißling, Knurrhahn, Scholle und andere Plattfische sowie Thunfisch. Neben den Salzwasserfischen waren auch Süßwasserfische vertreten, wie Aal, Hecht, Rotfeder und Karpfen. Der Seefang wurde noch an Bord ausgenommen, getrocknet und gesalzen, an Land gebracht und in den großen flämischen Häfen wie Nieuwport und Damme verkauft. Nachdem man seit der Mitte des 15. Jahrhunderts Heringe an Bord ausnahm, waren Fahrten bis an die schottische Küste möglich. Aus der Küstenfischerei wurde so am Ausgang des Mittelalters Hochseefischerei. Die Boote wurden nun größer, und anstelle der Steuerleute, die an Bord gebraucht wurden, kümmerten sich Händler in den Städten wie Nieuwport und Oostende um den Verkauf des Fisches. Nur einige reiche Steuerleute mögen noch selbständig gewesen sein, während die anderen für Händler arbeiteten.

Auch in den dörflichen Siedlungen selbst verarbeitete man im Mittelalter einen Teil des Fanges, wie die Ausgrabungen in Walraversijde zeigten. Vermutlich ein bedeutender Mann namens Walraf hatte dem Ort seinen Namen gegeben. Das Dorf liegt nordwestlich der heutigen Domäne Raversijde. Im Laufe des 13. und 14. Jahrhunderts vergrößerte sich das Dorf landeinwärts. Nach einer langen Zeit wirtschaftlichen Wohlstands kündigte sich ab 1370 eine schwere Krise an. In den Städten lehnten sich Textilarbeiter und auf dem Lande arme Bauern gegen die etablierte Ordnung auf. Auch das Küstengebiet war von den Veränderungen betroffen. Viele Schiffer konnten ihren Schulden bei den reichen städtischen Händlern nicht mehr bezahlen. Zwar versuchten manche Schiffer ihre Einnahmen durch Seeräuberei zu verbessern, aber die Gegenreaktionen ließen nicht lange auf sich warten. Der König von England beschwerte sich persönlich beim

Herzog von Burgund über die Kaperei englischer Boote an der flandrischen Küste.

Hinzu kam noch ein weiteres Unglück. Im Januar 1394 brach ein schwerer Sturm über die Küste herein, der den Dünengürtel weiter schwächte. Mit den Westwinden verlagerte sich die Dünen weiter nach Osten, so daß Walraversijde verschüttet wurde. Reste der mittelalterlichen Häuser kamen im heutigen Watt vor den Dünen wieder zutage. Die Bewohner mußten daher ihr Dorf landeinwärts verlegen und die Häuser neu errichten. Um sich vor den Sturmfluten besser zu schützen, verstärkten sie den Dünenschutz 1399 durch den Bau eines Deiches. Wiederum begann eine Phase wirtschaftlichen Aufschwungs, und im 15. Jahrhundert war das mehrere hundert Einwohner umfassende Fischerdorf erheblich größer als die umliegenden Siedlungen. Das Leben der Bewohner glich nun demjenigen in den Seestädten. Neben dem Fischfang als Erwerbsquelle wurde auch Vieh, vor allem Schafe, Ziegen, Schweine und Rinder, gehalten. Auf den kleinen Feldern des Dorfes wuchsen Roggen, Gerste, Weizen und verschiedene Gemüsearten. Auch Nüsse sammelte man.

Ein Teil der ärmeren Bewohner tat vermutlich Dienst auf den größeren Bauernhöfen am Ortsrand. Zwischen 1420 und 1430 erhielt das Dorf eine eigene, dem heiligen Jan geweihte Kirche. Gründer war – neben angesehenen Schifferfamilien des Dorfes wie der der van Varsenare – der Ratsherr am Hofe Philipps des Guten, Willem van Halewyn. Diese Maßnahme zeigte den bodenständigen Bauern des Umlandes, daß die zur See fahrenden Fischer auch Teil der Christenheit waren. Für die Fischer bedeutete die Kirche auch Sicherheit und Schutz. Hier beteten sie für eine sichere Fahrt; zugleich bildete der Bau einen Erkennungspunkt vom Wasser aus.

In dem Dorf standen die rechteckigen, meist einen, aber auch zwei oder mehrere Räume umfassenden Häuser eng beisammen. Die Wände der mit Reet bedeckten Häuser bestanden aus weiß getünchten Backsteinen. Damit man nicht den Dreck ins Haus trug, umgaben Ziegelsteinpflaster die Gebäude. In einigen Häusern standen Kamine.

Wasser bezogen die Bewohner aus zahlreichen in den Untergrund eingelassenen Holztonnen, wie sie auch für die Aufbewahrung von Heringen dienten.

In einem der Bauten befand sich ein eingegrabener Topf mit 211 Silbermünzen der Jahre von 1346 bis 1384. Dieser Schatzfund nimmt bereits unruhige Zeiten vorweg, die das Dorf noch betreffen sollten. Der Ruin dieses einst reichen Fischerdorfes kam mit kriegerischen Ereignissen zwischen Burgund und Frankreich. Die gegenseitige Kaperung von Booten und der Niedergang der Wirtschaft bedeuteten das Ende für den Ort. Nach den Kriegsjahren hatte sich die Bevölkerung verringert. Nachdem bereits ein großer Teil der Häuser verfallen war, wurde das Dorf um die Mitte des 16. Jahrhunderts endgültig verlassen. Dünensand deckte einen Teil der Fischersiedlung zu. Einige Häuser im östlichen Teil des Dorfes legten die archäologischen Grabungen frei.

Die wirtschaftliche Aufwärtsentwicklung der Agrarproduktion im Mittelalter sicherte auch die Ernährung der städtischen Bevölkerung und der Menschen in den Klöstern und auf den Burgen. Gut ernährt wollte aber jeder sein – denn Leibesfülle steigerte das Sozialprestige: In Italien steht *popolo grasso* für die Fetten, die städtischen Oberschichten, *popolo magro* für das gemeine Volk. Nur ein geringer Teil der Bevölkerung konnte allerdings das Privileg in Anspruch nehmen, zum *popolo grasso* zu gehören – zu hart war der Kampf um das tägliche Brot. Und nicht überall waren die Umweltbedingungen ideal – wo fruchtbare Marschen eine gewinnbringende Viehhaltung erlaubten, mußte man sich oft heftiger Sturmfluten erwehren, die das Land jeden Winter bedrohten. Auch der Viehtrieb auf die Almen im Hochgebirge und das Leben dort war voller Mühsal. In den »extremen« Landschaften, wie sie in Mitteleuropa nur in den Marschen und den Hochalpen vorhanden sind, läßt sich die Auseinandersetzung des mittelalterlichen Menschen mit der Kräften der Natur am besten studieren.

6. AUF DER ALM WAR ES NICHT WIE BEI HEIDI
HOCHWEIDENNUTZUNG UND ALMWIRTSCHAFT

Die Alpen bilden als höchstes Gebirge Europas die Hauptwasserscheide zwischen Nordsee, Mittelmeer und Schwarzem Meer. Gewöhnlich werden im weitesten Sinne die gesamten Alpen als Hochgebirge bezeichnet, ein großer Teil weist jedoch keinen Hochgebirgscharakter auf. Das gilt vor allem für die großen Tal- und Beckenlandschaften und für große besiedelte und bewirtschaftete Gebiete auf flach geböschten Hängen und Terrassen. Das gilt aber auch für Teile der Gipfelregion, etwa in der Schieferzone der Ostalpen. Zum Hochgebirge im eigentlichen Sinn gehören die steilen Wände und Grate der Hochregion. Diese Formen sind ebenso wie die Moränenschuttmassen im Gletscherbereich und die Trogtäler Zeugnis der eiszeitlichen Vergletscherung.

Nur an der untersten Schwelle des Hochgebirges finden sich noch alpine Rasen (Matten) und Zwergstrauchbestände, die ein in den Eiszeiten geformtes Relief überziehen. Darüber liegt die hochalpine Stufe der Fels- und Geröllregion mit Pioniervegetation und starker Frostverwitterung im schneefreien Hochsommer. Oberhalb der gegenwärtigen Schneegrenze erhebt sich die Firnregion mit dauernder Schnee- und Firnbedeckung und Frostverwitterung. Außer von der Lage über dem Meeresspiegel hängt die Höhe und Dauer der Schneedecke von der Niederschlagsmenge ab, die regional unterschiedlich ist. Mit der Höhe wächst auch der prozentuale Anteil des Schnees am Gesamtniederschlag. Dieses Anwachsen geschieht in den österreichischen Alpen relativ gleichmäßig. In 1500 Meter Seehöhe fallen 46 Prozent des Niederschlags als Schnee, auf 2000 Meter 59 Prozent und auf 2500 Meter 72 Prozent. Im Westalpenbogen finden wir ähnlich wie bei den Niederschlägen auch in der Schneemächtigkeit und der Schneedauer große Unterschiede: In den Hochtälern der Seealpen gibt es dauerhafte Schneedecken zwischen dreieinhalb und fünf Monaten, in den inneralpinen Zonen verkürzt sich die Dauer aufgrund niedrigerer

Niederschläge in Höhen von 1200 bis 1400 Meter auf zweieinhalb bis vier Monate. Je länger die Schneebedeckung anhält, desto kürzer ist die Vegetationszeit. Entsprechend des unterschiedlichen Naturraums waren für die Anlage von Dauersiedlungen in den Tälern und auf den Almen als saisonalen Höhensiedlungen verschiedene Voraussetzungen gegeben. Alpine Weiden (Matten) sind im Sommer vorzügliche naturgegebene Viehweiden. Gegen die Felsregion läuft der Alpenwiesengürtel mit unregelmäßigen Rändern aus. Er schiebt sich an günstigen Stellen zungenförmig hinauf und löst sich dann in Raseninseln des Pionierrasens auf. Es folgen Felsschuttzone und Fels.

Durch Beweidung veränderten die Alpenwiesen ihr Aussehen. Einige Pflanzen wurden von Rindern, Schafen und Ziegen anderen vorgezogen. Die giftigen oder bitter schmeckenden Orchideen, Enziane, Germer und Quendel wurden nicht abgeweidet. Sie breiteten sich auf Kosten der abgegrasten Pflanzenarten aus. Das Vieh weidete aber auch im Grenzbereich des Waldes, wo es nicht nur Gras und Kräuter abzupfte, sondern auch die jungen Bäume. Lärche und Arve wurden dezimiert, Grünerle und Fichte leicht gefördert, aber insgesamt wurde die Waldgrenze durch die Beweidung hangabwärts verschoben. In den ehemals beweideten Bereichen unterhalb der Baumgrenze breitete sich die Alpenrose aus, die vom Vieh nicht gefressen wird. Das heute als typisch empfundene Landschaftsbild der blühenden Alpenrosen entstand also durch den Menschen und seine Weidetiere.

Dort, wo das Vieh sich oft aufhielt, vor allem in der Nähe der Ställe, wurde der Boden überdüngt und zog nähstoffliebende Pflanzen an. Auf diese Weise entstanden die alpinen Lägerfluren aus Alpen-Ampfer und Blauem Eisenhut, die man heute an jeder Almenhütte finden kann. Durch Beweidung und Düngung über Jahrhunderte ist die Vegetation weitgehend umgestaltet worden, so daß man nicht mehr von einer reinen Naturlandschaft sprechen kann. Der Rasen setzt sich aus Süß- und Sauergräsern (Rieschgras, Alpenrispengras, Hafer- und Schwingelgräser, Seggen und Disteln) zusammen. Für die Güte der Alpweiden spielen Faktoren wie Relief, Klima, Exposition und

Boden eine besonders wichtige Rolle. Mergelkalke liefern die besten Böden, Glanzschiefer noch gute, kieselhaltige auf Granit, Gneis und Grüngesteinen sind hingegen ungünstig. So haben die teilweise feuchten Allgäuer Alpen mit ihren Mergel- und Schieferböden gute Almen, während die trockenen, verkarsteten Weiden der Julischen Alpen zu den schlechtesten gehören.

Die Nutzungsausweitung durch die Almwirtschaft bedingte auch eine Zurückdrängung des Waldes. Von oben her verschwand der Wald seit der Jungsteinzeit als Folge der Beweidung, von unten rodete man ihn, um Äcker anzulegen. Die Tendenz, das Waldgebiet zu verkleinern, hielt seit der Bronzezeit über Jahrhunderte an. Immer öfter konnten Lawinen den schmaler gewordenen Waldgürtel durchbrechen und bis in die Täler abgehen, wobei Siedlungen im Tal unter den Schnee- und Schuttmassen begraben wurden. Der Druck auf die Hochweiden in den Hochalpen verstärkte sich in den Alpen im Mittelalter überall dort, wo die Besiedlung in den Tälern an ihre Grenzen gestoßen war. Die Landnutzung in den Alpen – die bis um 1300 ausschließlich zur Selbstversorgung und allenfalls zur Erfüllung der grundherrlichen Steuerpflichten betrieben wurde – blieb somit in einem besonderen Maße von den naturräumlichen Gegebenheiten abhängig. Seit der Jungsteinzeit wurden die Getreideäcker auf den südexponierten Talseiten oberhalb der winterlichen Besonnungsgrenze angelegt, wo der Boden im Frühling zuerst frostfrei wurde. Aufgrund der Steilheit solcher Hänge mußte das Gelände mittels trocken geschichteter Stützmauern in Terrassen gegliedert werden. So entstanden kleine Ackerflächen, die nur mit der Hacke oder dem kreuz und quer gezogenen Schwingpflug bewirtschaftet werden konnten. Der Einsatz der im 12./13. Jahrhundert aufkommenden neuen Pflugtypen mit Radvorgestell kam auf diesen winzigen, von Mauern eingefaßten Äckerchen nicht in Frage. Aufgrund des kurzen Bergsommers vermochte das Getreide – vor allem Gerste – nicht immer bis zur Reife zu gelangen. Man mußte es noch grün schneiden und ließ es auf hohen Holzgestellen, den Histen, ausreifen.

In niederschlagsarmen Regionen – wie im Wallis – entwickelte man im Hochmittelalter Bewässerungssysteme, für deren Benutzung sich komplizierte Rechtsformen herausbildeten. Mit dem auf die Äcker und Wiesen geleiteten Wasser wurde auch mineralhaltige Erde angeschwemmt, was wesentlich zur Erhaltung der Fruchtbarkeit beitrug. Wo in engen Tälern oder auf schmalen Geländeterrassen die Anbaufläche besonders rar war, gewann man zusätzliche Quadratmeter durch die Ablagerung von Humus auf natürlichen Felsblöcken. Im bergsturzgefährdeten Val Bavona im Tessin, wo die Ackerflächen auf den Felsblöcken oft nur mittels Leitern oder schmalen, steilen Treppchen erreicht werden konnten, diente diese Maßnahme auch dem Schutz der kostbaren Ernte vor Überschwemmungen und vor gefräßigen Ziegen. Für die Selbstversorgung war in den kargen Alpentälern das Sammeln von Beeren und Nüssen ebenfalls von Bedeutung. Da diese Naturprodukte nur selten zu den grundherrlichen Abgaben zählten, treten sie in den Schriftquellen wenig in Erscheinung. Urkundlich bezeugt, da in das herrschaftliche Abgabensystem einbezogen, ist der Fischfang in den größeren und kleineren Seen. Überdies belegen die archäologischen Befunde, daß bis in das 14. Jahrhundert hinein ein erheblicher Teil des Fleischbedarfs durch die Jagd auf Gemsen gedeckt worden ist. Für die Viehhaltung, den wohl wichtigsten Landwirtschaftszweig des Alpenraumes, blieb im Bereich der Dauersiedlungen mit ihren engen Talsohlen, die dem Getreideanbau vorbehalten waren, wenig Nutzfläche. Daraus erklärt sich die Notwendigkeit, in den Sommermonaten mit dem Vieh auf die hochgelegenen Alpweiden auszuweichen. Eine erste Nutzung der alpinen Hochweiden hatte bereits in der Jungsteinzeit eingesetzt. So trieben beispielsweise die Bauern des Südtiroler Schnalstales ihr Vieh über den Paß des Alpenhauptkammes in das Venter Tal. Bei dieser durch die jahreszeitliche Pendelbewegung von Mensch und Vieh zwischen Talboden und Alpregion geprägten Viehwirtschaft stellt sich die Frage nach der Grenzlinie zwischen ganzjähriger Dauer- und sommerlicher Temporärsiedlung. Dabei müssen auch die beispielsweise durch

Klimaschwankungen bedingten Verschiebungen nach unten und oben berücksichtigt werden. Hingegen setzt eine entwickelte Almwirtschaft einen regelmäßigen Auf- und Abtrieb des Viehs von den Talsiedlungen zu den zugehörigen Almen voraus. Hochweidewirtschaft bedeutet aber kein festgefügtes, in sich stets gleichbleibendes Wirtschaftssystem. Es schwankt von der temporären Hochweidennutzung bis zur Anlage hoch gelegener Dauersiedlungen unter besonders günstigen klimatischen Bedingungen, wie die Pacht- oder Schwaighöfe Tirols im ausgehenden Mittelalter und in der frühen Neuzeit. Diese Wirtschaftsformen hatten sich spätestens seit der Römerzeit entwickelt, um die Weidefläche zu vergrößern und die Talweiden zu entlasten. In schmalen Tälern waren die Talregionen landwirtschaftlich nicht oder kaum nutzbar.

Dies war beispielsweise so im Ötztal, einem Seitental des langgezogenen Inntales. In diesem schmalen Tal, das sich im Süden in das Venter Tal und das Tal von Obergurgl verzweigt, verhinderten Aufschotterungen der Ötztaler Ache eine Nutzung des Talbodens bis in das 9. Jahrhundert. Nach ersten verbrannten Böden (Brandschichten) und pollenanalytisch nachweisbaren Siedlungszeigern beginnt die Urbarmachung im Randbereich des Talbodens bei Längenfeld im 10. Jahrhundert. Die ersten Anzeichen für Getreidebau zeigt das Pollenspektrum für das 12. Jahrhundert an, damit einer Zeit, in der auch historisch die ersten Höfe überliefert werden.

Die Einschränkung der agrarwirtschaftlichen Möglichkeiten bedingte somit die Nutzung der alpinen Hochweiden. Im Mittelalter ist die Almwirtschaft überall in den Alpen ausgeprägt. Auf die baulichen Reste von Almhütten war um 1700 Johann Scheuchzer gestoßen, die er dann in seinem Werk »Beschreibung der Naturgeschichten des Schweizerlandes« veröffentlichte: *Es fehlet aber nicht an Überbleibseln eines alten Berggemäuers. In der Alp Müllibach Glarner Gebiets, sihet man noch jetzt und uralte, nach sonderbarer Bau-Art gemauerte, an den Felsen klebende Hüttlein, welche die Einwohner Heiden-Häusslein heissen, und wol sein können die ältesten rudera* [Trümmer] *unseres Landes.*

Mit diesen Worten schildert Scheuchzer die Reste hochalpiner Siedlungen, auf die ihn sein Gewährsmann, der Glarner Pfarrer Johann Heinrich Tschudi, aufmerksam gemacht haben dürfte. Es wird sich dabei um die gleichen Reste alter Almwüstungen gehandelt haben, die noch heute in den höheren Lagen des inneren Alpenraums angetroffen werden können. Die Überreste dieser ehemaligen Siedlungsplätze im hochalpinen Raum in Höhen zwischen 1600 und 2500 Meter Seehöhe, gewissermaßen am Rande der menschlichen Ökumene, sind außerordentlich zahlreich. Viele dieser Alpwüstungen tragen den Namen Heidenstäfli oder Heidenhüttchen, was allgemein als Hinweis auf eine frühe Auflassung vor dem 15./16. Jahrhundert gilt. Sehr häufig kommt der Name Altstafel vor, der andeutet, daß die betreffende Alp zwar noch bestoßen wird, die heute benützten abgegrenzten Weideareale, die Stafeln, jedoch an anderen, meist tiefer gelegenen Standorten anzutreffen sind.

Historische Quellen über das alpine Hirtentum mit seinem jahreszeitlich bedingten Auf- und Abtrieb des Viehs aus dem Tal in die höheren Lagen der Alpen bleiben bis in das späte Mittelalter spärlich und beschränken sich zur Hauptsache auf Einkunftslisten geistlicher und weltlicher Grundherrschaft oder auf die Schlichtung von Nutzungsstreitigkeiten. Um 700 verschenkte Herzog Theodo von Bayern *alpes duas his nominibus Gauzo et Luduso ad pascuna pecudum.* Wir erfahren also lediglich, daß zwei Alpen den Besitzer wechselten. Auch im Testament des Bischofs Tello (um 765) ist nur von zwei Almen die Rede, die einem Kloster überlassen werden. Einzig in den *Acta Murensia* des Klosters Muris im Kanton Aargau erfahren wir Näheres über die Organisation hochmittelalterlicher Alpbetriebe.

Die spezifischen Formen der alpinen Viehwirtschaft mit der jahreszeitlichen Pendelmigration zwischen Dauersiedlung im Tal und sommerlicher Temporärsiedlung auf der Alp oberhalb der natürlichen Waldgrenze dürfte spätestens im hohen Mittelalter aufgekommen sein. Die Schriftquellen geben dazu oft keine klare Antwort, und aussagekräftige Bildzeugnisse setzen überhaupt erst am Ausgang des Mittelalters ein. Antike Nachrichten belegen zwar für den Alpenraum eine Vieh- und Milchwirtschaft, aber weniger eine Nutzung von Alpweiden. In herrschaftlich organisierte Güterkomplexe eingebundene *alpes* sind urkundlich seit karolingischer Zeit faßbar, etwa für Graubünden, und diese Erwähnungen erwecken den Eindruck einer bereits selbstverständlichen, alten Tradition. Ausdrücke aus der Fachsprache der Älpler dürften aber vormittelalterlichen Sprachschichten angehören. Erinnert sei etwa an folgende Wörter: *lioba* (Kuh), *gebse* (flaches Milchgefäß) oder *balm* für den schützenden Felsvorsprung. In den hochmittelalterlichen Schriftquellen spiegelt sich die Alpwirtschaft meist nur in pauschalen Formulierungen, aus denen hervorgeht, daß die Nutzungsrechte pro Alp in der Regel auf mehrere Inhaber verteilt waren und deshalb oft Anlaß zu allen möglichen Streitigkeiten boten. Seit dem Ausgang der Antike wurde Almwirtschaft von verschiedenen in den Alpenraum eingewanderten Siedlergruppen betrieben. Zwischen dem 6. und 14. Jahrhundert erlebte der Alpenraum eine nicht genau bezifferbare, aber jedenfalls starke und nachhaltige Bevölkerungsverdichtung. Deren Ursachen lagen teils in Zuwanderungen, wie die der Walser, teils in Geburtenüberschüssen. Der dadurch entstandene Populationsdruck führte zu verschiedenen Migrationen, die in vorherige Leerräume drängten und eine Intensivierung des Landesausbaues auslösten. Ähnliche Vorgänge spielten sich in der gleichen Zeit bekanntlich in weiten Teilen Europas ab, doch bewirkte in den Alpen die Kargheit des Naturraums besondere, gebirgsspezifische Ausprägungen. Von dieser Kolonisationsbewegung wurden nicht nur die inneralpinen Hochtäler, sondern auch die waldreichen Zonen des nördlichen und südlichen Alpenvorlandes erfaßt. Im Unterschied zu den Ostalpen gab es in der Schweiz kaum breite Täler mit fruchtbaren Böden, die eine größere Bevölkerung hätten aufnehmen können. Vor allem fehlte es auch an Bodenschätzen, namentlich an Salz und an ergiebigen Erzlagern. Das Land – es galt bis in das 19. Jahrhundert hinein als arm und rückständig – übte auf landesherrliche Machthaber keine Anziehungskraft aus und vermochte keine territorialpolitischen Investitionen auszulösen. Somit unterblieben Stadtgründungen im Gebirge weitgehend und konzentrierten sich auf die wenigen Haupttäler. Die Territorialmächte wie Habsburg, deren Herrschaftsgebiete bis in die Schweiz hineinreichten, wandten sich von dieser im Lauf des Spätmittelalters ab und überließen das politische Feld den kleinen Landesherren, Bischöfen, Freiherren und Grafen. Deren lokale Machtstellung wurde durch autonome Grundherrschaften des Kleinadels und der Klöster sowie durch genossenwirtschaftliche oder kommunale Kooperationen oft in Frage gestellt. Die grundherrlichen Güterkomplexe, gruppiert um Kleinburgen und Meiertürme, entwickelten aufgrund der Kargheit des Bodens keine starken Strukturen und lösten sich zwischen dem 14. und 15. Jahrhundert auf. Da sich kein landesfürstliches Interesse an einer Eingliederung des Schweizer Alpenraumes in ein größeres Territorium regte, bildete der zentrale Alpenraum ein machtpolitisches Vakuum im wirtschaftlichen Abseits. Vor diesem Hintergrund spielte sich im 14. und 15. Jahrhundert die Entstehung des reichsunmittelbaren Bündnissystems der Eidgenossen ab, was später Schiller zu seinem »Wilhelm Tell« inspirierte. Der hochmittelalterliche Landesausbau in der Schweizer Gebirgsregion wurde somit in der Hauptsache von Klöstern, kleinen Landesherren und Lokaladligen als den jeweiligen Unternehmern getragen.

In den Hochtälern mit ihren marginalen Böden führte der Bevölkerungsdruck spätestens seit der Jahrtausendwende zur Bildung von Dauersiedlungen bis in Höhenlagen um 2000 Meter. Im Lötschental mußte man schon im 10. Jahrhundert in die unwirtlichen, nordexponierten und durch Steinschlag (Rüfi) gefährdeten Schattenhänge ausweichen. Auf kargen Böden entstanden so die bevorzugten Siedlungsformen des Weilers und des Einzelhofes. Einzelne Nutzungszonen konnten weiträumig zerstreut sein oder kompakte Einheiten bilden. Manche Alpen befanden sich im Besitz auswärtiger Grundherren und dienten der Sömmerung des Viehs sowie der Gebirgsjagd auf Gemsen und Steinböcke.

Anfänglich scheinen nur die natürlichen Graswuchszonen oberhalb der Waldgrenze genutzt worden zu sein, wo sich auch die Reste der offenbar ältesten Alpstafeln befinden. Spätestens um die Jahrtausendwende begann man mit der Erweiterung dieser Weideflächen, indem man den Wald sicher noch stärker als in der Jungsteinzeit durch Brandrodung zurückdrängte, woran noch viele Flurnamen erinnern. Die Brandschichten derartiger Unternehmungen liefern dank der Radiokarbonmethode wichtige Datierungshinweise für den Ablauf des hochmittelalterlichen Rodungsprozesses an der oberen Waldgrenze. Die Übernutzung des Gebirgswaldes mit Vieh, vor allem mit Ziegen, beschleunigte noch den Rückgang des Waldes. Wie bereits erwähnt, war der Schweizer Alpenraum arm an Bodenschätzen. Aber in einzelnen Gegenden, wie in Rätien, gab es Eisen- und Silberbergbau. Vereinzelt dürfte die Almwirtschaft der Versorgung der Bergleute mit Naturalgütern gedient haben. Subsistenzwirtschaftliche Bedeutung hatte auch die im Bereich der Nadelwälder betriebene Gewinnung von Baumharz, wie sie für Uri archäologisch erfaßt ist.

Reste mittelalterlicher Almen sind sowohl in der Schweiz als auch in Österreich archäologisch untersucht worden. In den höher gelegenen Regionen des Schweizer Alpenraumes – das heißt zwischen circa 1600 und 2000 Meter Seehöhe – finden sich zahlreiche Reste einstiger Almsiedlungen. Es handelt sich vorwiegend um die Reste von Trockenmauern, die sich zu Gebäudegrundrissen und Pferchsystemen ergänzen lassen. Im 19. Jahrhundert galten solche Trockenmauerreste als Siedlungsspuren einer prähistorischen Bergbevölkerung, gewissermaßen als alpines Gegenstück zu den damals entdeckten sogenannten Pfahlbauten, den vorwiegend neolithischen und bronzezeitlichen Seeufersiedlungen der Mittelland- und Alpenrandseen.

Die archäologischen Untersuchungen auf Almen in den Kantonen Uri, Schwyz, Obwalden, Glarus und Wallis zeigen, daß die Lage der Siedelplätze und der Einzelhütten immer sorgfältig und umsichtig gewählt wurde. Je nach Situation achtete man auf natürlichen Schutz vor Steinschlag, Lawinen, Blitzschlag oder Überschwemmungen und bevorzugte Stellen, die erfahrungsgemäß im Frühling zuerst eisfrei wurden. In steinschlag- und lawinengefährdeten Gebieten baute man die Häuser am talseitigen Rand von Geröllversturz des Berges (Bergsturzfächer) oder im Schutz eines mächtigen Sturzblockes. Durch die Überbauung von unproduktiven Steintrümmerflächen wurden auch die kostbaren Graswuchszonen geschont. Im Val Bavona verstärkte man die Schirmwirkung von Felsblöcken, indem man diese unterhöhlte und in diesen künstlichen, seitlich mit Mauerwerk eingefaßten Höhlen und in Balmen (Halbhöhlen) Behausungen, Werkräume, Keller und Stallungen einrichtete.

Wenn natürliche Schutzschilde fehlten, errichtete man, wie erstmals im Lötschental für das 13. Jahrhundert bezeugt, einen künstlichen Lawinenkeil aus übereinandergeschichteten Felsblöcken oberhalb der zu schützenden Ansiedlung. Als häufigste Bauart tritt seit etwa 1000 neben isolierten Einzelbauten die Pferchanlage mit Unterteilungen und lose angegliederten Hüttengrundrissen auf. Wir finden diesen Typus zunächst sowohl im Bereich der Dauer- als auch der sommerlichen Temporärsiedlungen. Erst im Laufe des Spätmittelalters konzentrierte er sich ausschließlich auf die Stafeln der Schafalpen. Die trocken geschichteten Umfassungsmauern dienten vor allem als Pferche, um das Vieh nachts zusammenzuhalten und es vor Diebstahl und wilden Tieren zu schützen. Spuren von Feuerstellen im Freien erinnern daran, daß man Raubwild, vor allem Bären und Wölfe, durch Feuer von der Herde fernzuhalten suchte. Vermutlich sollte die Umfassungsmauer auch einen Rechtsbezirk begrenzen. Die Festigkeit mancher Mauern könnte auch auf eine gewisse Verteidigungsfunktion schließen lassen, vor allem im Hinblick auf die in den Schriftquellen genannten, in Form von Viehraub ausgetragenen Grenz- und Weidefehden. Größere Pferchanlagen waren oft mehrfach unterteilt. Diese Binnenmauern folgten meist natürlichen Geländeformationen und lehnten sich an Sturzblöcke an. In diesen Unterteilungen spiegeln sich wohl ursprüngliche Besitzstrukturen sowie Pferche für Groß- und Kleinvieh wieder.

Die bei den Pferch- und Unterteilungsmauern angewandte Trockenmauertechnik beherrschte auch den hochmittelalterlichen Alp-
hüttenbau. Neben ganz in dieser Technik errichteten Hütten waren
teilweise auch über aus Steinen gefügten Grundrissen Holzkonstruktionen errichtet. Nicht selten scheinen die seitlichen Wände
sowie die Rückwand aus Stein bestanden zu haben, während die
Vorderfront eine Holzwand bildete. Baumaterial für das Trockenmauerwerk lieferte der Bergschutt zur Genüge. Oft waren natürliche
Felsblöcke in die Mauern einbezogen.

Bis in das 14. Jahrhundert ist auf den Schweizer Alpen ausschließlich
die Einraumhütte mit quadratischem, längsrechteckigem oder un-
regelmäßigem Grundriß belegt. Lagerflächen für Milch- und Milchprodukte befanden sich in separaten Räumlichkeiten, oft in Höhlen
und Balmen. Manche Bauten aus hochmittelalterlicher Zeit fallen
durch ihre ungewöhnliche Mauerstärke von etwa zwei Metern auf.
Den sie überdeckenden Schuttmassen nach zu schließen, handelt es
sich wohl um Überreste von Bauten mit einem Kraggewölbeabschluß
(Trullo), die der Lagerung der Milchprodukte dienten. Vereinzelt
sind derartige Konstruktionen noch mancherorts im Alpenraum
erhalten. Im allgemeinen hat man sich die Bedachung der mittelalterlichen Almhütten jedoch als hölzerne Sattel- oder Pultkon-
struktion vorzustellen, mit einer Dachhaut aus Brettschindeln oder
Steinplatten. Um zu verhindern, daß im Winter die schwere Schnee-
last das Dach eindrückte, deckte man in einzelnen Gegenden die
Schindeln im Herbst ab und verlegte sie im Frühling vor der Alp-
auffahrt aufs neue.

In den Wohnhütten befanden sich eine Mehrzweckfeuerstelle zum
Kochen, Heizen und Käsen, eine Steinbank an der Wand, eine Schlaf-
pritsche und Wandnischen zur Aufnahme von Habseligkeiten. Die
meist auf der Erde angelegten, seltener in eine seichte Grube eingetieften Feuerstellen waren in einer Gebäudeecke, ausnahmsweise
auch in der Raummitte untergebracht. Steinplatten faßten sie ein.
Wie die archäologischen Befunde belegen, erfolgte in regelmäßigen

Abständen eine Erneuerung der Feuerstellen. Der in den *Acta Murensia* aus dem 12. Jahrhundert schriftlich bezeugte, aber wegen seiner Kostbarkeit archäologisch bisher nicht belegte Kupferkessel für die Käseerzeugung hing an einer Hakenstange, deren Position verändert werden konnte. Spätestens im 14. Jahrhundert, als aufgrund der Steigerung der Käseproduktion größere Kessel aufkamen, wurden die Feuerstellen mit einem schwenkbaren Holzgalgen, dem Turner, ausgestattet, der das Hantieren mit dem Kessel erleichterte. Da Brennholz oberhalb der Baumgrenze knapp war, mußte es mühsam auf dem Tragreff oder auf dem Rücken eines Maultieres herangeschafft werden. Deshalb wurde oft als Brennmaterial altes Bau- und Schindelholz nach mehrmaliger Umnutzung verwendet. Bisweilen griff man auch auf Torf und getrockneten Mist zurück.

Eine der archäologisch gut untersuchten hochalpinen Siedlungen aus dem Mittelalter ist die Alm Brächalp-Bergeten ob Braunwald im Kanton Glarus. Die Brächalp dehnt sich auf einer Höhe von 1600 Meter oberhalb der Baumgrenze aus, die zweifellos vom Menschen zurückgedrängt worden ist. Gegen Westen erhebt sich die Felszone der Lägerwand. Die davor liegende Terasse bedecken Bergsturzmaterial, Gehängeschutt und Moränen. An verschiedenen Stellen des Karstgebirges treten Quellen aus. Zwischen den Schuttmassen eines Bergsturzfächers befanden sich hier in geschützter Lage mehrere aus Bruchsteinen errichtete Almhütten, die schindelgedeckte Pult- oder Satteldächer aufgewiesen haben dürften. An ihrem Nordrand berührte ein Bach die letzten Ausläufer des »Kuhnfahnenrüfi« genannten Bergsturzfächers. Im Umkreis dieser Almen mit Größen zwischen vier und 27 Quadratmetern lagen weitere Siedelplätze. Viehhaltung und die Verarbeitung von Milch während des Sommerhalbjahres dürfte hier die Hauptbeschäftigung der archaisch lebenden Bewohner gewesen sein. Nach den Feuerstellen der Häuser zu schließen gab es auf der Brächalp sechs Sennereien. Anhand der archäologischen Funde und der Radiokarbondatierungen von Holzresten läßt sich die Almsiedlung auf die Zeit zwischen dem späten 12. und frühen 15. Jahrhundert datieren, wobei das Schwergewicht der Siedlungsaktivitäten im 13. und 14. Jahrhundert liegt. Bei der Aufgabe der letzten Bauten um 1500 nahm man alles brauchbare Material mit. Bis heute weiden aber in Bergeten das anspruchsvollere Milchvieh und die Ziegen.

Historische Überlieferungen lassen seit dem hohen Mittelalter eine Nutzung der Alpweiden in diesem Gebiet erkennen. Bereits für das 13. Jahrhundert bezeugt eine Urkunde die Zusammengehörigkeit von Tal, Berg und Alp im Glarner Hinterland. Die Äbtissin von Säckingen bestätigt 1274 dem Amtmann Rudolf Tschudi die im Kanton Glarus gelegenen Lehen, darunter Talgüter, Bergüter und Almen. Das Weideland gehörte auch oft mehreren Teilhabern, den Alpteilern. Die Rechte und Pflichten des einzelnen hielten zahlreiche Bestimmungen fest. Der älteste Glarner Alpbrief, derjenige der Alp »Müllibach und Uebellis« im Sernftal, datiert aus dem Jahre 1416. Die zahlreichen durch die archäologischen Ausgrabungen in Bergeten freigelegten Hüttengrundrisse, teilweise mit eigenen Feuerstellen, sprechen für eine Mehrzahl kleiner Sennereibetriebe. Möglicherweise gab es auch Kombinationen von Einzelsennereien mit genossenwirtschaftlichen Weidebetrieben. Weitere Informationen, ob etwa eigenes oder fremdes Vieh auf der Alp Bergeten gesömmert wurde, lassen sich der Urkunde nicht entnehmen.

Bis ins 14. Jahrhundert dienten die Alpweiden vor allem der Sömmerung von Schafen und Ziegen. Rinder galten als Haustiere des begüterten Adels, die vor allem auf den Burggütern und in herrschaftlichen Schwaighöfen zur Milchprodukterzeugung gehalten wurden. Die Alpwirtschaft mit Schafen, unterstützt durch die Verwertung von Ziegenmilch zur Selbstversorgung, benötigte keine größeren Lagerräume. Die hochmittelalterlichen Einraumbauten mit einer Innenfläche von fünf bis zehn Quadratmetern enthielten keine Raumreserve für die Einlagerung von Milch und Milchprodukten. Da deren Erzeugung gering blieb, reichten kleine, kellerartige Räume (Balmen) in Hüttennähe völlig aus. Die bis in das 14. Jahrhundert ausschließlich belegten Einraumhütten wurden – wie in Melchsee-

Frutt (Obwalden) – durch Zweiraumhütten mit vorderem Wohnteil und hinterem Kellerraum verdrängt. Allerdings gab es auch um 1200 schon differenzierte Funktionen als Wohn- und Lagerräume sowie miteinander verbundene Häuserzeilen. Diese Änderungen der Bauweise vollzogen sich vor dem Hintergrund einer wirtschaftlichen Umstrukturierung im Alpenraum.

Bereits am Ausgang des Mittelalters zeichnete sich, noch verschärft durch die immer häufigere Absömmerung von Pferden und Maultieren, eine Verknappung des Weidelandes ab. Diese ließ um 1400 die traditionellen Grenzfehden wieder aufflammen. Die Geschichte der Schweizer Alpwirtschaft seit dem 15. Jahrhundert läßt dann unter dem Einfluß des Viehhandels mit Italien eine Konzentration des Alpbesitzes in den Händen weniger Reicher erkennen. Schon im 14. Jahrhundert hatte die Aufzucht von Exportvieh an Bedeutung gewonnen. An die Stelle der bislang überwiegenden auf Selbstversorgung ausgerichteten Schaf- und Ziegenhaltung trat nun die exportorientierte Rinderhaltung mit der Produktion von Hartkäse, Butter und Schlachtvieh. Da auf allen guten Hochweiden Rinder grasten, wurde die Schafhaltung in die marginalen, unwirtlichen Zonen abgedrängt. Rund sechshundert Jahre lang führten die »Welschlandhändler« im Herbst große Herden über die Pässe nach Süden. In den Regionen, die dieser Wandel erfaßte, verschwand bis um 1500 der Getreideanbau weitgehend, da die bisherigen Ackerflächen für den Winterfutterbau benötigt wurden. Allerdings verlief dieser Prozeß regional unterschiedlich. So hat sich im Wallis ein auf Kleinäcker betriebener Ackerbau bis in das 20. Jahrhundert erhalten.

Schlachtvieh und eine Vielzahl von Milchprodukten wurden in die Städte des nördlichen und südlichen Alpenraums exportiert. Historische Quellen nennen Hartkäse, Weichkäse und Butter. Diese wirtschaftliche Umstrukturierung könnte mit der Auflösung der grundherrlichen Strukturen im spätmittelalterlichen Alpenraum in einem Zusammenhang stehen. Sicher aber hatte der Wechsel von der Kleinvieh- zur Großviehhaltung seine Auswirkungen auf die Siedlungs-

und Bauformen auf den Alpen. Für die Verarbeitung größerer Milchmengen benötigte man Häuser mit kellerartigen Räumen, die durch Wasser gekühlt werden konnten. Zur Überwachung der weitläufigeren Weidegebiete dienten kleine Schutzhütten.

Auch auf dem Dachstein hatte mit dem klimabegünstigten 12. Jahrhundert eine Almwirtschaft eingesetzt, wie zahlreiche Reste von Hütten und archäologischen Funden belegen. Im Zusammenhang mit einer Bevölkerungszunahme erfolgte hier sowohl eine Nutzungsausweitung in den Tälern durch Rodung als auch die Anlage neuer Almen in den Hochweiden. Neben der bäuerlichen Almbewirtschaftung gab es im Gebiet des Dachsteins auch eine von Grundherrschaften seit dem 12. und 13. Jahrhundert gezielt betriebene Höhenkolonisation in Form von ganzjährig bewohnten Pachthöfen, den Schwaigen. Wie in der Schweiz dienten diese auch auf dem Dachstein in erster Linie der Versorgung der Grundherrschaften mit Milchprodukten, Fellen, Leder und Wolle. Hingegen wurden auf den hochmittelalterlichen Almen in erster Linie Schafe gehalten. Aus der Wolle fertigte man Lodentücher. Die hochmittelalterlichen Hüttstätten lagen im Gebiet des Dachsteins zunächst vorwiegend auf den natürlich waldfreien Urweiden. Diese lagen unterhalb der Waldgrenze auf im Untergrund verkarsteten Flächen. Rodungsalmen entstanden am Dachstein erst seit dem späten Mittelalter in Höhenlagen zwischen 1000 und 1400 Meter Seehöhe. In dieser Zeit erlebte die Almwirtschaft auf dem Dachstein ihre Blütezeit. Allein auf dem 280 Quadratkilometer großen östlichen Dachsteinplateau sind 1800 Hütten und Hüttenreste nachgewiesen. Die meisten dieser Bauten, wie die ausgegrabene Plankenalm auf 1720 Meter Seehöhe, besaßen mit Stube, Hütte und Kasten drei Räume.

Das Leben auf den Almen war karg, wie die wenigen archäologischen Funde zeigen. Insbesondere fehlt auf sommerlichen Temporärsiedlungen die Geschirrkeramik weitgehend. Der größte Teil der bei der Milchverarbeitung benützten Gefäße und Geräte bestand aus Holz und ist daher nicht mehr nachzuweisen. Nur gelegentlich fand

Wie diese Almhütte sahen vermutlich auch die spätmittelalterlichen Almen, wie die Plankenalm, aus.

Speckstein Verwendung. Erhalten sind ferner viele Eisenfunde und Geräte, wie Hufeisen, Nägel, Maulschelle (Trümpi), Äxte oder eisenbeschlagene Bergstöcke. Nach Ausweis der Tierknochen wurde viel Fleisch verzehrt, bis um 1300 vor allem Schafffleisch und Gamswild, im Spätmittelalter mehr Rind. Vor den Gefahren des Berges schützte man sich – wie erwähnt – durch eine gezielte Standortwahl beim Siedlungsbau, durch das Aufsuchen von Bergsturzfächern, aber auch durch die Errichtung von Lawinenkeilen. Aber die Menschen vertrauten nicht nur auf ihre eigene Kraft und Findigkeit, sondern suchten auch den Schutz göttlicher und magischer Hilfe. Man stellte in Gefahrenzonen Kreuze, Kruzifixe und Heiligenbilder auf, nagelte Bärentatzen an die Haustüren und hängte dem weidenden Vieh Glocken um den Hals.

Wie im Gebiet des Dachsteins war auch im mittleren Ötztal der mittelalterliche Siedlungsausbau durch Schwaighöfe gekennzeichnet. Eine Anlage an der Siedlungsobergrenze erfolgte dabei vielfach auf Flächen, die schon in prähistorischer, spätestens in der Römerzeit durch Abbrennen waldfrei gemacht und seither ohne Unterbrechung genutzt worden waren. Hingegen wurden die Täler von Sölden und Längenfeld in prähistorischer Zeit scheinbar noch gemieden und erstmals im Zuge des mittelalterlichen Siedlungsausbaus unter Nutzung genommen.

Die in einem Seitental des Ötztales auf einer Höhe von 1665 Meter Seehöhe gelegene, aus zwei Paarhöfen bestehende Siedlung »Beim Bruggern« ist ein Beispiel einer gut erhaltenen Schwaighofsiedlung. Das Pollenprofil des kleinen Moores im Bereich der Wiesenflur dieser Höfe belegt erste Brandrodungsmaßnahmen in der Bronzezeit zwischen 1410 und 1320 v. Chr. und eine Intensivierung der Nutzung mit neuerlicher Brandrodung in der frühen Römerzeit zwischen 60 und 120 n. Chr. Ein Brandhorizont in einer Mähwiese außerhalb des Moores ergab ein übereinstimmendes Alter von 10 bis 70 n. Chr. und bestätigt somit die flächenhafte Ausdehnung der römerzeitlichen Landnutzung. Nach einem Nutzungsrückgang während der Völkerwanderungszeit erfolgt die mittelalterliche Intensivierung, die um 1245 bis 1280 einen Höhepunkt erreicht. Für diese Zeit wird die Anlage der Schwaighofsiedlung angenommen, die aber nach den urkundlichen Belegen bereits ab 1410 nur mehr als ein Zulehen betrachtet wird.

Auch die noch abgelegenere Rodungsinsel der auf 1590 Meter Seehöhe liegenden Vorderen Fundusalm wurde in römischer Zeit urbar gemacht, intensiv beweidet und seither ohne Unterbrechung genutzt. Für das Mittelalter bis zum Jahre 1400 ist historisch ein Urbargut und Hof auf dieser Fläche belegt, ab Mitte des 15. Jahrhunderts wird *Fundes* nur mehr als *Zulehn* genutzt. Hingegen sind die Schwaighöfe von Vent (1895 Meter Seehöhe) und Gurgl (1930 Meter Seehöhe) als Dauersiedlungen erhalten und bilden den Kern der heutigen Tourismusorte. Auch sie sind auf Flächen angelegt worden, die bereits in prähistorischer Zeit landwirtschaftlich genutzt wurden! Die 2015 Meter hoch gelegenen Rofenhöfe bei Vent sind als höchstgelegene Dauersiedlung der Ostalpen ein Musterbeispiel für eine mittelalterliche Schwaighofsiedlung. Ein Moorprofil in der hofnahen Wiesenflur, 200 Meter talwärts der Hofstelle, belegt erste Rodungsmaßnahmen in der Jungsteinzeit zwischen 4000 und 2500 v. Chr., wald- und

holzfrei gehalten wird das Areal spätestens seit der Urnenfelder-/Spät-
bronzezeit ab 1270–1120 v. Chr.

Gegenüber der Beweidung stellte die Heugewinnung auf den Berg-
mähdern in der Region des Ötztals noch eine Intensivierung der Nutzung dar. Die Ausdehnung der Bergmähder reichte ehemals in extre-

Die Rofenhöfe bei Vent auf einer Höhe von 2015 Metern gehören zu den
am höchsten gelegenen Dauersiedlungen in Österreich. Diese Schwaig-
höfe (Pachthöfe) sind im Mittelalter auf bereits seit der prähistorischen
Zeit genutzten Weiden angelegt worden. Die Aufnahme dieses Berg-
bauernhofes im Venter Tal stammt aus dem Jahr 1941.

mes Steilgelände und in Höhen über 2500 Meter Seehöhe, somit weit
über die natürliche Waldgrenze alpiner Grasheiden. Diese Nutzung
war historischen Quellen zufolge in der zweiten Hälfte des 18. Jahrhunderts weit verbreitet, ihr zeitlicher Beginn ist unklar. Die bisherigen Untersuchungen belegen, daß die ältesten erhaltenen Heusta-
del um 1580 errichtet wurden, wobei sich seit der zweiten Hälfte des
18. Jahrhunderts um 1770/80 eine Häufung abzeichnet, somit in Zeiten, in denen die klimatischen Verhältnisse ungünstig waren. Häufig
wurden die Bergmähder auch künstlich bewässert.

Diese Untersuchungen belegen, daß Hochweiden im Alpenraum
seit der Jungsteinzeit vom Menschen genutzt wurden. Im Mittelalter
besteht dann eine ausgeprägte Almwirtschaft mit regelmäßiger Pen-

delmigration des Viehs von Tal- zu Höhensiedlungen. Dank der Umstellung auf eine exportorientierte Großviehhaltung und der Ausnützung auch der marginalsten Landreserven konnte sich dieses Siedlungs- und Wirtschaftssystem des Alpenraumes bis in das 16. Jahrhundert hinein behaupten. Versorgungsgüter, die im Alpenraum nicht überall ausreichend produziert wurden, wie Salz, Wein, Getreide, Eisengerät, ließen sich mit dem Verkauf von Schlachtvieh und Milchprodukten einhandeln. Den Bevölkerungsüberschuß glichen Abwanderungen in Städte und den Söldnerdienst aus. Die großen Schwierigkeiten der Almwirtschaft begannen mit dem Einbruch der Kleinen Eiszeit im späteren 16. Jahrhundert – also in nachmittelalterlicher Zeit. Gletschervorstöße und Klimaveränderungen zwangen zur Preisgabe mancher Täler und zur Umwandlungen von Dauersiedlungen in temporär genutzte Alpstafeln, und manche Orte wurden von Bergstürzen zerstört.

7. TRUTZ, BLANKE HANS

DEICHBAU UND SIEDLUNGEN IN DEN NORDSEEMARSCHEN

Wie die Alpen gehören auch die Nordseemarschen, die sich in einer mehr oder minder breiten Zone vom nordfranzösischen und belgischen Küstengebiet über die Rhein-Maas-Schelde-Mündung und entlang der holländischen, nordniederländischen und nordwestdeutschen Küste bis hin nach Esbjerg in Dänemark ziehen, zu den Regionen Mitteleuropas, in denen Landschaftsentwicklung und Siedlungsgeschichte besonders eng miteinander verbunden sind. See- und Flußmarschen entstehen aus Ablagerungen des Meeres, Sand und Ton, über dem mittleren Wasserstand. Da die Marschen mit ihren unterschiedlichen Salzpflanzenarten gute Weideflächen für das

Vieh bieten, haben Menschen diese seit der Bronzezeit genutzt. Zunächst trieben sie ihre Vieh vom Geestrand in die Marsch, seit 500 v. Chr. entstanden wie um Groningen die ältesten Siedlungen in den Seemarschen. In manchen Flußmarschen reicht die Besiedlung sogar bis in die Bronzezeit zurück. Das Siedeln in den Marschen war nicht gefahrlos, denn Sturmfluten konnten die Salzwiesen überschwemmen und Siedlungen und Wirtschaftsflächen bedrohen. Allerdings hat es in der Geschichte immer wieder Zeiten ohne Sturmfluten gegeben, wie diese vielfach um Christi Geburt oder im 7. Jahrhundert nachweisbar sind. Während dieser Zeiten konnten die Menschen gefahrlos in den Marschen auf den höheren Uferwällen entlang den Prielen oder Flüssen siedeln. Sturmfluten erforderten dann den Bau künstlicher Schutzhügel, den je nach Region unterschiedlich genannten Terpen, Wierden, Warften oder Wurten. Zur Erhöhung dieser Schutzhügel verwendeten die Bauern den bei der Viehhaltung reichlich anfallenden Mist, der mit dem anstehenden

Die Salzwiesen nahe der Küste bildeten teilweise seit mehr als 2000 Jahren das Weideland der Siedler. Vor Überschwemmungen schützte sich der Mensch durch den Bau von Wurten oder Warften. Das Foto zeigt eine von Salzwiesen mit Prielen umgebene Warft auf Hallig Hooge in Nordfriesland.

Bodenmaterial, Klei, abgedeckt wurde. Meist stach man Soden nahe der Wurt ab oder dort, wo eine entstehen sollte. Aus dem Zusammenschluß einzelner Hofwurten bildeten sich teilweise ganze über Jahrhunderte besiedelte Wurtendörfer. Auf den ländlichen Wurten des hohen Mittelalters dominierten wie seit 2000 Jahren noch dreischiffige Häuser mit eingegrabenen Pfosten das Dorfbild. Bei diesen Zweckbauten waren Mensch und Vieh unter einem Dach untergebracht.

Mit dem hohen Mittelalter setzte dann eine tiefgreifende Änderung ein. Jahrtausendelang hatten sich die Menschen in ihrer Siedel- und Wirtschaftsweise der Umwelt und insbesondere den höheren Sturmfluten durch die Erhöhung ihrer Wurten anpassen müssen. Die Salzwasserüberflutungen hatten zudem nur einen bescheidenen saisonalen Ackerbau auf den höheren Uferwällen erlaubt. In diesen stauwasserreichen, binnenwärtigen Bereichen der Marschen, den Sietländern, hatten sich Moore und Schilfsümpfe gebildet, da sie infolge höher aufgelandeter Marschrücken und Uferwälle keinen regelmäßigen Wasseraustausch mit der Nordsee mehr besaßen. Da diese ausgedehnten Bereiche landwirtschaftlich nicht nutzbar waren, lagen viele Siedlungen nahe der Küste. Nun sollte sich das ändern. Die heutige Landschaft in den Marschen mit den geradlinigen Sielzügen und Deichen ist das Produkt des Mittelalters.

War überall in Europa die mittelalterliche Neulanderschließung durch Adel und Klöster initiiert worden, begann die bäuerliche Bevölkerung in den Seemarschen, organisiert in Kirchspielen, selbständig mit der Erweiterung ihrer Siedlungsgebiete. Die neuen Techniken in der Landwirtschaft, eine von den niederländischen Spezialisten erworbene Kenntnis der geregelten Entwässerung und Kultivierung von vermoorten Marschflächen und Mooren, gaben auch hier vielfach den Anstoß zur Aufsiedlung weiter Marschflächen. Entwässerung und Kultivierung waren aber ohne den Bau von Deichen nicht möglich. Mit dem Bau zunächst von niedrigen Deichen wurden die Seemarschen zumindest im Sommer nicht mehr überflutet.

Stellenweise wanderten auch neue Siedlergruppen ein, wie etwa die Friesen, die nach einer frühmittelalterlichen Landnahme seit dem 11./12. Jahrhundert erneut die nordfriesischen »Utlande« zwischen der Halbinsel Eiderstedt im Süden und der dänischen Grenze im Norden besiedelten. Eines der ersten Gebiete, das von der Landnahme erfaßt wurde, war die nördliche Seite der Eidermündung. Hier gründeten bäuerliche Siedler im 8. Jahrhundert die Marschensiedlung am Elisenhof bei Tönning. Die umfangreichen Ausgrabungen ließen erkennen, daß auf einem höheren Uferwall nahe eines in die Eider mündenden Priels mehrere Wohnstallhäuser errichtet worden waren. Nach dem Abbruch der älteren Häuser wurden die Nachfolgebauten hangabwärts verlegt. In den großen Wohnstallhäusern, idealen landwirtschaftlichen Zweckbauten des ersten Jahrtausends n. Chr., waren Vieh und Mensch unter einem Dach untergebracht. Die Tiere waren beiderseits eines Stallganges in Viehboxen aufgestellt. Die Wände der Häuser bestanden aus Flechtwerk, die Dächer aus Reet. Im späten Mittelalter fiel die mit Mistaufträgen und abdeckenden Kleilagen erhöhte Wurt ebenso wüst wie das weiter westlich gelegene Wurtendorf Welt. Andere Dorfwurten, wie Olversum und Tönning, blieben hingegen besiedelt. Die frühe friesische Einwanderung entzieht sich ebenso wie eine zweite, hochmittelalterliche Einwanderungswelle weitgehend einer historischen Überlieferung. Immerhin ist der zu Beginn des 13. Jahrhunderts verfaßten Landesbeschreibung des Saxo Grammaticus, Historiker am Hofe des dänischen Bischofs Absalon, zu entnehmen, daß es in Nordfriesland häufig von Sturmfluten zerstörte Deiche gab.

Der Bau von Deichen erlaubte eine Steigerung des Ackerbaus und eine ausgedehntere Viehhaltung in den Seemarschen. Die landwirtschaftlichen Erzeugnisse der im Mittelalter kultivierten Marschen fanden vor allem entlang der belgischen und niederländischen Küste Abnehmer in den schnell wachsenden Städten und führten zu einer wirtschaftlichen Konjunktur in den Marschgebieten. Ganz besonders galt dies für das flandrische Küstengebiet. Der Aufstieg der

Städte Brügge, Ypern und Gent zu Metropolen des Tuchhandels wäre wohl schwerlich ohne die aus den Marschen bezogene Wolle möglich geworden. Kein Wunder, daß daher der Graf von Flandern Besitz in den Marschen erwarb und Eindeichungen initiierte. Auch innerhalb der ringförmigen Deiche im Rhein-Schelde-Maas-Mündungsgebiet deuten Motten, die Vorläufer der Wasserburg, auf eine tragende Rolle des Adels bei den Eindeichungen hin. Hinzu traten Kirchen, die sich ebenfalls innerhalb der Ringdeiche befinden. Allerdings blieb die Macht des auswärtigen Adels in den Marschen gering; in den nord-niederländischen und nordwestdeutschen Marschen kam eine Grundherrschaft überhaupt nicht zum Tragen.

Aufgrund ihres bei der Kultivierung der Marschflächen erworbenen Reichtums bildeten sich hier wirtschaftlich und sozial herausragende genossenschaftlich organisierte und wirtschaftende Verbände, die sich noch stärker als im frühen Mittelalter von den Ansprüchen einer auswärtigen Adels- und Grundherrschaft befreit hatten und bis an die Schwelle der Neuzeit ihre Unabhängigkeit bewahrten. So nahm beispielsweise im ostfriesischen Küstengebiet die Durchsetzungsmacht der mit Grafenämtern betrauten Herren immer mehr ab. Das bedeutete jedoch nicht das Ende des Landesausbaus, sondern deren Anfang. Die freie, grundbesitzende Bauernbevölkerung schloß sich dafür am Ende des 12. Jahrhunderts zu unabhängigen Rechtsverbänden zusammen. Diese Genossenschaften freier Bauern waren in den Landesgemeinden der Kirchspiele organisiert, in Dithmarschen »Döffte« genannt. Die Einteilung ging hier auf alte Wehrbezirke zurück. Am Ende des 13. Jahrhunderts gab es etwa 15 Kirchspiele in Dithmarschen, dem an die Nordsee grenzenden Land zwischen der Elbe im Süden und der Eidermündung im Norden. Diese entwickelten sich sowohl in den Marschgebieten als auch auf der von zahlreichen Mooren zergliederten Geest zu den eigentlichen Trägern der politischen Gewalt. Als Organe dieser Kirchspiele treten hier im 13. Jahrhundert die *consules et jurati*, die *radgeverne und svorne* auf. Diese Ratgeber und Geschworene wurden als Vertreter der

Kirchspiele zu den Landesversammlungen entsandt. Nicht jeder konnte jedoch eine solche Position wahrnehmen, sondern als Vertreter kamen nur die reichen Bauern in Betracht, die seit dem 12. Jahrhundert in eigenen Verbänden zusammengeschlossen waren. Die Ratsverfassung der Kirchspiele und Landesgemeinden war durchaus den Ratskollegien in den mittelalterlichen Städten vergleichbar. Der Mauerbau der Städte findet in den Marschen seine Entsprechung im Deichbau. Bis zum Jahre 1447 bestand Dithmarschen aus einer Föderation nahezu autonomer Kirchspiele mit ihren Kollegien, in denen die Führungsschicht des Landes über Rechtssprechung, Deichbau, Wegeangelegenheiten und Verteidigung des Landes entschied. Die alten Landesversammlungen aller freien Bauern waren mehr und mehr repräsentativen Führungsschichten gewichen, die dem Adel nachzueifern versuchten – auch wenn sie dies mit aller Vehemenz von sich gewiesen hätten. In Dithmarschen gehörten die führenden Familien – wie die Swynen – dann zu den 48 Regenten, die nach der Aufzeichnung des Landrechts 1447 das Land regierten. In dem Gremium saßen längst keine Gewählten mehr, sondern auf Lebenszeit bestellte Männer. Das Landrecht regelte nun das übergeordnete Deichwesen, wobei regionale Maßnahmen den Kirchspielen aber überlassen blieben. Zum Deichbau gab es eine allgemeine Verpflichtung – und wehe dem, der sich ausschloß.

Versuche des Adels, diese bäuerliche Selbständigkeit in den Nordseemarschen zu unterdrücken, endeten in zahlreichen Niederlagen: So mißlang 1252 in den nordfriesischen Utlanden ein gewaltsamer Vorstoß des dänischen Königs Abel. Zwar unterstanden formell die Bewohner der Geestharden, also der dänischen Verwaltungseinheiten, dem dänischen König und die der Marschen der Utlande dem Herzog von Schleswig. Doch den Versuch, dem Königtum mehr Geltung zu verschaffen, bezahlte er mit seinem Leben. Wenn sich auch in den nordfriesischen Küstengebieten aufgrund des Streits der friesischen Harden untereinander Königtum und Adel langsam durchsetzen konnten, scheiterten in dem von Sachsen besiedelten

Dithmarschen alle Versuche. Nachdem die dortigen Bauern bereits 1142 die Grafen von Stade vertrieben und spätere Vorstöße verschiedener holsteinischer Grafen abgewiesen hatten, wurde am 17. Februar 1500 ein grosses Heer des dänischen Königs und des schleswig-holsteinisches Adels vollständig vernichtet. Noch 500 Jahre später wurde dieser Gedenktag in Dithmarschen würdig begangen, wobei sich die Dänen offenbar weigerten, die angebliche Rüstung des Junkers Slenz herauszugeben, der einst die schwarze Garde kommandiert hatte und von Reimer von Wiemerstedt mit einer langen Lanze durchbohrt worden war. Wie lebendig das Mittelalter bis heute ist ...

Der wirtschaftliche Aufschwung dieser machtvollen Bauernverbände in den Marschen kam mit dem Aufblühen einer fernhandelsorientierten Mastviehwirtschaft. Im hohen Mittelalter übernahmen dann die Landesgemeinden und deren Landesviertel (*fiardandele*) mit eigenen Oberen, den Ratgebern (*redjeven*), die Organisation des Landesausbaus mit der Erweiterung des Wirtschaftsraumes in neu aufgelandete Flächen der Seemarsch und des Sietlandes. Dabei ging der Landesausbau mit der Errichtung zahlreicher Kirchen einher. Diese waren aufgrund des Reichtums der bäuerlichen Schichten oft größer und reicher ausgestattet als die auf der Geest. Die prachtvollsten wurden teilweise in Tuff erbaut. Ferner entstanden in den eingedeichten Seemarschen neben größeren Wurten zahlreiche einzelne Hofwurten in unregelmäßiger Streulange. Deichbauten erfolgten zunächst oft nur lokal, indem von Prielen zerrissene Seemarschen ringförmig eingedeicht wurden. Dies war beispielsweise in den nördlichen Niederlanden, den nordfriesischen Utlanden, ebenso der Fall wie in Eiderstedt, wo sich Deiche des Mittelalters erhalten haben. Auch der Kartograph Peter Sax berichtet sehr viel später, nämlich 1633, unter Hinzuziehung der älteren Überlieferung: *Eß sein aber alle Teiche, zu der Zeit, in diesen dreien Landen, Eyderstett, Everschop, und Utholm, allenthalben gering, und kleine Schutzwehren gewesen, von Acht Fuß hoch, dass Selbige eine Sommerfluth, ordinarie, haben abhalten können.*

Die bäuerlichen Neusiedler, die im 12. Jahrhundert in das nördliche Eiderstedt kamen, fanden hier inselartig durch Priele zergliederte Seemarschen vor. Als gemeinschaftliche Leistung der Bauern entstanden zunächst zum Schutz der eigenen Habe größere Warften, wie Hundorf, Helmfleth, Osterhever oder Sieversbüll.

Das Wirtschaftsareal dieser gemeinschaftlichen Warften mit seinen unregelmäßigen Blockfluren sicherten niedrige, ringförmige Deiche. Im Inneren dieser kleinen Köge entstanden zu Beginn des 12. Jahrhunderts ebenfalls auf Warften angelegte Kirchen sowie weitere Hofwarften. Stellenweise bezogen die Deiche auch ältere Warften in ihren Verlauf mit ein. An diese ältesten Köge, wie den St.-Johannis-Koog oder Osterhever, erfolgten in schneller zeitlicher Folge weitere Eindeichungen, so daß sich allmählich größere bedeichte Regionen herausbildeten. Dieser Prozeß läßt sich vielfach im Nordseeraum beobachten. Archäologische Untersuchungen zeigten, daß die Deiche des 12. Jahrhunderts flache See- und Landseiten aufwiesen und mit einer Breite von etwa sechs und einer Kronenhöhe von 1,50 Meter über Normalnull nur halb so hoch wie die Warften aufgeschüttet waren. Letztere waren aufgrund der Sturmflutgefährdung in schneller zeitlicher Folge aus den Soden der Salzwiesen aufgeworfen worden. Mist als Baumaterial wurde im Unterschied zu den langsamer aufgehöhten älteren Wurten kaum noch verwendet, sondern als Dung auf die Felder gebracht oder verheizt. Gut untersucht ist die im 12. Jahrhundert entstandene Warft Hundorf in Eiderstedt. Diese wurde aufgrund steigender Sturmfluthöhen wie viele Warften in Nordfriesland bis zum 14. Jahrhundert von drei Meter über Normalnull auf vier Meter erhöht und zu den Seiten hin erweitert. Zu Beginn des Warftbaus war die Marsch hier noch so salzig, daß nicht einmal Ackerbau betrieben werden konnte und Getreide, vor allem Gerste, Weizen und Hafer, von einem nahe gelegenen, höheren Sandwall bezogen werden mußte. Das änderte sich erst mit dem Bau des Ringdeiches, der an die Warft anschloß. Auf der Warft standen gruppiert um eine zentrale, in den Warftauftrag eingetiefte Wasserversorgungsstelle, den Fething, mehrere Häuser. Der Fething diente wie auf den heutigen nordfriesischen Halligen der Viehtränke, während die Menschen ihr Trinkwasser durch das von den Dächern herabfließende Regenwasser bezogen, das durch Rinnen in flaschenförmige Zisternen geleitet und dort gespeichert wurde. Diese mit Erdsoden, später mit Backsteinen verkleideten »Sode« wiesen nur eine enge, mit einem Holzdeckel verschließbare Öffnung auf, um bei Überflutung der Warft ein Eindringen des Salzwassers zu verhindern. Aus den Zisternen schöpften die Bewohner ihr Wasser mit Eimern, die an langen Brunnenbäumen hingen oder an Schöpfstangen befestigt wurden. So war es im Mittelalter, so blieb es auf den nordfriesischen Halligen bis zur Sturmflut von 1962. Erst danach erhielten die über mittelalterlichem, untergegangenem Kulturland aufgewachsenen Halligen eine feste Trinkwasserversorgung vom nordfriesischen Festland aus.

Steigende Sturmfluthöhen erforderten eine ständige Erhöhung der Warften wie der Deiche. Hatten die örtlichen Schutzmaßnahmen in Form ringförmiger Sommerdeiche vergleichsweise geringe Auswirkungen auf die Veränderung der Landschaft, führte der Bau küstenparalleler Winterdeiche entlang der Nordseeküste und der Flüsse nicht nur zu einem höheren Wasserstau bei Flut, sondern auch zu einer völligen Umgestaltung des Naturraumes in eine zutiefst vom Menschen beeinflußte Kulturlandschaft. Den zentralen Bereich der Halbinsel Eiderstedt sicherte ein umfassender Deich. Fraglich ist, ob dieser Teile zweier Harden und mehrere Kirchspiele umfassende Deich alleine von den Bauern angelegt worden ist oder ob nicht eventuell auch der dänische König oder dessen Vertreter dieses Werk initiiert haben mögen. Mangels historischer Quellen ist dies jedoch nicht zu entscheiden. Vergleichbar ist der Deich aber mit dem für das Jahr 1320 in seinem Verlauf gesicherten »Westfrijske Omringdijk«, der neben einem größeren Marschgebiet in Nordholland auch zahlreiche Binnengewässer umfaßte. Der Bau dieses etwa 90 Kilometer langen Deiches ging nicht auf lokale Bestrebungen zurück, sondern auf den Einfluß der Grafen von Holland. Der Grund für die Errichtung wie für die mehrfache, häufig mit Streitigkeiten verbundene Wiederherstellung des Deiches lag nicht nur in dem Schutz gegen Sturmfluten, sondern vor allem auch in seiner regulierenden Funktion bei der Binnenentwässerung. Infolge der Entwässerung der Moore in Nordholland waren diese nicht nur teilweise durch Oxidation verschwunden, sondern die Landoberfläche hatte sich so tief gesetzt, daß nur künstliche Sielzüge und Siele Abhilfe schaffen konnten. Auch im zentralen Bereich Eiderstedts schuf die umfassende Bedeichung die Voraussetzungen für eine Urbarmachung des tiefer liegenden Sietlandes.

Ebenfalls entlang der Dithmarscher Küste führte ein küstenparalleler Deich. Dieser begann an der höheren Nehrung bei Lunden, reichte entlang der Eider nach Westen, um dann bogenförmig nach Süden umzubiegen und die großen Dorfwurten im Westen der Dithmarscher Seemarsch, wie Wesselburen und Wöhrden, einzuschließen. Bei Meldorf schließlich erreichte dieser Deich die Dithmarscher Geest. Archäologische Untersuchungen belegen, daß die bäuerliche Landnahme in der zweiten Hälfte des 7. Jahrhunderts zunächst höhere Marschflächen an den Prielen erfaßte. Dies dokumentiert die Entwicklung der Dorfwurt Wellinghusen bei Wöhrden. Um 691 waren hier Wohnstallhäuser auf einem Uferwall zu ebener Erde nahe eines Prieles in der Marsch angelegt worden, die bereits im frühen 9. Jahrhundert zu Hofwurten aufgehöht werden mußten. Um 1000 wies die Dorfwurt bereits eine Höhe von fast vier Meter über Normalnull auf und wurde bis in das späte Mittelalter weiter erhöht. Im Zuge des Landesausbaus in das vermoorte Sietland fiel die Dorfwurt wüst. Seit dem 10. Jahrhundert hatte zudem eine Verdichtung des Siedlungsbildes in der Seemarsch eingesetzt, wie die Gründung weiterer Wurtendörfer zeigt. Da nun nicht mehr genügend hoch aufgelandete Marschflächen zur Verfügung standen, mußte man in den niedrigeren Gebieten von Anfang an Wurten bauen. Dies belegen Ausgrabungen auf der zwei Kilometer nördlich von Wellinghusen

entstandenen Dorfwurt Hassenbüttel. Über Ablagerungen von Salzwasserüberflutungen, die ein älteres Ackerfeld bedeckt hatten,
erfolgte im 10./11. Jahrhundert die Errichtung von Hofwurten, die bis
in das späte Mittelalter kontinuierlich erhöht wurden. Wie in Wellinghusen wurden auch in Hassenbüttel große Wohnstallhäuser errichtet. Die wirtschaftliche Grundlage beider Marschensiedlungen
bot die Viehhaltung.

Auf einigen der großen, runden Dorfwurten, wie Wesselburen und
Wöhrden in Norderdithmarschen und Marne in Süderdithmar-
schen, entstanden im hohen Mittelalter Kirchen. Um die Kirche
herum und einen freien Platz gruppierten sich die Bauernhäuser, deren Wohnteile die höheren Teile der Wurt einnahmen. Die Ställe
zeigten hingegen zum Rand der Wurt, so daß sich der Mist leicht ent-
fernen ließ. Die einzelnen, durch Wege getrennten Hofstellen umgaben Zäune. Die Wege mündeten am Rande der Wurt in eine Ring-
straße. Der Reichtum dieser Dorfwurten zeigt sich vor allem in der
Errichtung überdimensional großer Dorfkirchen, die teilweise in
Tuff erbaut waren. Wöhrden etwa schloß 1375 Handelsverträge mit

*Auf vielen Dorfwurten entstanden im Mittelalter in der Mitte Kirchen,
von denen radialförmig Straßen zum Rand der Wurt liefen. Die Wurt
Rysum in der ostfriesischen Krummhörn hat ihre alte Struktur bis heute
bewahrt. Viele dieser runden Dorfwurten sind bis zu 2000 Jahre alt.*

Lübeck ab! Andere, im Laufe des Mittelalters neu errichtete Wurtendörfer wiesen nicht mehr, wie seit Jahrhunderten, eine runde Form auf, sondern besaßen eine rechteckige Form mit schachbrettförmiger Siedlungseinteilung. In Dithmarschen gehören dazu Wurten wie Schülp, Büsum und Büsumer Deichhausen, in der ostfriesischen Krummhörn nördlich der Emsmündung das Wurtendorf Manslagt.

Ebenso wie die alte Marsch in Norderdithmarschen wurde auch die Dithmarscher Südermarsch mit einem von Meldorf bis zur Elbe reichenden Deich geschützt, an dessen Verlauf mehrere große Dorfwurten lagen, die teilweise seit der Mitte des 1. Jahrhunderts immer wieder erhöht worden waren. Möglichweise war dieser Deich in Teilen schon vor dem 12. Jahrhundert fertig. Denn darauf deutet ein Befund hin, auf den ein Bagger bei der Ausschachtung einer Baugrube in Norderbusenwurth stieß. An der Basis der mittelalterlichen Dorfwurt kam ein auf der Marsch errichtetes 25 Meter langes und fünf Meter breites zweischiffiges Gebäude mit Flechtwänden zutage, das nach Radiokarbondaten Ende des 11. Jahrhunderts errichtet worden war. Vermutlich handelt es sich um eine Scheune. Schon kurz nach seiner Erbauung wurde das Gebäude im Zuge der Erweiterung der Wurt abgerissen. Daß ab der Mitte des 12. Jahrhunderts Sturmfluten die Marschen bedrohten und man dem Schutz der noch niedrigen Deiche nicht vertraute, dokumentiert der Bau weiterer Warften. Die nordwestlich von Norderbusenwurth gelegene Wurt Lütjenbüttel war in dieser Zeit drei Meter hoch über Normalnull aus Kleisoden aufgeworfen. Die archäologischen Ausgrabungen dokumentierten hier Reste von Häusern, Sodenbrunnen und Wasserzisternen der von der Mitte des 12. bis in das 14. Jahrhundert besiedelten Warft.

Wie in Dithmarschen schützte auch in der Marsch des Landes Wursten nordwestlich von Bremerhaven ein langgestreckter Deich die Seemarsch. Der Bau des ersten geradlinigen Deiches, des Niederstrichs, der den dahinter in einer langen Reihe angelegten Hofwurten mit ihrer anschließenden Streifenflur Schutz bot, erfolgte hier aber nicht vor dem 12./13. Jahrhundert. Höhere Aufträge der Wurten deuten allerdings an, daß man auch im späten Mittelalter dem Schutz der Deiche nicht unbedingt vertraute. Ebenso wie in Dithmarschen erfolgten auch im Land Wursten entlang dieses küstenparallelen Deiches weitere Vordeichungen.

Das Marschgebiet östlich des Jadebusens war Teil der friesischen Landesgemeinde Rüstringen. Den Kern der Altsiedellandschaft der zwischen Jadebusen und Weser gelegenen Seemarsch bilden zwei parallel verlaufende Uferwälle mit einer Reihe von Dorfwurten, die seit Christi Geburt entstanden waren. Nach einer Unterbrechung während der Völkerwanderungszeit erfaßte im 7./8. Jahrhundert eine friesische Landnahme die Marsch. Mit dem Absinken des Sturmflutspiegels in dieser Zeit und der seewärtigen Verlagerung der Küstenlinie konnten auch hier jung aufgelandete Marschflächen besiedelt werden. Kennzeichnend dafür ist die Entwicklung in Niens. Dort begann die Besiedlung mit ebenerdigen Gehöften, die mit Einsetzen stärkerer Überflutungen schon im 10. Jahrhundert um etwa drei Meter erhöht werden mußten. Bis zum 12./13. Jahrhundert blieb die Wurt Niens dicht bebaut. Mit der Errichtung vorgelagerter geschlossener Deichlinien begann die allmähliche Aufgabe der bäuerlichen Wirtschaftsbetriebe, bis um 1600 nur noch zwei Höfe auf der Wurt übrigblieben. Während der mehrhundertjährigen Wurtgeschichte dominierte die Landwirtschaft. In den dreischiffigen Wohnstallhäusern wurde hier ebenso wie auf den Wurten des Dithmarscher Küstengebietes das Vieh untergebracht. Werkplätze der Verarbeitung von Eisen belegen jedoch ebenso wie die Herstellung von Textilien, Kämmen und Keramik ein umfangreiches Hauswerk. Die hohe Qualität der friesischen Tuche war weit über das Marschengebiet hinaus bekannt. Am Absatz dieser Waren war die ländliche Oberschicht beteiligt. Diese Herren saßen in großen Häusern auf eigenen Wurten, wie auf der unweit von Niens gelegenen Sievertsborch.

Nordwestlich von Wilhelmshaven, im Wangerland, lagen die von Friesen besiedelten Dorfwurten am Rande der weit in das Landesinnere einschneidenden Crildumer Bucht. Auf einer in die Bucht ragenden Halbinsel entstand um 650 n. Chr. das Wurtendorf Oldorf. Von diesen alten Dorfwurten wurden mit der zunehmenden Verlandung der Bucht Ausbaudörfer angelegt, wie Neuwarfen und Wüppels. Auf der langgestreckten Wurt von Wüppels wiesen Ausgrabungen ein dreischiffiges Gebäude von 21 Metern Länge und etwa neun Metern Breite nach. Alle Außen- und Innenwände des Hauses bestanden aus sorgfältig behauenen Spaltbohlen, die ineinandergriffen. Die dendrochronologischen Altersangaben der verbauten Hölzer datieren das Wohnstallhaus um das Jahr 1120. Nach der gefundenen Keramik bestand das Gebäude bis in das 13. Jahrhundert. In der älteren Bauphase war dabei die südliche Längswand im Arbeits- und Wohnbereich gegenüber dem Stall etwas zurückgezogen; in der jüngeren Bauphase lief sie in einer Flucht durch. Das Dach trugen zwei Reihen bis einen Meter eingetiefter Pfosten. Im Osten des Hauses befand sich der Stall, der an seiner nördlichen Längswand wenigstens fünf Boxen für je zwei Pferde oder Kühe aufwies. Das Vieh stand, wie seit Jahrhunderten in der Marsch üblich, mit dem Kopf zur Wand, wie aus der Lage der Mistrinne im Inneren des Stalles geschlossen werden kann. Auf der Südseite des Stalles deuteten Einbauten auf eine andere Verwendung hin. Westlich des Stalles befand sich, getrennt durch eine Spaltbohlenwand, der Arbeits- und Wohnbereich des Hauses mit Feuerstellen. Hier waren die Wände mit Klei verputzt worden, um sie besser abzudichten und die Brandgefahr zu verringern. Auf dem Boden lag verkohltes Getreide, vor allem noch ungedroschene Gerste und Hafer. Ursprünglich dürfte es auf dem Dachboden gelagert worden sein, von dem es beim Brand des Hauses herabgestürzt war. Das westliche Ende des Hauses nahmen zwei Räume ein, die Schlafstätten gewesen sein mögen. Im Haus fanden sich zahlreiche Scherben einer einfachen Gebrauchsware, die aufgrund ihrer Form Kugeltöpfe genannt werden. Diese wurden selbst gefertigt.

Das mittelalterliche Wohnstallhaus von Wüppels verbinden mehrere Merkmale mit den neuzeitlichen Bauernhausformen der norddeutschen Küstenlandschaft. Mit neun Meter ist es deutlich breiter als die bis dahin erbauten Formen. Sein Grundriß mit Stall, Diele und »Kammerfach« steht am Anfang der Entwicklung zum Niederdeutschen Fachhallenhaus, auch Niedersachsenhaus genannt. Andererseits erinnern der einseitige Boxenstall und der eingezogene Wohn-Arbeits-Bereich an jüngere friesische Bauernhausformen. Wie die neuzeitlichen Gebäude dürfte das Haus von Wüppels bereits einen Dachboden besessen haben, auf dem die Ernte gelagert werden konnte. Anders jedoch als bei den ältesten, erst ab 1500 erhaltenen niederdeutschen Bauernhäusern waren die Pfosten noch eingetieft.

Diese großen Bauernhäuser sind ebenso wie die Kirchen sichtbares Zeugnis des Reichtums dieser Marschlandschaften. Die landwirtschaftlichen Produkte des Küstengebietes wurden in kleinen zentralen Orten des Nordseeküstengebietes umgeschlagen. Diese standen in Verbindung mit den fränkisch-friesischen Seehandelswegen und ihren überregionalen Umschlagplätzen. Diese Wirtschaftskontakte hatten bereits seit dem 7./8. Jahrhundert eingesetzt, wie die Gründung von Handelsorten wie Dorestad am Rhein, Ribe an der jütländischen Küste oder Haithabu an der Schlei zeigt. Träger dieses Handels waren in den friesischen Marschregionen ländliche Oberschichten, die von ihren Höfen aus die Errichtung kleiner Handelszentren organisierten. So entstanden an der Küste seit dem 8./9. Jahrhundert auf Langwurten errichtete Straßendörfer mit kleinen Häusern, die beiderseits einer langen Straße errichtet worden waren. Verloren diese Langwurten durch die Veränderung der Küstenlinien ihre Verbindung zum Wasser, büßten sie ihre wirtschaftliche Bedeutung ein. Andere konnten sich – wie das Beispiel der Stadt Emden zeigt – behaupten. Ausgrabungen in der Langwurt von Emden erbrachten den Nachweis, daß die Häuser seit Siedlungsanfang auf die Flucht der parallel zum Emsufer verlaufenden ältesten Straße ausgerichtet waren. Bei den Häusern handelt als sich anders als bei den dreischiffigen

Wohnstallhäusern auf den ländlichen Wurten um kleine, meist in Stabbautechnik errichtete Bauten, die als Wohn- und Werkraum dienten. Die Grundstücke grenzten an die Uferzonen, die günstige Landeplätze für die flachbodigen Schiffe boten. Landseitig bestanden Verbindungen mit dem Hinterland. Pfeffer, Wein und rheinische Keramik wurde auf diesen Wurten beispielsweise gegen Tuche umgeschlagen. Der Handel wiederum begünstigte die wirtschaftliche Aufwärtsentwicklung und Bevölkerungszunahme in den Marschen. Neuland war aber nur durch die Entwässerung der vermoorten Marschen und der Eindeichung neuer Köge zu gewinnen.

Fortschreitende Erfahrung im Deichbauwesen schuf nun die Möglichkeiten zur Durchdämmung von weit in das Landesinnere einschneidenden Buchten und Prielen. Die großen Meeresarme, wie die Middelzee zwischen den friesischen Gebieten Westergo und Ostergo in den nördlichen Niederlanden, wurden nun ebenso bedeicht wie kleinere Prielströme etwa der Süderhever oder des Fallstiefs im westlichen Eiderstedt. Die Eindeichung dieser Buchten und Prielströme vollzog sich in der Weise, daß zunächst parallel der Küsten Deichlinien errichtet wurden, von denen aus manchmal, wie in das verlandete Niederungsgebiet der Süderhever, kleinere Eindeichungen erfolgten. Schließlich erfolgte durch quer laufende Deiche eine Abdämmung der Priele. Die Middelzee wurde so durch den Tjessingadijk und schließlich durch den Schreedijk abgedämmt. Für den letzteren, näher zur Nordsee liegenden Deich läßt sich auf eine Errichtung um 1360 schließen. Die schon weitgehend verlandete Süderhever in Eiderstedt war bis zum Ende des 13. Jahrhunderts bedeicht, das breitere Fallstief wurde 1456 durchdämmt. Wie problematisch solche Abdämmungen aber blieben, zeigte die archäologische Untersuchung einer älteren Abdämmung eines Seitenarms dieses Priels. Die im Mittelalter mit viel Arbeitsaufwand errichteten Deiche hatten sich allesamt gesetzt. Im Schutz der Deiche konnte man sich in den Seemarschen des Mittelalters eben nicht sicher fühlen, doch ohne Deiche hätte es keinen umfassenden Landesausbau im Nordseeküstengebiet gegeben.

Andererseits bedingten zunehmende Sturmfluten Landverluste und kosteten viele Menschenleben. Um so notwendiger war daher die Erschließung des stauwasserreichen und vermoorten Hinterlandes der Marschen. In Butjadingen etwa hatten Stauwasserbildungen in den von hohen Uferwällen begrenzten Niederungsgebieten eine dortige Landwirtschaft unmöglich gemacht. Da deshalb die Nutzflächen stark eingeschränkt waren, war eine Intensivierung der Landwirtschaft nur durch Eindeichung der Ackerflächen unter Einbeziehung tiefliegender Fluren möglich. So begannen auch hier bäuerliche Gemeinschaften frühzeitig mit dem Bau von Ringdeichen. Südlich der Dorfwurt Sillens umschloß ein Ringdeich blockförmige Wirtschaftsflächen. Alle Höfe der Wurt Sillens besaßen in der Ackerflur Landanteile und waren daher wahrscheinlich auch die Organisatoren des Deichbaus. Der weitere Landesausbau erfaßte dann seit der zweiten Hälfte des 12. Jahrhunderts die weiter südlich gelegenen Übergangszonen von der Marsch zum Moor. Hier entstanden reihenförmig angelegte Hofwurten. Diese rückwärtigen Niederungsgebiete waren durch das nicht abfließende Niederschlagswasser gefährdet. Daher waren Durchlässe in den Deichen mit eingebauten Sielen für eine Entwässerung in die angrenzenden Sielzüge oder das Meer zur Regulierung des Binnenwasserstandes notwendig. Diese Siele bestanden zunächst aus ausgehöhlten Baumstämmen mit Klappvorrichtungen, wie ein Befund bei Stollhamm in Butjadingen belegt.

Von den Wurtendörfern in den Seemarschen erfolgte auch andernorts eine Kultivierung des Sietlandes. Träger dieser Maßnahmen waren in Dithmarschen die genossenschaftlich organisierten Verbände der Geschlechter. Hier erschlossen seit dem 12. Jahrhundert langgestreckte Ketten einzelner Höfe auf niedrigen Wurten mit beiderseits anschließenden, regelmäßigen Streifenfluren das Land. Diese wurden immer weiter in das Ödland verlängert. Die gegen Bodenfeuchtigkeit aufgehöhten Äcker, Wölbäcker genannt, wurden beiderseits mit Gräben eingefaßt, die das Wasser in Sielzüge ableiteten, die in größere mündeten, welche durch Siele in den Seedeichen in das Meer entwässerten. Verschiedene Entwässerungsgebiete trennten dabei Dämme (Sietwenden) voneinander. Deichbau und Regelung der Binnenentwässerung schufen somit in den Marschen die Grundlagen für eine flächenhafte Besiedlung.

Erst als keine Flächen mehr zur Verfügung standen, griff der Landesausbau auf die Zone der eigentlichen Moore über. Moore galten bis zum Beginn des hohen Mittelalters als nicht besiedelbarer Raum. Wohl führten Bohlenwege durch die Moore, aber daß man dorthin in germanischer Zeit Verbrecher trieb, machte schaudern. Die nassen Oberflächen der Moore zu betreten, war nicht nur unheimlich, sondern oft auch lebensgefährlich. Noch im 19. Jahrhundert sind Menschen in unkultivierten Mooren zu Tode gekommen, nachdem sie sich verlaufen hatten. Nachdem jahrtausendelang die Menschen nicht in der Lage gewesen waren, die Moorgebiete durch künstliche Regelung der Entwässerung zu landwirtschaftlichen Nutzflächen umzuwandeln, gelang dies im Mittelalter. Eine zunehmende Bevölkerung erforderte die Nutzung aller verfügbaren Ressourcen. Eine begrenzte Kultivierung von Moorflächen hatte bereits im frühen Mittelalter stattgefunden, so in Holland, wo Friesen von den Flüssen her selbständig mit der Kultivierung des Veens begannen.

Schon bald übernahmen der Bischof von Utrecht und die Grafen von Holland die friesische Art der Moorkultivierung und verbesserten sie. Die Anfänge der kontinuierlichen, obrigkeitlich reglementierten Kultivierungsbestrebungen reichen bis in das 11. Jahrhundert zurück. Nach 1200 wurde hier das Verkaufen von Land, das *vercopen*, auch vom niederen Adel übernommen. Die Kolonisten traten häufig als *copers* auf, wie sich aus Siedlungskontrakten und Siedlungsnamen wie Willescoop oder Buciscoop ergibt. Zur Anerkennung der landesherrlichen Gewalt wurde ein Zins in Form eines Denares erhoben. Diese Art der Moorkultivierung war so erfolgreich, daß sie schnell kopiert wurde. Im Laufe der Zeit verschwanden immerhin Moordecken von mehreren Metern Mächtigkeit. Bis in das 14. Jahrhundert gelang vielerorts die Kultivierung für den Anbau von Getreide, doch häufig versumpften die Böden wieder, je eher, desto tiefer das Land lag. Aus Mooren wurden, wie in Holland, Marschen. Erst Poldermühlen in der frühen Neuzeit schufen hier Abhilfe. Nur mit der neuen Entwässerungstechnik und den sich in Holland entwickelnden Wasserverbänden gelang die dauerhafte Urbarmachung des Ödlandes. Ohne die seit dem Mittelalter gewonnenen Erkenntnisse wäre der besiedelte Teil der Niederlande viel kleiner.

Aus der Holländisch-Utrechter Tiefebene brachten Emigranten die Kenntnisse der Moorkultivierung und deren rechtliche Ausgestaltung in die Flußmarschen der Weser und Elbe. Es kann kein Zufall sein, daß die holländischen Maße bei der Einteilung von Fluren (voorlinge) sich im Elbe-Weser-Raum wiederfinden. Dies gilt vor allem für die Siedlungen südlich von Stade und östlich von Bremen. In der linksseitigen Wesermarsch wurde die Urbarmachung der vermoorten Marschen durch den Erzbischof von Bremen-Hamburg als Grundherr organisiert. Er hatte sie 1063 von Kaiser Heinrich IV. als Geschenk erhalten. Auf dem altbesiedelten Hochland entlang der Weser reihten sich Wurtendörfer wie Dunwarden, Hiddigwarden oder Ritzenbüttel. Um die Dorfwurten herum lagen in Anpassung an das alte gewundene Gewässernetz die typischen kleinparzelligen Blockfluren. Im Ausbaugebiet schlossen sich nun geradlinige, von Entwässerungsgräben begleitete Streifenfluren an. Der Kolonisationsablauf läßt sich anhand der historischen Überlieferung gut erschließen. Für das Stedinger Brokland liegt für das Jahr 1142 und 1149 je eine Kolonisationsurkunde vor. Ministerialen des Bischofs schlossen mit den Neusiedlern Pachtverträge. Teilweise kauften auch Siedlungsunternehmer (venditores) das Land vom Erzbischof und veräußerten es weiter. Nicht nur der Landerwerb, sondern auch das erworbene Land wurde als »Kauf« bezeichnet, was in den vor allem in den Elbmarschen verbreiteten Ortsnamen mit der Endung -kop zum Ausdruck kommt. Hauptaufgabe der venditores war es, die Ländereien zu vermessen und in Hufenstreifen aufzuteilen. Für das erste Kolonisationsgebiet in der Wümmeniederung nördlich von Bremen, seit 1113 begonnen, enthält der Vertrag mit den holländischen Partnern des Erzbischofs genaue Angaben: 30 Königsruthen breit und 720 Königsruthen lang sollten die Hufen sein – also etwa 47 bis 48 Hektar groß.

Es bleibt die Frage, woher die Siedler kamen. Denn im ersten bremischen Kolonisationsgebiet des Hollerlandes waren nicht nur die unmittelbaren Vertragspartner des Bischofs Holländer, sondern auch ein Großteil der Siedler. Der Ortsname auf -holle spricht für sich! Gleichwohl waren es nicht überall Holländer, aber als Spezialisten der Entwässerung waren sie überall gesucht. In den übrigen Kolonisationsgebieten der Weser- und Elbmarschen waren es überwiegend Sachsen von Wurten aus der Seemarsch.

Eine ähnliche Form der Landerschließung erfolgte auch von der Geest zu den Moorrändern hin. Häufig sehen wir derartige Siedlungsmuster im nordwestlichen Ostfriesland. Leicht erhöht über dem vernäßten Moor lagen hier die Siedlungen. Dem von Natur aus vorgegebenen linienförmigen Geestrand folgen hier die einzelnen Reihensiedlungen mit einer Länge von einem halben bis zu drei Kilometern. Dabei fügen sich vielfach Nachbarreihen zu langen Ketten zusammen. An die Höfe anschließend erstrecken sich breite Langstreifenfluren in das Hochmoor, ursprünglich eine unverteilte Allmende. Die Höfe hatten ihren Besitz zunächst nur in einer durchschnittlichen Breite von 80 bis 120 Metern vermessen, nicht aber in der Länge, so daß sich die Parzellen immer weiter in das Moorland vorstreckten. In diesen Siedlungen galt somit das Aufstreckrecht, das bis nach Westfriesland verbreitet war. Es erlaubte die Verlängerung des Besitzes in der festgelegten Breite in das Hochmoor hinein. Verlängert werden aber durfte nur soweit, wie das Moor auch kultiviert wurde. Meistens waren diese Streifen jedoch nicht länger als zwei bis zweieinhalb Kilometer – mehr war aufgrund der unbefestigten Feldwege auch nicht zu schaffen. Die Gründe für diesen Siedlungsausbau sind auch hier in der Erschöpfung der Landreserven in den Seemarschen zu suchen.

Die ältesten dieser Siedlungsformen reichen zeitlich weit zurück, bis in das 11. Jahrhundert. Anfänge mag es bereits auch schon im 10. Jahrhundert gegeben haben, wie die Urbare (Urkunden) der Klöster Verden und Fulda zeigen. Als Träger dieser Maßnahmen kommen noch Grafen, vertreten durch Schulzen, in Betracht. Als der Adel die ohnehin schwierige Kontrolle über diese Gebiete verlor, trat eine freie, grundbesitzende Bauernbevölkerung an seine Stelle. Allerdings tauchten Ende des 12. Jahrhunderts für die Landbevölkerung neue Abhängigkeiten auf, die in der Konstituierung unabhängiger Rechtsverbände in Form der genossenschaftlich-republikanisch organisierten Landesgemeinden zum Ausdruck kommen.

Nachdem zunächst die Hochmoore von den Geesträndern aus kultiviert wurden, entstanden bald auch die ersten Siedlungen im Hochmoor selber. Die ersten eigentlichen Hochmoorsiedlungen im Bezirk Stade etwa erfolgten durch das Kloster Osterholz. Es sind dies die Kolonisationen Teufelsmoor (vor 1335) und Waakhausen (vor 1355), die auf Veranlassung des Klosters durch adelige Lokatoren initiiert wurden. Analog zur den in der benachbarten Wesermarsch schon vorher entstandenen Marschhufendörfern wurden diese neuen Siedlungen im Teufelsmoor als Moorhufendörfer angelegt. Die von den langgezogenen Hofketten in das Moore vorgetriebenen Streifenfluren hatten eine ursprüngliche Breite von 200 und eine Länge von etwa 1000 Metern, was ungefähr einer fränkischen Hufe entsprach. Die Moorhufen im Teufelsmoor waren jedoch weniger genau vermessen und deuten daher an, daß die Urbarmachung hier durch die Bauern selbst erfolgt war.

Wenn auch die Kultivierung der vermoorten Marschen vielfach von den Bauern selbst ausging, so waren diese doch in Kirchspielen organisiert. Kirche und Klöster spielten vielerorts die entscheidende Rolle beim Landesausbau.

8. IM ZEICHEN DES KREUZES

KIRCHE UND KLÖSTER

Die hochmittelalterliche Kirche war Teil der universalen Weltordnung wie politischer Machtfaktor und umspannte die gesamte Christenheit. Jeder war Christ in Mitteleuropa, wenn man von den Juden absah, die teilweise in den Ghettos der Städte lebten. Die Taufe begründete für den Menschen die Zugehörigkeit zur Kirche, die Kirche traute und nahm auch die Beerdigung vor. Kirchen gab es überall. In den Nordseemarschen etwa, die inselartig durch größere Priele zergliedert waren, befanden sich Kirchen inmitten kleiner, ringförmiger Eindeichungen. Diese ließen sich zu Fuß erreichen, ohne daß man die Wasserläufe überqueren mußte. Im nördlichen Eiderstedt konnte man von Kirche zu Kirche sehen.

Die Pfarrkirchen, die wie ein Netz das gesamte Land überzogen, waren seit dem Hochmittelalter im romanischen Stil errichtet. Die älteren Holzkirchen verschwanden und wurden durch Steinbauten ersetzt. Meist waren es im 12. Jahrhundert einfache rechteckige Saalbauten mit eingezogener Apsis oder rechteckigem Chor. Später erhielt der Chor oft eine polygonale Ausgestaltung. Bedeutendere Kirchen, wie in den Klöstern, wurden teilweise zu dreischiffigen Basiliken mit Vierung erweitert. Aber auch in reichen ländlichen Gegenden entstanden größere Kirchenbauten. In einem besonderen Maße gilt dies für die Nordseemarschen. Auf den Dorfwurten als Siedlungszentren errichtete große Dorfkirchen, oft unter Verwendung von Tuff, sind Ausdruck des Machtbewußtseins und Unabhängigkeitsstrebens führender bäuerlicher Schichten, die sich von einer auswärtigen Adels- und Grundherrschaft befreit hatten. Die dichte Verteilung der Pfarrkirchen im Hochmittelalter ist ein deutlicher Beleg dafür, daß die Christianisierung in Mitteleuropa flächendeckend war und jeden erfaßte.

Das Leben des Christenmenschen vollzog sich in geregelten Bahnen, und was demjenigen drohte, der den Weisungen der Kirche nicht folgte, konnte jeder in den Fresken ablesen, die göttliche Verheißung, paradiesischen Himmel und Fegefeuer zeigten. Die Ausmalung der Höllenstrafen kannte keine Grenzen. Im Stundenbuch des Herzogs von Berry aus dem frühen 15. Jahrhundert liegt der Teufel auf einem glühenden Rost, mit den Händen Paare von Menschen zerquetschend. Kleine Teufel an den Seiten des Rosts fachen zusätzlich die Flammen an, um die Verdammten zu verbrennen. Dieser Dualismus zwischen Himmel und Hölle prägte das Weltbild. Der mittelalterliche Mensch fühlte sich in seiner Existenz ständig bedroht: Die Gewalten der Natur, Hunger, Krankheiten und Mißernten bedrohten die Masse der Bevölkerung. Nur die epidemischen Krankheiten machten keinen Unterschied zwischen arm und reich. Der Tod kam schneller als heute und oft überraschend.

Der Dualismus zwischen Hölle und himmlischem Paradies prägte das Weltbild des Mittelalters. Außerhalb der Kirche gab es kein Heil. In der Mitte dieses Bildes aus dem Stundenbuch des Herzogs von Berry liegt der Teufel auf einem Rost, mit den Händen Menschen zerdrückend.

Auch erwartete man ein Weltgericht, das angekündigt wurde und dennoch nicht kam. Schon eine Sonnenfinsternis sahen viele als ein unheilvolles Vorzeichen an. Kein Wunder, daß man Zuflucht zum Glauben suchte. Vor weltlichen Gefahren schützte die Grundherrschaft, der Schutz durch einen bewaffneten Grundherrn, vor den dunklen Mächten die Kirche. Schicksalsschläge nahmen manche als Gottesurteil hin. Aber Kirche hieß nicht nur Glauben, sie war vielmehr Bestandteil des politischen Systems. Die Grundlagen einer Reichskirche hatte bereits der merowingische König Chlodwig gelegt, und auch Karl der Große hatte ergebene Prälaten, Reichsbischöfe und Äbte, für zentrale Verwaltungsaufgaben eingesetzt. Diese waren zudem zur Heerfolge verpflichtet. Die Kirche wurde so als sozialer und politischer Organismus in das Fränkische Reich eingeordnet. Auch der Papst, der den Kaiser salbte, war in Reichsangelegenheiten einbezogen, was schließlich zu einem Dualismus zwischen Kirchenfürst und Kaiser führen sollte. Höhepunkt dieser Auseinandersetzungen war zweifelsohne 1076/1077 der Gang Heinrichs IV. (1056–1106) nach Canossa. Dabei ging es vor allem um das Recht, wer die Bischöfe einsetzen durfte, der Papst oder der König. Nach dem Recht der Urkirche sollten Bischöfe vom Volk gewählt werden – indes war es im Mittelalter üblich, daß sie nach ihrer Herkunft von den Königen eingesetzt wurden. Irgendwann mußte es daher zum Konflikt zwischen König und Papst kommen, wie er dann im letzten Viertel des 11. Jahrhunderts zwischen Kaiser Heinrich IV. und seinem Widersacher Gregor VII. (1073–1085) ausbrach. Nach dem frühen Tod Heinrichs III. wurde der kleine Heinrich mit sechs Jahren Herr über Deutschland, Burgund und Italien. Als er 1075 in Mailand daran ging, in alter Tradition einen Bischof einzusetzen, waren Konflikte mit dem Papst vorgezeichnet. Auf dem Höhepunkt des Streites setzte Heinrich den Kirchenfürsten einfach ab, womit er sich gründlich verkalkulierte. Er kam unter Bann und mußte als Büßer vor dem Papst erscheinen. Der Papst verbot 1078 dann die Einsetzung, das heißt Investitur, durch den König. Schließlich einigte man sich nach weiteren Auseinandersetzungen unter Heinrich V. 1122 im Wormser Konkordat, in einer schriftlichen Übereinkunft, auf die kanonische Wahl der Bischöfe in Gegenwart des Kaisers und auf die anschließende weltliche Herrschaftsübergabe durch das Zepter vor der kirchlichen Weihe in Deutschland, in den Reichen Italien und Burgund danach. Bischöfe und Äbte der großen Klöster waren in Deutschland eben auch Reichsfürsten und besaßen somit eine weltliche Herrschaft.

Aber eigentlich ging es um mehr als um die Frage, wer die Bischöfe einsetzen durfte. Im Investiturstreit wurde die Auseinandersetzung auf verschiedenen Machtebenen ausgetragen. Es ging um das Recht der Kirche, ihre Ämter nach eigener Wahl zu besetzen. Auf dieses Recht erhoben aber auch die weltlichen Herrscher Anspruch. Immerhin standen viele der hohen geistlichen Würdenträger im Rang von Fürsten und übten, wie die Erzbischöfe von Köln, Trier und Mainz, auch die weltliche Gewalt aus. Die Klärung der Investiturfrage war eine Frage des Machtanspruchs. Im christlichen Abendland kam aber letztlich alle Gewalt von Gott und damit vom Papst als dem Stellvertreter Christi. Ehrgeizige Päpste wurden nicht müde, ihren Vorrang zu betonen. Zwar brauchte man das weltliche Schwert, aber die geistliche Gewalt hatte doch den höheren Rang! Immer wieder gab es aber auch Versuche der weltlichen Herrscher, sich davon zu emanzipieren und die Gottesunmittelbarkeit des Königtums zu betonen. Kaiser Friedrich II. (1215–1250) gründete beispielsweise auf Sizilien ein säkulares Staatswesen, das sich dem Einfluß der Kirche weitgehend entzog. Aber auch Mitglieder der Kirche begriffen die Verweltlichung der Kirche als eine Abkehr vom Geist Jesu Christi und forderten eine Rückkehr zum wahren Evangelium. Die Reform erreichte vor allem die Klöster. In der Abtei Cluny in Burgund wurden die strengen Regeln des Ordensgründers Benedikt wieder eingeführt, was die Mönche wieder zu mehr Gebet und Gottesdienst verpflichtete. Nach dem Niedergang von Cluny waren es ab dem 11. Jahrhundert die Zisterzienser, die dieses Reformwerk fortführten. Klöster wie Lorsch mit ihrer Tradition als Königsgrablegen hatten mit solchen Reformen allerdings nichts gemein. Aber es ging nicht nur um das Gebet, die Rolle der Klöster bei der Entwicklung des Landes läßt sich gar nicht hoch genug bewerten. Ohne sie hätte es nicht so eine schnelle wirtschaftliche und kulturelle Entwicklung im Mittelalter gegeben.

Seit karolingischer Zeit prägten Reichsklöster Geist, Wirtschaft und Gesellschaft gleichermaßen. Bauern standen in klösterlichen Frondiensten, später in deren Grundherrschaft, lieferten Naturalabgaben und den Kirchenzehnten ab, wenn das Kloster zugleich Pfarrkirche war. So besaß das Kloster Prünn in Oberlothringen insgesamt 2000 Hufen (Bauernstellen), 35 Mühlen, sieben Brauhöfe und Wälder mit 6700 Mastschweinen. Die dieser Grundherrschaft unterstehenden Bauern leisteten jährlich 70 000 Tage Frondienste, 4000 Fronfuhren, und sie lieferten 2000 Doppelzentner Getreide, 4000 Hühner, 1800 Schweine und 4000 Eimer Wein. Das macht deutlich, welche wirtschaftliche Macht die Klöster besaßen. Weniger wirtschaftstarke Klöster strebten zumindest eine Eigenwirtschaft an, die von den klösterlichen Laienbrüdern, den Konversen, betrieben wurde. Die Erzeugnisse fanden Abnehmer in den Märkten der Städte.

Trotz dieser weltlichen Aktivitäten wurde zwischen dem inner- und außerklösterlichen Bereich klar unterschieden. Neben dem Kloster der geweihten Mönche bestand eine Welt der gewerbliche Arbeit verrichtenden Laienbrüder. Sichtbarer Ausdruck dieser Trennung war der Lettner in den Kirchen, eine Wand, die beide Welten schied. Es war die Aufgabe des Abtes, beide Schichten dennoch zusammenzuhalten. Um Mönch zu werden, bedurfte es eines langen Weges. Ohne Aufnahmeschenkung der Familie, oft in Form mindestens einer Hufe Land, ging es meist gar nicht. Nur mit der Bibel in der Hand und dem Vaterunser auf dem Lippen wäre dem Aspiranten der Eintritt ins Kloster verwehrt geblieben, denn Frömmigkeit war nicht ausreichend für den Dienst am Herrn. Da nur der Adel Grund besaß, wurden viele früh- und hochmittelalterlichen Klöster zu Adelsklöstern. Für die späteren Bettelorden galt das weit weniger. Äbte, Mönche, Kirche und Adel bildeten eine gesellschaftliche Einheit. Die Äbte entstammten ebenso wie die Bischöfe aus bedeutenden adeligen Familien. Da nach der mittelalterlichen Lebensauffassung der Mensch schon früh erwachsen war, brachte man schon siebenjährige Knaben dem Kloster dar. Das geschah oft, um unliebsame Erbteilungen zu vermeiden; auch Kinder mit Behinderungen übergab man dem Kloster. Die Knaben unterstanden von nun an der strengen und ständigen Kontrolle eines Lehrmönchs – ein Kindergarten war das nicht, auch keine Vorschule unserer Zeit. Wehe, wer sich nur berührte oder miteinander sprach! Nach der Ausbildung und Disziplinierung folgte die Novizenzeit. Mit meist sechzehn Jahren legte der Novize das Gelübde der Armut, Keuschheit und des Gehorsams ab. Dann war er zeitlebens an dieses Kloster gebunden, hinter ihm verschlossen sich die Tore zur Welt, und er fand sich in einer strengen Hierarchie wieder. Die junger Brüder hatten den Älteren Platz zu machen. An der Spitze stand der Abt, dem alle Mönche Gehorsam schuldeten. Die Interessen der Brüder konnte allenfalls der Dekan als Vertreter des Abtes gegenüber diesem vertreten. Das »Wirtschaftsunternehmen« Kloster verwaltete der Probst. Der Zellerar kümmerte sich um die Geräte, die Kleidung, die Küche und die Vorräte, der Bibliothekar um die umfangreichen Buchbestände. Der Hospitarius versorgte die Armen und Kranken. Zwischen Beten, Arbeiten, gemeinsamen Essen im Refektorium und etwas Schlaf vollzog sich der immer gleiche, wiederkehrende Tagesablauf der Mönche. Die Feldarbeit verrichteten indes überwiegend die Laienbrüder oder Lohnarbeiter.

Wie ein Benediktinerkloster in idealer Weise aussehen sollte, vermittelt der um 820 entstandene Klosterplan von Sankt Gallen. In der Mitte lag die Klosterkirche. An diese schloß sich der eigentliche Kern des Klosters mit Keller, Küche, Speisesaal, Badehaus und Schlafhaus an. Darum herum lagen die Wirtschaftsgebäude, wie Bäckereien, Brauereien, Scheunen und Ställe, aber auch Gästehäuser für vornehme Gäste, ein Spital und der Friedhof. Dieser Plan wurde zwar so nie verwirklicht, diente aber als Vorbild für viele Klöster.

Ein mittelalterliches Kloster bildete zunächst eine Stätte religiöser Meditation, aber in diese drang die Außenwelt in Form der Wirtschaft und der Politik. Die Aufgaben der Mönche im Dienst am Herrn waren weit gespannt und umfaßten neben der Seelsorge, der Wohlfahrtspflege, der Betreuung von Kranken, Pilgern und Gästen auch Unterricht und Wissenschaft. Deshalb war die Mönchsgemeinschaft auf solide wirtschaftliche Grundlagen angewiesen: Ohne Grund und Boden war das gar nicht denkbar.

Der umfangreiche Grundbesitz der Abtei Corvey an der Weser in Niedersachsen ist vom 9. bis 14. Jahrhundert anhand der Güter- und Heberegister, der Lehnsverzeichnisse und weiterer Urkunden gut ablesbar. Den Grundstock des Besitzes bildeten Schenkungen von Königen und Adligen, die bis in das 9. Jahrhundert zurückreichen. Ein Teil der Besitzungen des Klosters lag an der Ems. Von hier wurde Wolle für die Textilproduktion bezogen. In den Gebieten im nördlichen Mittelgebirgsraum bestanden die Abgaben vor allem aus Roggen und Hafer. Zu den wichtigsten Lieferungen des noch waldreichen Berglandes gehörten auch Schweine. Im Nordosten des Klosters selbst wurde ein lokaler Anbau von Roggen, Gerste, Hafer, Rispenhirse und Weizen nachgewiesen.

Die Einkünfte aus dem weit verstreuten Ländereien, zwischen denen sich ein regelmäßiger Verkehr entwickelte, wurden ursprünglich in Naturalabgaben erhoben, seit dem 11./12. Jahrhundert auch in gemünztem Geld. Der dabei erzielte Überschuß schon eines Jahres reichte, um es an Bedürftige zu verteilen oder auf dem freien Markt zu verkaufen. Überschüsse waren bei den Getreidelieferungen und bei Schweinen zu erwarten. Auch die Herstellung des eigenen Bieres war nicht nur für den Eigenbedarf, sondern auch für den Export bestimmt. Möglicherweise spielte das Kloster auch als Zwischenhandelsplatz für Rohstoffe und Produkte des Metallgewerbes eine Rolle.

Ferner war im Kloster eine bedeutsame Maler- und Schreiberschule, ein Skriptorium, ansässig.

Die Verzeichnisse der Einkünfte aus dem 11. und dem frühen 12. Jahrhundert belegen ein kompliziertes, auf die Bedürfnisse des Klosters abgestimmtes Fronhofsystem. Seit dem 13. Jahrhundert wurden die Ländereien in zunehmenden Maße verpachtet, eine Entwicklung, die ganz dem Stil der Zeit entsprach. Aus den Fron- wurden Meierhöfe. Im Durchschnitt gehörten zu einem Corveyer Saalhof etwa 25 bis 60 abhängige Bauernstellen, die zumeist in 10 bis 15 Orten der Umgebung lagen; der gesamte Grundbesitz im Mittelalter dürfte an die 3000 bis 5000 Hufen (Bauernstellen) umfaßt haben. Außerdem besaß das Kloster neben dem Recht, eigene Münzen zu prägen, auch Zehntrechte, also den Anspruch auf den der Kirche zustehenden zehnten Teil der Erträge. Kein Wunder, daß sich etwa der Bischof von Osnabrück beklagte, daß ihm drei Viertel der Einkünfte durch die Klöster Corvey und Herford widerrechtlich vorenthalten würden.

Hungern mußten die Mönche sicherlich keineswegs, wenn man sich die Lieferung an die Küche unter Abt Widukind (1189–1203) ansieht: *Wenn aber jemand wissen will, was zum Küchendienst gehört, so sind das diese Dinge: 6 fette Schweine und ein Spanferkel ... Und darüber hinaus werden 60 Scheffel Gerste gegeben, 2 Scheffel [davon] zum Almosenamt, 1 Malter für das Geflügel und zehn Malter Hafer, 5 Malter Weizen, 2 Malter Roggen, 2 Krüge Honig, 23 Becher, 100 kleine Schüsseln, 10 Hühner, 2 Gänse, 10 Töpfe, 2 Fässer, 2 Becken und 2 Kannen und 1 hölzerner Mörser und 2 Wachdienste und zwei Hufbeschläge für Pferde und zwei Bündel und zwei Boten [Tonnen], Flachs und ein Scheffel Salz und ein Becher Senf, 12 Pfennige in eben dem Geld, wo er wohnt, wird in Gewicht für die Fische gegeben, und zur Hälfte in socci [Flächenmaß] Hafer, wenn er beim Meierhof den Dienst ganz einlösen will, und genauso ein Pfund Pfeffer; aber diese zwei Dinge werden nicht außerhalb des Meierhofes gegeben, und 30 Schafkäse und zwei so große Käse, daß der Daumen, wenn man ihn in der Mitte angelegt, kaum die Ecken erreicht.* Wir erfahren also, daß neben Grundnahrungsmitteln auch Gewürze und

Gegenstände des täglichen Bedarfs, wie Gefäße zum Essen und Trinken oder zur Vorratshaltung, abzugeben waren.

Die zahlreichen Abgaben unterstreichen ebenso wie der umfangreiche Grundbesitz die Bedeutung des Klosters im 12. Jahrhundert. Dabei darf aber nicht übersehen werden, daß Corvey nicht in Einsamkeit und Weltabgeschiedenheit gegründet worden war, wie das so oft in der schriftlichen Überlieferung der Klöster zum Ausdruck kommt. Archäologische Untersuchungen zeigen vielmehr, daß die Reichsabtei Corvey im Jahre 822, wenige Jahrzehnte nach der Eroberung Sachsens durch Karl den Großen, inmitten einer seit dem frühen Mittelalter intensiv erschlossenen Kulturlandschaft gegründet wurde. Sie entstand im Umfeld des fränkischen Königshofes von Höxter, in unmittelbarer Nähe eines wichtigen Weserüberganges. In Höxter hatte somit schon vor der Klostergründung eine wichtige Siedlung bestanden, weitere Siedlungen erstreckten sich entlang der Weser. Ein weiterer Landesaubau vollzog sich dann nach der Klostergründung im 12. Jahrhundert.

Das neue geistliche, kulturelle und wirtschaftliche Zentrum zog schnell Händler an. So entstand in der Nähe der Abtei eine der größten früh- und hochmittelalterlichen Siedlungen in Sachsen. Bis zum 12. Jahrhundert war diese der einzige größere Marktort zwischen Minden, Fritzlar, Paderborn und Goslar. Diese Funktion wurde schon im Marktprivileg von 833 hervorgehoben. Bereits zu Beginn des 11. und 12. Jahrhunderts werden in Corvey reiche und freie Bürger erwähnt, die 1255 nachweislich auch über Weserschiffe verfügten. Sowohl Corvey als auch Höxter nahmen Anteil an dem Aufschwung des städtischen Wirtschaftslebens und dürften um 1200 vielleicht 4000 bis 6000 Einwohner gehabt haben. Archäologische Ausgrabungen in Corvey belegen neben der überwiegenden Eigenproduktion von Gefäßen auch den Import von Keramik aus Flandern und metallverarbeitendes Gewerbe.

Corvey gehörte nach seiner Bedeutung bereits in karolingischer Zeit zu den Großklöstern, dessen Grundschema der aber nur selten verwirklichte Grundplan von Sankt Gallen zeigt. Das Mutterkloster Corbie in Frankreich hatte mit Corvey eine Mustergründung in Sachsen schaffen wollen, was schon die Namensübertragung anzeigen dürfte. Dieser Bedeutung entsprachen auch die Bauten, deren Errichtung längere Zeit in Anspruch nahm. In der Mittelachse des Klosters lag die Hauptkirche, an die sich im Norden die Klausur anschloß. Im Westen der Klausur befand sich die Residenz des Abtes. Für den König entstand ein eigener Palast. Südwestlich der Klosterkirche entstanden die Martinikirche und ein großer Ministerialenhof. Um 940 dürfte die gesamte Anlage bereits mit einer Mauer umgeben gewesen sein. Diese Befestigung wurde im 10. Jahrhundert erneuert; im hohen Mittelalter erfolgten – teilweise nach Bränden – Instandsetzungsarbeiten.

Schon um 1200 waren Bedeutung und Zentralität des Klosters rückläufig; da sich auch die Verkehrsströme zu verlagern begannen, bedeutete dies auch das Ende des Marktes. Aufgrund der starken wirtschaftlichen Stellung des Klosters hatten die Äbte auch in der Politik mitgemischt. Im späten Mittelalter erstarkten jedoch Territorial-

Kreuzgang des an den Ratzeburger Dom angeschlossenen Klosters mit mittelalterlichen Wandgemälden.

fürsten, wie die Welfen, so daß das Kloster zu Zugeständnissen gezwungen war. Seine Schwäche zeigt sich auch in dem Fehlen eines
wirksamen Schutzes, vor allem da die Könige und Kaiser sich längst
auf Süddeutschland und die Italienpolitik konzentriert hatten. 1265
überfielen die Bürger von Höxter im Bündnis mit den Corveyer Ministerialen und dem Bischof von Paderborn kurzerhand das Kloster
und die Stadt Corvey und zerstörten sie völlig. Zwar wurde das Kloster wiederaufgebaut, seine führende Stellung sollte es jedoch nie
mehr erreichen.

Die Geschichte liefert immer wieder Beispiele für den Zusammenhang zwischen Reichtum und Niedergang klösterlicher Gemeinschaften. Die Reichsabtei Salem konnte hingegen über viele
Jahrhunderte ihr Ansehen bewahren. Während Corvey im Dreißig-
jährigen Krieg schwer getroffen wurde, erhielt Salem 1637 die volle
Souveränität. Salem war anders als Corvey als Reformkloster gegründet worden. Es war fest verwurzelt im Reformorden der Zisterzienser, die mit ihrer asketischen Lebensweise eher am Leben des
Volkes orientiert waren oder zumindest sein wollten. Diese bedeutende Reformbewegung des Mönchtums nahm 1098 ihren Anfang,
als Abt Robert mit zwanzig Mönchen sein Kloster Molesmes in Burgund verließ und das Kloster Cîteaux gründete, um noch strenger
nach der Regel des heiligen Benedikt zu leben. Rasch entstanden vier
weitere Primärabteien, von denen in nur vierzig Jahren 300 weitere
Zisterzienserklöster in Europa gegründet wurden. Verbindlich für alle
Klöster blieb die *Charta Caritatis*. Diese verband die zentrale Einheit
von Cîteaux mit der Selbständigkeit der einzelnen Klöster. Das jähr-
liche Generalkapitel aller Äbte in Cîteaux überwachte deren Einhal-
tung und erließ Gesetze für das kirchliche wie religiöse Leben. In den
um 1119 verfaßten *Capitula* heißt es zum Besitz: *Die Mönche unseres
Ordens müssen von ihrer Hände Arbeit, Ackerbau und Viehzucht leben.
Daher dürfen wir zum eigenen Gebrauch besitzen: Gewässer, Wälder,
Weinberge, Wiesen, Äcker, abseits von Siedlungen der Weltleute, sowie
Tiere, ausgenommen solche, die mehr aus Kuriosität und Eitelkeit als des*

Nutzens wegen gehalten werden, wie Kraniche, Hirsche und derglei-
chen. Zur Bewirtschaftung können wir nahe oder ferne beim Kloster Höfe
haben, die von Konversen beaufsichtigt und verwaltet werden. Den Be-
sitz von Kirchen, Altären, Begräbnissen, Zehnten aus fremder Arbeit
und Nahrung, Dörfer, Hörige, Bezüge von Ländereien, Backhäusern,
Mühlen und ähnliches, was dem lauteren Mönchsberuf entgegenstrebt,
verwehrt unser Name und die Verfassung des Ordens.

Immerhin – wenig war das nicht. Und auch Salem entstand nicht in
Weltabgeschiedenheit, sondern in einer bereits besiedelten und bewirtschafteten Kulturlandschaft. Im Weiler Salmanswilare, einem
Nest in Oberschwaben, dürfte es Aufsehen erregt haben, als Frowin,
der spätere erste Abt, mit zwölf Mönchen in den Ort kam. Er ver-
kündete, ein Kloster gründen zu wollen. Den Weiler hatte er von dem
Ritter Guntram von Adelsreute geschenkt erhalten. Der Gründung
1134 sollte Erfolg beschieden sein, in der Anfangszeit vor allem auch
deshalb, weil in den ersten beiden Jahrhunderten das Kloster zahlreiche Schenkungen erhielt. Bis etwa 1250 überwogen diese vor eigenen Käufen. Letztere erreichten mit etwa siebzig ihre höchste Zahl
um 1300. Der sich stetig erweiternde Grundbesitz mußte bewirtschaftet werden. Diese Arbeit übernahmen die Laienbrüder und, da
deren Zahl nicht ausreichte, bald auch Lohnarbeiter. Zudem ließ die
Anziehungskraft der Städte, wie etwa Konstanz, die Zahl der Konversen schrumpfen. Vom 14. Jahrhundert an ist der Rückgang un-
übersehbar. Allerdings profitierte Salem auch von der Anziehungskraft der neuen Städte. Durch die Lohnarbeiter konnte das Kloster
dennoch seine vielfältigen Aufgaben in Produktion, Transport, Handel und Verwaltung bewältigen. Auch gab man die Eigenwirtschaft
auf manchen der Klosterhöfe auf.

Die umfangreichen Besitzungen, darunter etwa auch die bedeutenden Salinen in Hallein bei Salzburg, gestatteten es auch den Salemer
Äbten, eine Rolle in der Reichspolitik zu spielen. Sie hatten sich, wie
1139 aus Rom bestätigt wurde, dem direkten Schutz des Papstes unter-
stellt. Das brachte die Abtei aber zwangsläufig in Konflikte mit dem

Kaiser, wenn dieser, wie Friedrich II. Mitte des 13. Jahrhunderts, in Streitigkeiten mit dem Papst lag. Durch den Anspruch auf Freiheit all ihrer Güter, auch der Schenkungen, kam es zudem zu Konflikten mit dem Adel der Umgebung. Graf Konrad von Heiligenberg verbot daher kurzerhand 1185 weitere Schenkungen seiner Gefolgschaft und Untertanen an das Kloster, da es sein Territorium verkleinerte – aufhalten konnte er es dennoch nicht. Weitere Spannungen ergaben sich mit den Städten. Hier hatte das Kloster eigene Stapel- und Handelsplätze erworben, wie beispielsweise den in Ausgrabungen erschlossenen, 1217 gegründeten Salmannsweilerhof am Fischmarkt in Konstanz. In diesen Stapelhöfen wurden die Haupthandelsprodukte – wie Getreide, Wein und Salz – gelagert. Mit ihrer günstigen Lage nahe des Tores oder am Hafen boten die exterritorialen Plätze einen Wettbewerbsvorteil. Kein Wunder, daß dies die städtischen Kaufleute weniger amüsant fanden. Dennoch ließ sich der Aufstieg Salems im 14. Jahrhundert nicht aufhalten – einer Zeit, die sonst eher als krisenreich gilt. Während Salem wuchs, verlor der niedere Adel eher noch seinen Besitz. Äußeres Zeichen dieser Entwicklung war, daß der Papst 1384 den Salemer Äbten das Recht verlieh, Mitra, Stab und Ring zu tragen. Diese Würde war sonst den Bischöfen vorbehalten. Die volle Souveränität, die Salem 1634 erhielt, konnte die Abtei bis zur Säkularisation durch Napoleon 1802 behaupten. Bis an die Schwelle des vorletzten Jahrhunderts hatten Klöster Politik gemacht!

Neben dem Handel hatten Klöster auch eine tragende Funktion beim Landesausbau. Einige der Benediktiner- und Zisterzienserklöster entstanden in der Weltabgeschiedenheit des Waldes. Zu solch einem wichtigen Zentrum wurde beispielsweise Hirsau im Schwarzwald. In waldreichen Gebieten entstanden die Zisterzienserklöster Bebenhausen im Schönbuch, Maulbronn am Fuße des Stromberges, Altenberg im Bergischen Land, Eldena bei Greifswald, Chorin in Brandenburg oder Marienrode bei Hildesheim. Ehemals menschenarme Gegenden wurden durch diese Klostergründungen ebenso belebt wie einsame Landschaften. Nicht alle Zisterzienserklöster entstanden jedoch in abgelegenen Gebieten, sondern sehr viele wurden auch, des Ertrags wegen, in bereits besiedelten gegründet. Die Aktivitäten der Zisterzienser waren aber gerade auf dem Gebiet des Landesausbaus sehr erfolgreich. Dies gilt nicht nur für die Gründungen in den von Slawen besiedelten Ostgebieten, sondern auch für die Kultivierung von vermoorten Marschen. So waren in den Seemarsch- und Moorgebieten der nördlichen Niederlande seit 1150 Zisterzienserklöster an der Abdämmung unzähliger Wasserläufe, bei der Kultivierung von Mooren und vereinzelt auch beim Anlegen von Deichen in hohem Maße beteiligt. Die meisten Deiche allerdings waren bereits vor ihrer Zeit in Friesland von genossenschaftlichen Bauernverbänden errichtet worden. Mit dem »Westfriiske Omringdijk« hatten im nördlichen Holland auch die Grafen ein größeres, überwiegend vermoortes Marschland eingedeicht.

In Friesland rangierten die Zisterzienserklöster an der Spitze der Besitzstandsliste, gefolgt von den Prämonstratensern. Abteien wie die von Klaarkamp und Bloemkamp waren auch in Friesland nicht *in eremo*, also in der Einöde, gegründet worden, sondern auf Wurten als künstlichen Schutzhügeln in dem altbesiedelten Marschgebiet von Ostergo östlich der Middelzee, einer weit in das Landesinnere eingebrochenen Meeresbucht. Aus der Lage der Klöster geht hervor, daß die Mönche danach trachteten, die sumpfigen Niederungsgebiete der Sietländer mit Hilfe ihrer Entwässerungstechnik zu kultivieren. Diese Ländereien hatten sie billig erwerben können. Aufgrund ihres technischen Know-hows gelang den Zisterziensern die Umwandlung dieses Ödlandes in Weideflächen. Im 14. und 15. Jahrhundert verwalteten Klöster wie Klaarkamp und Gerkesklooster die wichtigsten Entwässerungssiele. Dank der künstlichen Regelung der Binnenentwässerung verschwanden nicht nur die Moore, sondern es war auch eine gewinnbringende Landwirtschaft in diesen Niederungsgebieten möglich. Ferner besaßen die Klöster in ihren Gebieten die Fischrechte und die Zollhoheit. Bis Anfang des 14. Jahrhunderts entstanden um die Klöster Grangien (Klosterhöfe). Neben der

Kultivierung der Moore richtete die Abtei Klaarkamp erst in einer späteren Phase ihr Augenmerk auf die höher liegenden, bereits eingedeichten Seemarschen. Da die Mönche hier Ländereien erworben hatten, mögen sie an dem Bau eines Abschlußdeiches bei Hartwerd beteiligt gewesen sein. Vielfach hatten aber die Bauern in den Seemarschen selbst die Bedeichung in die Hand genommen – auf die Hilfe der Klöster konnten sie verzichten. Das zeigt sich auch daran, daß die Abtei Klaarkamp dort nur wenig Land in ihren Besitz bringen konnte. Hingegen hatten die Bauern die Hilfe der Abtei Osterwierum nötiger, wenn sie die Middelzee zwischen Osterwierum und Rauwerd abdeichen wollten. Der die Middelzee abschließende Deich lag nämlich auf dem Gelände eines Klosteraußenhofs. An dieser Abdämmung hatten die Mönche natürlich auch ein Eigeninteresse, um die Salzwasserüberflutungen ihrer Wirtschaftsflächen zu verhindern.

Überschwemmungen nach dem Bruch von Deichen waren für die Bauern ein großes Unglück, hingegen für manche Klöster durchaus ein Glücksfall. Einige Chroniken berichten nämlich, daß das Kloster Bloemkamp auch Güter nach Deichbrüchen und Überschwemmungen geschenkt bekam. Sie waren ihnen von den Grundbesitzern überlassen worden, da sich diese nicht in der Lage sahen, die Lasten der Wiedererrichtung von Deichen zu tragen. Dennoch blieben die Möglichkeiten des Grunderwerbs in den Marschen gering. So gingen viele der Abteien in der zweiten Hälfte des 13. Jahrhunderts dazu über, Ländereien außerhalb Frieslands zu kaufen. Das Selbstbewußtsein der bäuerlichen Bevölkerung in den Marschen setzte einer auswärtigen Herrschaft im Mittelalter oft ein Ende. Außerdem hatten sich die Klöster an Bedeichungen in Friesland nicht zum Allgemeinwohl oder aus höheren Motiven beteiligt, sondern um die eigenen Ländereien zu sichern. Das krisenreiche 14. Jahrhundert leitete dann auch in Friesland den Niedergang vieler Klöster ein. Zwischen 1350 und 1400 gaben Klöster ihre Handelsaktivitäten auf, schränkten ihre Eigenwirtschaft ein, verpachteten ihre Ländereien und reduzierten die Zahl ihrer Laienbrüder. Erst mit dem beginnenden 15. Jahrhundert finden sich dann wieder Zeichen der Besserung, die – wie die Geschichte von Gerkesklooster zeigt – mit Landerwerb durch Eindeichung einherging. Dennoch verdeutlicht die Betrachtung der Frieslande auch, daß Zisterziensermönche nicht nur als Pioniere der Eindeichung und Landeskultivierung gelten können. Für die anderen, meist kleineren Klöster in Friesland gilt dies in noch größerem Maße.

Wie solche kleineren Klöster im Mittelalter aussahen, vermitteln die archäologischen Ausgrabungen des Prämonstratenserinnenstiftes Barthe in Ostfriesland. Anders als Corvey und Salem war Barthe zur vergessenen Geschichte geworden. Das Kloster gehörte zu etwa 28 Gründungen verschiedener Ordensgemeinschaften in Ostfriesland. Auch hier waren die Klöster nicht nur Horte meditativer Ruhe, sondern vor allem Wirtschaftsunternehmen. Mangels historischer Überlieferung – häufiger sind Urkunden erst seit dem Spätmittelalter – läßt sich deren Geschichte oft nur anhand archäologischer Untersuchungen klären. Das urkundlich erst 1228 erwähnte Kloster Barthe dürfte zwischen 1170 und 1184 auf Altsiedelland entstanden sein. Im Umkreis des späteren Klosters ist von Siedlungen auszugehen, die seit dem frühen Mittelalter bestanden. Im Unterschied zu den überregional bedeutenden Klöstern liegen von Barthe nicht einmal Angaben zum Umfang des Besitzes im Mittelalter vor. Nach Ausweis der umfangreichen archäologischen Ausgrabungen wurde das Kloster in einem relativ ebenen Gelände in plateauartiger Position zwischen dem Rand einer Niederung und der daran anschließenden Anhöhe errichtet. Durch Plaggenwirtschaft auf den umliegenden Heideflächen wurde das Areal später mit Flugsand überdeckt.

Die hochmittelalterliche Klosterkirche bestand ebenso wie die weiteren Gebäude aus Holz. Diese waren als Schwellrahmenbauten mit zusätzlichen dachtragenden, in den Boden eingelassenen Stützpfosten errichtet. Der Holzbau wich ab der Mitte des 13. Jahrhunderts einer größeren Backsteinkirche. Vermutlich in der ehemaligen Sakristei fand sich ein Schatz mit Schmuck des 14. Jahrhunderts. Dieser wurde den beiliegenden Münzen nach vermutlich vergraben, als Kloster und Kirche 1529 geplündert wurden. Nördlich an die Kirche schlossen sich um einen etwa viereckigen, von einem Kreuzgang umsäumten Innenhof Gebäude an, die als Dormitorium (Schlafsaal), Refektorium (Speisesaal) mit Lavatorium (Waschsaal), Kapitelsaal und Sakristei gedeutet werden können. Die in Holz errichteten Gebäude wichen auch hier im späten Mittelalter Steinbauten. Östlich davon befanden sich ein Konversentrakt sowie das Wirtschaftsareal des Klosters. Im Süden und Osten der Kirche erstreckte sich der Klosterfriedhof. Die meisten Toten bestattete man in einfachen Grabgruben, nur einige Gräber wiesen eine ausgestochene Kopfnische und eine Holzabdeckung auf. Auch Klöster einer Größe wie Barthe hatten ihren Grundbesitz und waren an der wirtschaftlichen Entwicklung ihrer Region beteiligt.

Der ausgedehnte Landbesitz, über den die mittelalterlichen Klöster verfügten, führte aber auch zu Überfluß und Mißbrauch vorhandener Mittel. Obgleich die Mönche zur Mäßigkeit gerade beim Getränkekonsum angehalten waren, wurde weit mehr Bier als Wasser getrunken. Selbst die Zisterzienser hatten sich durch die Anhäufung von Gütern von den Idealen der Askese entfernt. Daher bildete sich mit den Bettelorden eine noch radikalere Richtung des Mönchtums im Mittelalter aus.

So entstand mit den Barfüßern oder Franziskanern ein Gegenbild des kirchlichen, adeligen und bürgerlichen Besitztums. Ihr Ideal war die *Imitatio Christi*, der Versuch, das Leben des Heilands nachzuvollziehen. Der reformatorische Versuch des Franz von Assisi (1182–1226), die gesamte Christenheit mit diesem urchristlichen Geist zu erfüllen, endete jedoch mit dem Eingreifen der Kurie. Mit der Gründung eines direkt dem Papst unterstellten Ordens, dessen Existenz 1223 erneut bestätigt wird, gliederte man diesen revolutionären Geist in die feste Struktur der katholischen Kirche ein. Daß der Orden arm war, störte nicht, da die Kurie mit den nach Landbesitz strebenden Klöstern und ihrem Unabhängigkeitstreben durchaus Schwierigkeiten hatte.

Als weiterer Bettelorden entstand 1216 der Dominikanerorden. Diesen band der Papst noch enger an sich und betraute ihn mit der Inquisition. Ein dunkles Kapitel der Kirchengeschichte.

Die Franziskaner hingegen erblickten das Heil der Welt eher im asketischen Leben denn in der Verfolgung Andersdenkender. Sie gründeten ihre Klöster nun da, wo das Leben pulsierte, nicht mehr abseits auf dem Lande, sondern in den Städten. 1229 kamen – nach dem Chronisten Felix Fabri – die Barfüßer (Franziskaner) nach Ulm, baten um einen Platz zum Bau eines Klosters und erhielten dafür eine geräumige Fläche neben dem Löwentor am westlichen Rand der Stadt, in unmittelbarer Nachbarschaft des späteren gotischen Münsters. Die Baugeschichte des im 19. Jahrhundert abgerissenen Klosters dokumentierten im Zuge der Umgestaltung des Münsterplatzes durchgeführte archäologische Ausgrabungen. Bereits um die Mitte des 13. Jahrhunderts dürfte eine erste Kirche fertig gewesen sein; 1283 war die Klosteranlage soweit fertiggestellt, daß ein Provinzkapitel abgehalten werden konnte. Der einfache Kirchenbau bestand aus einem rechteckigen Kirchenschiff mit Rechteckchor und kleinen romanischen Fenstern. Die westliche Quermauer des Kirchenschiffes hatte man in die staufische Stadtmauer integriert. An der südwestlichen Ecke grenzte die Kirche an das imposante Löwentor. Um 1300 wurde die Kirche erweitert, und der Chor erhielt nun eine polygonale Bauweise. An der Südseite des gotischen Langchores baute man eine Sakristei an. Nach dem Stadtbrand von 1348, der auch das Kloster ergriff, war die Kirche um ein nördliches Schiff erweitert worden. Bis Mitte des 15. Jahrhunderts erhielt die Kirche dann mit einheitlichem Dach über den beiden Schiffen, neuem Turm und größeren Maßwerkfenstern ihr bis zum Abbruch bestehendes Aussehen.

Diese schnelle Entwicklung war nicht zufällig, denn das Franziskanerkloster war beliebt bei den Bürgern der Stadt und gelangte so schnell zu Ansehen und Wohlstand – eine rein asketische Lebensweise innerhalb des urbanen Lebens ließ sich wohl nicht durchhalten. Ab dem 15. Jahrhundert jedoch verlor der Orden an Bedeutung, und nach der Reformation in Ulm 1530 mußten die Franziskaner die Stadt verlassen. Die Kirche nutzte man dennoch weiter, und die Klausurgebäude gaben gute Räumlichkeiten für die Lateinschule ab.

Mußten die Franziskaner auch ihr Kloster in Ulm aufgeben, so hatten sie – insgesamt betrachtet – doch etwas bewegt. Denn der Orden schloß sich anders als die Besitzorden nicht mehr von der Welt ab. Die Mitgliedschaft in ihrem Orden war allen möglich. Im Mittelpunkt ihrer Arbeit in den Städten stand nun wieder die Predigt. Die Entstehung der Bettelorden und ihr rapides Wachstum im 13. Jahrhundert vollzieht sich vor den Umbrüchen dieser Zeit mit ihrer Abkehr vom Land und der Hinwendung zur Stadt.

9. WO DER ADEL RESIDIERTE
PFALZEN UND BURGEN

Mit Neuschwanstein hatte sich ein bayerischer König des 19. Jahrhunderts seine eigene Vorstellung von einer mittelalterlichen Burg geschaffen. Der von Tausenden von Besuchern täglich besuchte steingewordene Traum Ludwigs II. vermittelt uns ein Bild der mittelalterlichen Burgen, wie sie nicht waren. Zu Beginn des hohen Mittelalters residierte der König nicht in einer Burg, sondern er war mit seinem Gefolge auf Reisen. Um trotzdem standesgemäß zu wohnen, dazu dienten die Pfalzen. Der Begriff der Pfalz geht auf den Namen des Hügels Palatin in Rom zurück, auf dem seit Augustus die römischen Kaiser wohnten. Seit dem 2. Jahrhundert wurde der kaiserliche Hof *palatium* genannt und diese Bezeichnung auf andere Herrschaftszentren wie Mailand, Ravenna oder Trier übertragen. Seit dem 6. Jahrhundert ist durch Gregor von Tours (540–594) die Übernahme des antiken Gebäudenamens für die Höfe der merowingischen Könige belegt. Ebenfalls seit dieser Zeit werden die öffentlichen Amtsgebäude als *palatium* bezeichnet. Auch die repräsentativen Amtssitze von Herzögen, Grafen und Bischöfen erhalten seit dem 9. Jahrhundert diese Benennung. Zur besseren Unterscheidung wird bei Königssitzen nun meist vom *palatium regium* oder *curtis* gesprochen. Im Althochdeutschen taucht der Begriff *phalanzia* auf. Diese verschiedenen Bezeichnungen führen dazu, daß nicht bei allen in historischen Texten erwähnten Pfalzen es sich wirklich um solche handelt, denn manchmal sind auch nur königliche Besitzungen gemeint. Daß sich so viele Pfalzen im Reich befanden, z.B. in Aachen, Nijmwegen, Worms, Regensburg, Ulm, Quedlinburg, Ingelheim, Gelnhausen, Goslar, Tilleda oder Paderborn, hat seinen Grund neben der politischen Zersplitterung des Reiches in Grafschaften, Herzogtümer und kirchlichen oder klösterlichen Grundbesitz auch in den einfachen Verkehrsmitteln und dem vernachlässigten Straßenbau. Die damit verbundene unzureichende Nachrichtenübermittlung machte es den fränkisch-deutschen Königen unmöglich, das ausgedehnte Reich von einem zentralen Ort aus zu regieren. Zudem waren dort, wo der König war, das Reich und das Heil. Denn dem König wurden magisch-sakrale Kräfte zugewiesen, die nur durch seine persönliche Anwesenheit wirkten. Somit war das Regieren keine sitzende, sondern eher eine reisende Tätigkeit. Der König konnte so aller Welt Glanz und Macht des Königtums vor Augen führen, Gericht halten, Reichsversammlungen einberufen und den Frieden wahren. Der Herrscher ritt nicht allein umher, sondern ihn begleitete ein großes Gefolge. Diese alle wollten ernährt sein. Der hohe Aufwand für eine repräsentative Hofhaltung erforderte ebenso entsprechende Bauten wie die abzuhaltenden würdigen Gottesdienste. Wo solche Kirchenbauten nicht bestanden, suchte der König seit dem 11. Jahrhundert vermehrt Bischofskirchen auf. Neben der königlichen Hofhaltung hatten die Pfalzen natürlich auch andere Aufgaben, wie die des Grenzschutzes.

Um König und Troß standesgemäß zu beherbergen und bewirten, benötigte jede Pfalz entsprechend viel Personal. An der Spitze stand der Pfalzgraf, der auch richterliche Funktion hatte und so zum Vermittler zwischen Bittstellern und König wurde. Danach folgte als Verwalter der Hausmeier. Ferner sind Stallverwalter, Kanzleischreiber, Rüstmeister und Schatzkämmerer belegt. Zum Hofstaat gehörten auch zahlreiche Knechte und Diener. Die Versorgung einer so großen Anlage bedurfte einer eigenen Infrastruktur. Daher umgaben die Pfalz mehrere Wirtschaftshöfe. Neben diesen Gütern waren auch die Reichsabteien zu Abgaben verpflichtet. Diese Servitien waren genau festgelegt, da die Reisen des Königs und seines Gefolges lange im voraus geplant werden mußten. Schnell kam man nicht voran, zwanzig bis dreißig Kilometer pro Tag waren die Norm.

Erreichte man dann endlich die Pfalz, fand der König vor, was er brauchte: Ein Saalbau diente für Versammlungen, ferner gab es einen Wohnbereich, die Pfalzkapelle, einen Wirtschaftshof und die Wohnhäuser für die Bediensteten. Manchmal waren zur Erbauung des Königs sogar Tiergärten an das Pfalzgelände angeschlossen. Bereits Karl der Große hatte von dem arabischen Herrscher Harun-al-Raschid einen Elefanten zum Geschenk erhalten, der längere Zeit in dem kalten Klima Aachens überlebte. Die König und Troß dienenden Gebäude und Anlagen wurden noch ergänzt durch Webhütten, Koch-, Back- und Badehäuser, Scheunen sowie Ställe für das Groß- und Kleinvieh. Das bebaute und teilweise mit Wällen oder Mauern eingefaßte Areal war entsprechend groß und umfaßte in Aachen 350 x 350 Meter, in Paderborn 260 x 270 Meter und in Tilleda 100 x 100 Meter. Die höchste Stelle nahm meist der herrschaftliche Saalbau ein. Davor erstreckte sich ein unbebauter Hof. Die Pfalz Karls des Großen in Aachen wurde über vier Jahrhunderte das Vorbild für viele spätere Kaiser. In der Aachener Pfalz war der Residenzbau durch einen gedeckten Gang mit der Pfalzkapelle verbunden. Seit staufischer Zeit wurden die ursprünglich getrennten Bereiche der Empfangshalle und der Königswohnung in einem Saalbau vereinigt.

Lagen die Pfalzen strategisch oder wirtschaftlich günstig, wuchs ihre Bedeutung. Oft entstanden aus ihnen Städte wie in Ulm, wo sich nördlich der um 854 urkundlich erwähnten Pfalz ein *suburbium*, eine Vorstadt, anschloß. In staufischer Zeit lag die Pfalz auf dem Weinhofberg südlich des Münsterhügels bereits innerhalb der ummauerten Stadt. Pfalz und Bistum waren in Konstanz ebenso miteinander verbunden wie in Paderborn. Karl der Große hatte diesen Platz im unterworfenen Sachsen zur Demonstration seiner Macht ausgewählt. Paderborn hatte sich für den Ausbau eines Zentralortes angeboten, da sich hier Fernhandelswege aus Süden und Westen trafen. Zudem umgaben den Ort zahlreiche, am Rande einer Hochebene entspringende Quellen. Der 775 oder 776 begonnene Bau der Pfalz wurde mehrfach erweitert. Archäologische Ausgrabungen vermitteln ein Bild der Entwicklung der Anlage. Um 776 entstanden zunächst im Nordwesten des höheren Areals die *aula regia* als ein 31 Meter langes und zehn Meter breites Saalgebäude sowie als zugehörige Pfalzkapelle die Salvatorkirche. Diese war zugleich Missions- und Pfarrkirche. Aufgrund der gefährdeten Lage im gerade erst befriedeten Sachsen wurde die Pfalz mit einer Holz-Erde-Befestigung geschützt. Dennoch wurde die Pfalz bei einem Aufstand der Sachsen zerstört, danach aber wieder aufgebaut. Bischof Badurad (815–862) fügte der Königspfalz einen Dom hinzu, eine Bischofskirche, welche die königliche *aula* weit überragte. Um 1000 brach in Paderborn ein großer Brand aus, der auch die Pfalz nicht verschonte. Bei den Ausgrabungen kamen rotverglühte Wände und die verschmorte Bleibedachung des Palastes unter dem Brandschutt zutage. Bischof Rethar, der von 983 bis 1009 in Paderborn seinen Sitz hatte, ließ die Gebäude der Pfalz wiedererrichten. Den Wiederaufbau Paderborns vollendete sein Nachfolger Bischof Meinwerk (1009–1036); er krönte sein Werk mit einem Bischofspalast und neuem Dom. Die provisorisch erneuerte Karolingerpfalz ließ er einebnen und durch einen Neubau ersetzen. Nachdem im 11. und 12. Jahrhundert die Pfalz noch nachweislich dreißig König- und Kaiseraufenthalte sah, ging auch diese Palastanlage in der zweiten Hälfte des 12. Jahrhunderts in einem Brand zugrunde. Mit dem Schutt füllte man das steil nach Norden hin abfallende Areal auf, um es für die Erweiterung der Bischofskirche zu nutzen. Den umfangreichen Ausgrabungen zwischen 1963 und 1973 an der Nordseite des Doms haben wir es zu verdanken, daß 1976 die Hauptgebäude der Pfalz aus ottonisch-salischer Zeit wieder aufgebaut wurden. Allerdings handelt es sich dabei um eine großzügige Rekonstruktion. In salischer Zeit haben wir uns einen großen Saalbau von 44,48 Metern Länge und 16,17 Metern Breite vorzustellen, der etwa die gleichen Ausmaße wie die ebenfalls unter Heinrich II. neu erbaute Pfalz von Goslar aufwies. In der zweiten Hälfte des 11. Jahrhunderts erhielt der Paderborner Saalbau noch ein auf einer Pfeilerreihe in der Mitte getragenes Obergeschoß.

Wie die Pfalz von Paderborn kennen wir auch die Pfalz Tilleda vor allem aus archäologischen Grabungen. Die am südlichen Harzvorland auf dem Geländesporn des Pfingstberges, eines dem Kyffhäuser vorgelagerten Buntsandsteinplateaus, liegende Pfalz wird zwischen 972 und 1194 mehrfach erwähnt. Noch heute sind die Gräben und Wälle der aus Vor- und Hauptburg bestehenden Anlage erhalten. Die Ausgrabungen in der Hauptburg deckten einen rechteckigen Bau, die *aula*, sowie die mutmaßliche Pfalzkapelle auf. In der Vorburg wiesen die Grabungen 239 Häuser unterschiedlicher Bauart und Größe nach, darunter Grubenhäuser und Pfostenbauten. Neben Wohnhäusern befanden sich hier Vorratsbauten und Werkstätten, wie für die Herstellung von Tuchen, Kämmen und Metallgerät. Auch Elfenbeinverarbeitung ist hier belegt. Die Vorburg wurde Ende des 11. Jahrhunderts vermutlich durch aufständische Sachsen zerstört. Als Reaktion darauf wurden Haupt- und Vorburg besser befestigt. Die Vorburg erhielt eine mächtige Steinmauer und eine verstärkte Toranlage. Im 13./14. Jahrhundert erlosch die Bedeutung der Pfalz; spätestens im 15. Jahrhundert endete die Besiedlungstätigkeit auf dem Gelände. Tilleda geriet in Vergessenheit.

Eindruck haben die Pfalzen sicherlich in einer Zeit gemacht, wo es kaum Steingebäude gab. Kein Wunder, daß daher die slawischen Fürsten von Oldenburg versuchten, in Holz derartige Gebäude nachzubauen. Vom Ende des 8. bis in das 10. Jahrhundert bestand im Inneren des großen Ringwalles ein herrschaftlicher Hofkomplex mit Großbauten, Speichern und Wirtschaftshäusern, was archäologisch nachweisbar ist. Im Unterschied zu der vergangenen Pracht des Oldenburger Fürstensitzes verfehlt bis heute der Saalbau der Pfalz von Goslar seine Wirkung nicht. Hinter einem weiträumigen Platz erhebt sich ein 1873 bis 1879 im Zuge der zweiten »Kaiserreichgründung« weitgehend rekonstruierter Saalbau mit einem schon in mittelalterlicher Zeit über die Traufkante des Gebäudes hochgezogenem Bogenfeld mit Spitzgiebel. Das obere Stockwerk, das zur Vorderseite von einer Bogenreihe begleitet wird, nimmt auf seiner ganzen Länge den Empfangssaal auf. Diese glänzendste, berühmteste Wohnstätte des Reiches, wie sie 1071 Lambert von Hersfeld beschrieb, war auf dem höchsten Punkt der ganzen Pfalz errichtet. In salischer Zeit konnte man den Palas sowohl durch die monumental gestaltete Mitte von vorn als auch von der Seite betreten. Die Bedeutung dieser Pfalz stieg noch, als am nahen Rammelsberg wichtige Silberfunde entdeckt wurden. Kein Wunder, daß daher Goslar zu den bevorzugtesten Pfalzen der salischen Könige gehörte. Heinrich III. hielt sich hier fünfzehnmal auf, und sein Sohn, Heinrich IV., lebte hier während dreißig Besuchen. Den größten Teil der heutigen Bauornamentik, sieht man von Ergänzungen des 19. Jahrhunderts ab, erhielt die Pfalz in staufischer Zeit.

So war es denn auch Friedrich Barbarossa, der durch die Restauration älterer Pfalzen und den Bau neuer noch einmal eine Tradition zur Geltung brachte, die mit Karl dem Großen begonnen hatte. Mit dem Enkel Barbarossas, Friedrich II. (1212–1250), erlosch die Tradition des Pfalzenbaus, wie der Bau der steinernen Burg Castel del Monte in Apulien zeigt. In dieser achteckigen, zweistöckigen Burg mit innenliegendem Lichthof und umlaufendem Arkadengang manifestierten sich kaiserliche Erhabenheit und mittelalterliche Ästhetik. Mit dem Bau steinerner Wehranlagen entwickeln sich in dieser Zeit die Burgen, die bis heute unser Bild vom Mittelalter prägen und fälschlich vereinfachend »Ritterburgen« genannt werden.

In unserer Vorstellung ist der Ritter der Inbegriff des Mittelalters. Helm, Schwert, Schild und Panzer als Symbol einer ganzen Epoche. Neben allen positiven Eigenschaften, die man mit ihm verband, der Ehre, Freigebigkeit und Treue, galt er in manchen Landschaften auch als Figur der Unterwerfung. So wurde bei der Zusammenlegung der holsteinischen Kreise Süder- und Norderdithmarschen heftig gestritten. Grund war der in dem Kreiswappen auf rotem Grund erscheinende Ritter auf dem Pferd, der drohend seinen Arm mit dem Schwert hob. Dieses 1559 – nach der Eroberung des unabhängigen, von reichen Bauernfamilien regierten Landes durch den dänischen König und den schleswig-holsteinischen Adel – eingeführte Wappen sah man als Zeichen der Unterwerfung unter den Adel an. Mittlerweile wird vermutet, daß es sich vielleicht nur um den heiligen Georg gehandelt haben könnte. Die Rüstung allein war jedoch schon Provokation genug, um den Herrn auf dem Pferd als einen adeligen Panzerreiter anzusehen.

Seit Karl dem Großen bildeten berittene Panzerreiter einen festen Bestandteil des Heeres. Im Mittelalter rekrutierten sich die berittenen Ritter, erkennbar an ihrer Bewaffnung mit Helm, Panzer und Schild, aus dem königlichen Dienstadel. Die Skulptur dieses Ritters befindet sich am Tor eines herrschaftlichen Palais in Brügge.

Und das war im Prinzip auch richtig. Denn seit es in Europa Steig-
bügel gab, seit dem 7. Jahrhundert, saß man mit seinem Panzer fest
im Sattel und konnte mit schweren Lanzen den Gegner bekämpfen.
So entstand eine völlig neue Waffengattung, die der Panzerreiter.
Sie wurden seit Karl dem Großen zu einer gefürchteten Armee. Rü-
stungen waren teuer. Wie groß der Kreis war, der sich eine solche
Ausstattung leisten konnte, läßt sich schwer abschätzen, Historiker
nehmen an, daß es etwa fünf Prozent der Bevölkerung im 12. Jahrhundert waren. Diese Herren, Ritter, Knappen, Knechte, Gesinde und
Damen, Frauen und Mägde lebten im höfischen Stil auf großen und
kleinen Burgen, was sie von den Menschen in den Dörfern und Städten unterschied. Der Adel war untrennbar verbunden mit seinem
festen Haus, seiner Burg. Die Burg diente nicht nur seinem Schutz,
sondern auch seinen Schutzbefohlenen. Außer in dem des niederen
und höheren Adels konnten sich Burgen auch im Besitz des Königs
oder von Städten befinden, manche waren auch verpfändet oder gehörten – wie die Burg Eltz – mehreren Adelsfamilien.
Die Entstehung des Burgenbaus im Abendland hat verschiedene Wur-
zeln. Einfache Ringwälle in Form von Holz-Erde-Konstruktionen
waren – anknüpfend an vorgeschichtliche Traditionen der Eisen-
und Bronzezeit – im frühen Mittelalter weit verbreitet, bei den Sachsen ebenso wie bei den Franken und Slawen. Alle diese Anlagen, ob
Höhen- oder Niederungsburgen, waren optimal an das Gelände angepaßt. Die Funktion dieser Burgen war unterschiedlich und reichte von Fluchtburgen über Wehrburgen bis hin zur Sicherung von
Verkehrsverbindungen. Im Inneren fanden sich meist kleinere Block-
bauten aus Holz. Auch die Franken errichteten Ringwälle, die sich
nur wenig von denen der Sachsen unterschieden. Im Unterschied zu
den kreisförmigen sächsischen Wehranlagen waren diese oft trapez-
förmig und besaßen Zangentore. Im Bereich des Niederrheins, später auch in anderen Regionen, vollzieht sich im 11. Jahrhundert ein
allmählicher Übergang zur Steinbauweise. So wurden in die auf dem
rechten Rheinufer gelegene Rennenburg in der Nähe von Siegburg

halbrunde oder viereckig vorspringende Türme in den Hauptwall eingebaut. Auch die Büraburg in Hessen erhielt innerhalb des Walles erste Steintürme. Vom 12. Jahrhundert an wurden dann immer mehr Burgen in Stein errichtet.

Die Verwendung von Stein für den Festungsbau ist eine römische Tradition. Nach den frühen Holz-Erde-Kastellen hatten die Römer begonnen, Kastelle ebenso wie die Städte mit steinernen Mauern besser zu schützen. Spezielle Steinbefestigungen, sogenannte *burgi*, sind ebenfalls eine römische Erfindung. Seit merowingischer Zeit wurden in den Städten römische Herrschafts- und Verteidigungsbauten wieder genutzt. So stellt die Porta Nigra in Trier noch heute den am besten erhaltenen römischen Wehrbau nördlich der Alpen dar. Neben der Verwendung neuer Baumaterialien anstelle von Holz und Erde änderten sich nun auch die Formen der Wehrbauten.

Die über Jahrhunderte errichteten Ringwälle hatten zwar oft imposante Ausmaße, ließen sich aber daher auch nur schlecht verteidigen. Die Normannen setzten daher auf einen neuen Burgentyp, der besser den wehrtechnischen Anforderungen der Zeit entsprach. So entstanden in Nordfrankreich und in England im 10. und 11. Jahrhundert Wohntürme aus Stein, Donjon genannt. In den späteren, größeren Burganlagen des Mittelalters bildeten solche Wohntürme als Bergfriede immer noch die letzte Zufluchtsmöglichkeit. Der Donjon wurde schnell zur weitverbreiteten Festungsform. Der gut erhaltene Donjon der Grafen von Flandern erhebt sich noch heute inmitten von Gent.

Mit dem Donjon ist ein weiterer Typ eng verbunden: die auf einem künstlich aufgeworfenen Erdhügel stehende und mit einem Graben umgebene Motte. Erstmals sehen wir so eine Turmhügelburg auf dem Teppich von Bayeux, der die Geschichte der Eroberung Englands durch die Normannen 1066 beschreibt. Die Bezeichnung Motte ist der französischen Forschung des 19. Jahrhunderts entlehnt, die mit dem *Château à motte* den künstlichen Hügel bezeichnete. In den Regionen des Niederrheins und des Maaslandes, später auch in Nord-

*Von Frankreich ausgehend verbreiteten sich steinerne Wohntürme,
Donjon genannt, als Sitz des Adels. Der mächtige Donjon der Grafen
von Flandern erhebt sich in der Stadt Gent. In späterer Zeit wurde der
Wohnturm mit einer Mauer umgeben.*

deutschland, also in Gebieten ohne hohe Berge, wurden Motten zur
vorherrschenden hochmittelalterlichen Burgenform überhaupt.
Nicht zuletzt aufgrund zahlreicher archäologischer Untersuchungen
im Niederrheingebiet läßt sich anhand dieses Burgentyps die Ablösung des Holz- zugunsten des Steinbaus gut verfolgen.
Die Burg Holtrop bei Bergheim im Rheinland beispielsweise entwickelte sich aus einem mit Palisaden und Graben umgebenen Wohnturm. Dieser in Fachwerktechnik errichtete Turm, der sich über eine
Brücke erreichen ließ, war zwischen 800 und 850 entstanden. Im
11./12. Jahrhundert wurde der Turm geringfügig erweitert, bevor im
12. Jahrhundert ein neuer Turm mit Steinfundament errichtet wurde. Um 1500 brannte der Wohnturm ab, und an seiner Stelle entstand
ein Wasserschloß. Nur wenig nördlich, im Erfttal bei Köln, errichteten die Grafen von Hochstaden in der zweiten Hälfte des 10. Jahrhunderts anstelle einer mit Palisaden umgebenen Siedlung eine Motte in Stabbautechnik. Der sogenannte Husterknupp wies auf einem

Hügel einen Holzturm und eine mit Palisaden geschützte Vorburg auf. Nach einer Zerstörung der Anlage 1244 entstand in der zweiten Hälfe des 13. Jahrhunderts neben der alten Motte eine Backsteinburg mit Umfassungsmauer und halbrund vorspringenden Türmen. Heute ist von der Anlage nichts mehr zu sehen; sie mußte nach der archäologischen Dokumentation den Baggerschaufeln des Braunkohletagebaus weichen.

Die Errichtung der zahlreichen Befestigungsanlagen im Niederrheingebiet hat die ältere Forschung in einen Zusammenhang gebracht mit Überfällen der Wikinger, die plündernd den Rhein hinabsegelten. Wahrscheinlicher sind jedoch andere Gründe. Die Gesellschaft vom 9. bis 10. Jahrhundert befand sich im großen Aufbruch. Dies zeigt sich neben der Rodung des Rheinischen Schiefergebirges vor allem in der Urbarmachung und Trockenlegung der Flußniederungen. Anlagen wie der Husterknupp dienten somit auch als befestigte Siedlungen bei der Erschließung der Niederungen. Der Husterknupp blieb in der Hand der den Landesausbau tragenden Adelsfamilie von Hochstaden.

Ob jemand in Holz oder Stein baute, hing nicht nur von seinem Herrschaftsanspruch ab, sondern auch von seiner wirtschaftlichen Kraft. Die Ablösung der Holzbauweise im Befestigungswesen durch den Steinbau war zudem durch die Veränderungen in der Wehrtechnik bestimmt, die mit Bogen, Armbrust und ballistischen Geräten weiter tragende Waffen hervorbrachte. Wo nicht in Stein gebaut werden konnte, mußte man sich anderer Materialien bedienen.

So begann man in den Niederlanden um die Mitte des 12. Jahrhunderts mit der Produktion von Backsteinen. Neben den Zisterziensermönchen, die in den nördlichen Provinzen Friesland und Groningen ihre Klöster aus Ziegeln errichteten, kommen als weitere Erbauer von Ziegelbauten auch die Bischöfe von Utrecht sowie die Grafen von Gelderland, Brabant und Holland in Betracht. Allerdings erreichte der Burgenbau nur bescheidene Ausmaße, wie der Erbfolgekrieg um Holland 1205 zeigt. Nur die Burg in Leiden, eine

Motte, spielte eine geringfügige Rolle. Nachdem der aus dem Krieg siegreich hervorgegangene Graf Willem I. seinen Getreuen wohl den Bau von eigenen Burgen erlaubt hatte, nahm der Befestigungsbau einen Aufschwung. So entstanden Anfang des 13. Jahrhunderts die Rundburgen Teylingen östlich von Leiden und Egmond westlich von Alkmaar in Holland. Beide Anlagen waren Wasserburgen, keine Motten mehr. In Egmond war ein quadratischer Turm in die Ringmauer einbezogen. In Teylingen befand sich eine im Durchmesser etwa 37 Meter große Rundburg, an deren Ringmauer man später auf der Innenseite einen Wohnturm errichtete. Diese kreisförmigen Anlagen lösten ab der Mitte des 13. Jahrhunderts die Wohntürme ab, wie den von Heenvliet südlich von Rotterdam. Meist waren es Rechteckanlagen mit oder ohne Donjon. Anlagen solchen Typs wurden nach der Eroberung Frieslands 1282 durch den holländischen Grafen Floris errichtet. Befestigungen, die im 14. Jahrhundert in den Niederlanden verwendet wurden, wiesen überwiegend rechteckige Grundformen mit Rundtürmen und/oder Wohntürmen auf. In dieser Zeit kam der Bau von Befestigungen schon zum Erliegen, nachdem die prosperierenden Städte den Bau adeliger Burgen in ihrer Nachbarschaft verhindern konnten.

Während sich somit im Flachland die Entwicklung von Motten zu Wasserburgen vollzog, hatten sich im Bergland aus Turmburgen teilweise mehrgliedrige Steinburgen entwickelt. Diese lagen in natürlicher Schutzlage auf Bergen. Im späten Mittelalter wiesen die meisten Burgen folgenden Bestandteile auf: einen Bergfried als Hauptturm, die Schildmauer als besonders hohe und starke Befestigungsmauer, die Ringmauer mit Torbauten, Mauertürme, Zugbrücke, Fallgitter, Brunnen, Verlies, das herrschaftliche Wohnhaus, auch Palas genannt, die Kemenate für die Frauen, Kapelle, Küchen und Nebenbauten für Gesinde, Wirtschaft und Vorratshaltung. Die meisten Anlagen waren mehrgliedrig und bestanden aus einer Haupt- und mindestens einer Vorburg. Als Annäherungshindernis dienten Gräben, vor allem der tiefe Halsgraben, der die Burg von dem übrigen Bergplateau trennte. Entsprechend der steigenden Bedürfnisse und der fortschreitenden Angriffstechnik wurden Burgen immer wieder verstärkt und umgebaut. Nach der Erfahrung aus den Kreuzzügen erhielten die Mauern Schießscharten für Armbrüste, Gußlöcher, Flankierungstürme und tiefere Gräben (Halsgräben, Zwinger). Die Mauern wurden zunächst aus Bruchsteinen in Trockenmauertechnik errichtet, seit dem 11. Jahrhundert benutze man auch Kalkmörtel. Vielfach hinterließen Steinmetze der Bauhütten ihre Namen in den Mauern.

Mit dem Übergang zum Steinbau war aufgrund der Verkleinerung im Verhältnis zu den frühgeschichtlichen Ringwallburgen auch eine Änderung der Innenraumbebauung notwendig geworden. Die Wohnbauten, wie der Palas des Burgherrn und die Kemenaten ebenso wie die Burgkapelle, wurden meist in die Ringmauer einbezogen und befanden sich nicht mehr inmitten der Wehranlage. Zwischen den Bauten lag ein freier Innenhof. Dieser war allerdings zu klein, um in ihm Turniere abzuhalten. Runde oder eckige Türme mit davorliegenden Gräben sicherten meist seit der zweiten Hälfte des 11. Jahrhunderts die Mauer. Sie besaßen meist Fundamentstärken zwischen zwei und vier Meter und Durchmesser zwischen zehn und vierzehn Meter. Viele hatten klangvolle Namen, wie etwa der »Dicke Heinrich« in der Burg von Querfurt. Neben ihrer Funktion als Wehrbauten kamen den Türmen auch Wohn- oder Lagerungsfunktionen zu. Die Verstärkung der Mauertürme zu Batterietürmen war eine Folge der größeren Bedeutung der Pulvergeschütze. Meistens rückte nun auch der Bergfried von seiner Lage aus der Mitte des Berings auf die Angriffsseite der Mauer; oft wichen eckige Türme runden Formen, an denen Geschosse besser abprallen konnten. Im späten Mittelalter wies häufig die Schmalseite rechteckiger Türme in Richtung der Hauptangriffsseite. Nachdem um die Mitte des 15. Jahrhunderts durch die besseren Feuergeschütze die Verteidigung aus der Höhe ihren Wert verloren hatte, brauchte man solche Türme nicht mehr. Wichtiger wurden mehr und mehr starke Mauern.

Da die der Topographie angepaßten Burgen aufgrund ihres Wehr-charakters immer wieder überbaut wurden, ist es oft schwierig, die Bauhistorie nachzuvollziehen. Die Burg Weißenstein bei Marburg in Hessen etwa bestand nach Ausweis archäologischer Untersu-chungen im 8./9. Jahrhundert nur aus einem kleinen, viereckigen Steingebäude. Im 10./11. Jahrhundert wurde ein Wohnturm mit einer Schutzmauer erbaut. Da die Turmburgen zu wenig Platz und Kom-fort für eine dauerhafte Nutzung boten, wurden später oft weitere Wohnbauten hinzugefügt, so daß komplexere Burganlagen entstan-den. Auf dem Weißenstein wurde daher im 11. Jahrhundert ein zwei-räumiges Wohngebäude an- und der Turm selbst zu einem fünfecki-gen Bergfried ausgebaut. Fünfeckige Türme gab es mit einem zeitlichen Schwerpunkt im 12. Jahrhundert in vielen Burgen des Rei-ches, wie vor allem am Mittelrhein, aber auch im Elsaß, in der Pfalz, in Tirol, im Trentino und in Ober- und Niederösterreich. Die Spitze des fünfeckigen Turmes wurde der Hauptangriffsseite gegenüber errichtet, damit Wurfgeschosse abprallen sollten. Neben dem Berg-fried schützte die Burg Weißenstein eine polygonale Umfassungs-mauer, deren seitlich versetztes Tor im Osten lag. Polygonale Ring-mauern waren im Mittelalter vielfach verbreitet, ebenso ovale und rechteckige. Ihre Form richtete sich meist nach der Topographie und war auch auf dem Weißenstein durch das unregelmäßige Plateau vorgegeben. Der Sicherung der gefährdeten Seiten im Westen und Norden diente ein komplexes Wall- und Grabensystem. Dennoch er-wiesen sich die Befestigungen als zu schwach, wie die Zerstörung der Burg zeigt. Archäologische Funde aus den Brandschichten datie-ren das Ende der Burg etwa um 1100.

Lassen sich auf dem Weißenstein auch die Burgphasen archäologisch und bauhistorisch gut erschließen, bleibt deren historische Überlie-ferung dunkel. Immerhin nimmt die Burg innerhalb der Kultur-landschaft des Marburger Raumes eine auffallend exponierte Lage ein. Ganz am Rande des Marburger Rückens gelegen, erhebt sich der Burgberg etwa siebzig Meter über der Talaue der mäandrierenden

Lahn. Im Unterschied zu den anderen kleinen Höhenburgen im weiteren Umland, die Mittelpunkte kleinerer Siedlungskammern bilden, zeichnet sich der Weißenstein durch seine relative Siedlungsferne aus. Der nächste Ort, das erst 1232 erwähnte Wehrda, liegt etwa anderthalb Kilometer entfernt. Ob das Dorf schon während der Burgzeit bestanden hat, ist unklar. Andererseits aber müßte die Burg zur Versorgung einen Wirtschaftshof besessen haben. Der Weißenstein dürfte jedoch nicht so sehr als Mittelpunkt einer Siedlungslandschaft gedient haben, sondern vielmehr zur Überwachung der sogenannten Weinstraße, eine der bedeutenden Fernverbindungen im althessischen Raum. Diese hatte schon im Frühmittelalter das Rhein-Main-Gebiet mit Westfalen und Norddeutschland verbunden. In ihrem Verlauf über die Höhen des Marburger Rückens führte diese Wagenstraße bis 800 Meter an den Burgberg heran, um dann auf dem kürzesten Weg nach Norden über die Furten der Lahn den Burgwald zu erreichen. Bereits während der Sachsenkriege Karls des Großen hatte diese Verkehrsverbindung ihre strategische Bedeutung. Demnach kann mit einer Verfügungsgewalt des Königtums über den Weißenstein gerechnet werden, der zur Sicherung des wichtigen Streckenabschnittes dieses Verkehrswegs nahe der Lahnfurt bei Goßfelden angelegt wurde. Zudem läßt sich im Umkreis der Burg punktuell Königsgut nachweisen.

Unter dem salischen Herrscher Heinrich IV. nahm der Burgenbau einen erheblichen Aufschwung, in einer Zeit, in der auch der Landesausbau immer weitere Siedlungsgebiete erschloß. Die Gründung der Wartburg etwa um 1070 fällt in diese Epoche. Fragen der Repräsentation waren beim salischen Burgenbau zunächst noch von untergeordneter Bedeutung, wie die anfangs schlichte Ausführung der runden und eckigen Türme, der festen Häuser und Kapellen vermuten läßt. Der Steinbau als solcher demonstrierte hinlänglich Macht und Einfluß. Im Zentrum stand der herrschaftliche Anspruch, und dieser mußte zunächst durchgesetzt werden. So boten die Burgen kaum mehr Platz als für den Burgherrn und ein kleines Gefolge. Die Bauern des Umlandes hätten nicht mehr in die Burg fliehen können. Die Funktionen der Burgen waren unterschiedlich, manche bildeten militärische Stützpunkte, andere dienten der Überwachung von Straßen, Flüssen und Pässen.

Die Errichtung dreier durch Gräben voneinander getrennter Burgen auf dem Kyffhäuser etwa geschah zur Sicherung und Verwaltung des umfangreichen salischen Hausgutes im Südharz. Auf einem 800 Meter langen östlichen Ausläufer des Kyffhäuser-Gebirges, etwa 200 Meter über der Goldenen Aue, liegt im Westen die Oberburg, dann folgen weiter östlich die Mittelburg und die Unterburg. Während die Mittelburg durch einen Steinbruch weitgehend zerstört ist, sind von den beiden anderen Anlagen noch eindrucksvolle Reste erhalten. Überragt werden die drei Burgen durch das wilhelminische Kyffhäuser-Denkmal, von dem aus man einen weiten Blick über das Harzvorland hat. Unter- und Oberburg sichern jeweils an den Enden der langgestreckten Bergkuppe hintereinander gestaffelte, durch Wälle getrennte Gräben. Bauhistorische Untersuchungen und archäologische Grabungen zeigten, daß die drei Burgen nicht zur gleichen Zeit entstanden sind. Vermutlich im späten 10. oder in der ersten Hälfte des 11. Jahrhunderts wurde die Oberburg errichtet. Sie besteht aus einer eigentlichen Hauptburg im Westen mit viereckigem Bergfried und einer größeren, durch eine Graben davon getrennten Vorburg. Die Unterburg, ausgestattet mit einem runden Bergfried, ist jünger, hat aber sicher schon vor den Auseinandersetzungen Kaiser Heinrichs V. mit dem sächsischen Herzog Lothar von Supplinburg 1118 bestanden. Ein mächtiger, in den archäologischen Ausgrabungen freigelegter Brandhorizont läßt sich wohl mit dieser Fehde in einen Zusammenhang bringen. In dieser Zeit werden die Kyffhäuser-Burgen im übrigen erstmals historisch erwähnt. Der Höhepunkt der drei Burgen fällt in das 12. und 13. Jahrhundert, wobei in dieser Zeit der Oberburg offenbar die Funktion als Hauptburg zukam. Dies bestätigen die herausragenden Funde, wie etwa kunstvolle Metallgegenstände. Allerdings sind in ihr keine Herrscherbesuche bezeugt, wohl aber die von

Reichsministerialen. Dies mögen auch die unterhalb der Burgen liegende Pfalz Tilleda verwaltet haben.

Mit den reich gegliederten Fassaden der Palasbauten und der Kapellen erreichte der Burgenbau in der Zeit der Staufer seit dem 12. Jahrhundert seinen Höhepunkt. Neben dem Palas als herrschaftlichem Wohnhaus waren Bergfried und mächtige Ring- oder Schildmauer charakteristische Bestandteile der Burgen dieser Zeit. Ältere Anlagen wurden oft repräsentativer ausgebaut. Ab dem späten 12. Jahrhundert erhalten die Mauern die typischen behauenen Buckelquader. Mit Friedrich Barbarossa werden viele Anlagen verbunden, die zum großen Teil zur Absicherung der Königsherrschaft in Schwaben, im Elsaß, in der Rheinpfalz, am Main, an Eger und Pegnitz erbaut wurden. Die Burg Hohenstaufen selbst entstand um 1070 auf einem einzelnen Berg am Rande der nordwestlichen Schwäbischen Alb. Diese Anlage dürfte, wie ein Stich von 1534 verbürgt, eine umfassende Ringmauer und Türme besessen haben. Zwar hatten 1524 aufständische Bauern die Burg erobert und durch einen Brand teilweise zerstört, Ringmauer und Türme überdauerten den Angriff jedoch.

Traten neben dem Königtum bis in das 12. Jahrhundert vor allem Herzöge und Grafen als Burgherrn auf, begann nun auch der niedere Adel mit dem Bau eigener Burgen. Neben den edelfreien Geschlechtern waren dies vor allem die Ministerialen als eigentlich unfreie Gefolgsleute des Adels. Waren sie als Burgmannen eingesetzt und mit herrschaftlichen Verwaltungsaufgaben betraut, ermöglichte ihnen dies eine Ausdehnung ihrer eigenen Macht. Im 12. und 13. Jahrhundert verwischten sich die geburtsständischen Unterschiede, die alten edelfreien Familien und die Ministerialen schmolzen zu einem niederadeligen Stand zusammen. Eine eindrucksvolle Burg, die sich in der Hand staufischer Ministerialen befand, ist der Hohenrechberg auf einem steilen Bergsporn am Rand der Schwäbischen Alb. Die hochgebauten Mauern mit ihren Buckelquadern lassen noch ihre machtpolitische Ausstrahlung erahnen. Auf den Bau von Türmen konnte aufgrund der starken Mauern verzichtet werden. Der Hohenrechberg gehört zu etwa 280 Burgen zwischen Neckar und Schwäbischer Alb. Davon sind allerdings nur noch rund dreißig erkennbar.

Von den Burgherren gingen im hohen Mittelalter entscheidende Impulse zur Erschließung der Schwäbischen Alb aus. Viele dieser Burgen sind mit dem Wirken der staufischen Könige und Kaiser zu verbinden. Der Burgenbau konzentrierte sich vor allem am Albtrauf, im Raum Göppingen und Kirchheim, und verdichtete sich in den Tälern der Lauter, der Lauchert und der oberen Donau. Dabei lagen besonders viele Burgen auf der Ostalb, weniger auf der Westalb und im Bereich zwischen Ulm und Ehingen. Entsprechend ihrer hohen Anzahl und ihrer guten Anpassung an die Topographie gleicht keine Burg der anderen. Gemeinsam ist den Burgen jedoch oft eine umfassende Ringmauer und ein Bergfried als letzte Zufluchtsmöglichkeit. Dort, wo dieser fehlte, schützte wie bei der Burg Derneck im Lautertal eine besonders hohe und breite Schildmauer das Innere der Burg. Den Zugang zur Burg Hohenwittlingen in der Nähe von Urach etwa verbarg eine 21,5 Meter hohe und 3,5 Meter dicke Schildmauer.

Viele Burgen befanden sich auch im mittleren Maingebiet. Die fruchtbaren Gebiete zwischen Spessart und Odenwald, Rhön, Hassbergen und Steigerwald waren seit der Eingliederung in das fränkische Reich zu Königsland geworden. Als Vertreter des Königs verwalteten in den einzelnen Territorien zunächst Grafen das Land, dann bald nach 1000 der Bischof von Würzburg. Er tat dies im Auftrag der Salier, die seit dem frühen 11. Jahrhundert die Königsherrschaft in Deutschland ausübten. Mit dem Tode Heinrichs III. im Jahr 1056 und der anschließenden Vakanz des Königthrons entspann sich eine lang andauernde Auseinandersetzung zwischen Königtum und Adel. Im main-fränkischen Gebiet konnte der Adel auch deshalb seine Position ausbauen, weil das Königtum infolge des Investiturstreits mit dem Papst immer mehr an Macht verlor. Ungeachtet der königlichen Befestigungshoheit, verkörpert durch Pfalzen und Königshöfe, begannen Adel und Ministerialen auch in Mainfranken seit der Mitte des 12. Jahrhunderts nun zunehmend eigene Burgen zu errichten. Vor allem im Maintal und an den Rändern der Mittelgebirge entstand eine ganze Reihe neuer Befestigungen. Oft waren sie auf einem Felssporn oberhalb des Mains als sogenannte »Zungenburgen« errichtet. Den Zugang sicherten Wälle und Gräben, als weitere Bauelemente kommen Bergfried, Burgtor und Wohngebäude vor. Den bergseitigen Zugang zum Felssporn sicherte ein besonders tiefer Halsgraben. Oft liegen im Umkreis Wirtschaftshöfe. Wie notwendig diese Befestigungen waren, zeigen die zahlreichen Auseinandersetzungen um sie.

So bestanden enge Kontakte zwischen dem staufischen Kaiser Friedrich Barbarossa (1152–1190) und den Würzburger Bischöfen. Im Jahre 1168 bestätigte der Kaiser anläßlich eines Reichstages in Würzburg die herzoglichen Rechte des Bischofs im ganzen Bistum und Herzogtum Würzburg. Barbarossa war in seiner Unterstützung für den Bischof noch weiter gegangen, indem er kurzerhand die adeligen Burgen Bramberg bei Haßfurt und Frankenberg unter dem Vorwand hatte zerstören lassen, daß von hier aus der Landfriede gestört würde. Der Sachsenspiegel dokumentiert in Bildern eine solche Verurteilung und den Abbruch einer Burg, von der aus der Landfriede gebrochen worden war. Ihr Wiederaufbau setzte eine richterliche Erlaubnis voraus. Gleichzeitig benutzte der Kaiser aber auch Ministerialen, um Einfluß auf den Bischof zu nehmen. In dieser von Spannungen zwischen Kaiser, Kirche und Adel gekennzeichneten Zeit konnte sich Schlimmes ereignen, wie die Geschichte des Bischofs Conrad von Würzburg überliefert.

Dieser traf nach einer Reise am Abend des 3. Dezember 1202 vor seiner Wohnung am Marmelsteiner Hof wohl überraschend auf seine Dienstmannen Bodo von Ravensburg und Heinrich von Falkenberg, die von ihren Knechten begleitet waren. Der Bischof mag sich in diesem Augenblick an den Konflikt mit den Ravensburgern erinnert haben, die den Ausbau der bischöflichen Territorialpolitik auf ihre Kosten nicht hinnehmen wollten. Auch war ihm klar, daß seine beiden Dienstmannen zur staufischen Partei gehörten, während er selber vom König abgefallen war und für die gegnerischen Welfen optiert hatte. Aber an mehr hätte er auch nicht denken können, denn mit dem Ruf »Ravensburg« wurde er von seinen eigenen Dienstmannen und deren Knechten ermordet. Dies sollte nicht ungesühnt bleiben, wie Lorenz Fries (1489–1550), fürstbischöflicher Rat und Schreiber, in der Würzburger Bischofschronik 300 Jahre später berichtet: *Und ist als Bischof Conrad von obgemelten, seinen aigen vetteren und iren knechten entleibt worden, darumb auch das hofgesind und burgere zu Wirtsburg mit werender hand für das schloss Rabensburg getzogen, das mit gewalt genommen, geplundert und in grunt zerissen und verderbt. Dergleichen haben si dem schlos Neuenburge gnant, nit fer von Trieffenstain gelegen, welchs dem von Rabensburg zugestanden, und dan dem sitze Falckenberg, dem obgenannten Hainrichen Hunden zustendig, auch gethan.* Nach dieser Quelle werden somit die Burgen Ravensburg, Falkenberg und Neuenburg zerstört. Nur die ersten beiden befanden sich im Besitz der Ravensburger. Sie waren als Ministerialen im übrigen nicht mit dem Bischof verwandt. Historische Forschungen und archäologische Grabungen gestatten eine Rekonstruktion beider Burgen.

Die Ravensburg war auf einem Felssporn hoch über dem Main in der Nähe von Würzburg errichtet worden. Sie nahm in ihrer trapezförmigen Ausdehnung den gesamten Felssporn ein. Den Zugang der Burg nach Norden sicherte ein tiefer Halsgraben. Daran schloß sich eine mit Palisade und Graben umgebene Vorburg mit den Wirtschaftshöfen an. Schritt man über die Zugbrücke in das Innere der Hauptburg, stand man in einem von einer Ringmauer umgebenen Innenhof. Die ursprüngliche Ausdehnung dieser Umfassungsmauer betrug an der Nord-, West- und Ostseite etwa vierzig Meter Länge, an der Südseite etwa dreißig Meter. In der Mitte erhob sich ein weithin sichtbarer runder Bergfried, der auch das Burgverlies barg; daneben lag der Palas als Wohngebäude des Burgherren. Eine Innenmauer, flankiert von zwei Ecktürmen, trennte diesen Bereich von dem Wirtschaftsteil und den Stallungen der Burg. Hier fanden sich mehrere unterkellerte Gebäude. Die Bauten waren in Kalkstein ausgeführt, nur die Fenster und Türöffnungen verzierte roter Sandstein. Eine Urkunde des Jahres 1178 nennt erstmals den Besitzer der Burg, Heinrich von Ravensburg. Neben der Burg besaßen die Ravensburger auch einen Stadthof in Würzburg. Auf der anderen Mainseite, auf einem vorgelagerten Bergsporn mit Sicht zum Würzburger Marienberg, entstand eine ähnliche Burg. Diese gehörte den Herren von Falkenberg, Lehnsleuten der Herren von Ravensburg, die ihrerseits Ministerialen des Bischofs von Würzburg und des staufischen Kaisers waren. Beide Burgen beherrschten bis zu ihrer Zerstörung das Maintal nördlich von Würzburg und kontrollierten den Verkehr zu Lande und zu Wasser. Heute sind von beiden Wehranlagen nur noch Überreste erhalten. Als in der Ruine der Ravensburg 1838 ein Weinberg angelegt wurde, kam ein Gewölbekeller zutage. Ziegelbrocken, Reste der Fensterbegrenzungen aus rotem Sandstein und verkohlte Balkenreste geben Hinweise auf einen Brand der Burg – die Befestigung hatte der Vergeltung für den Meuchelmord nicht standhalten können.

Eine weitere archäologisch dokumentierte Burg ist die Arnsburg südöstlich von Gießen in der Wetterau. Diese gehörte den einflußreichern Arnsburger Ministerialen, die sich Ende des 11. Jahrhunderts durch Heirat mit der Familie von Hagen verbanden, die Vögte des königlichen Reichsforstes waren. Vor dem Bau der mittelalterlichen Burganlage bestand hier bereits eine Befestigung des 10. Jahrhunderts. Der eigentliche Bau des hochmittelalterlichen Wehrbaus beginnt um 1000 mit der Errichtung eines großen Wohnturms aus Stein und einer eng an den Turm anschließenden Wehrmauer. Ebenfalls entstand eine Kapelle und an Stelle des späteren Palas ein großes Gebäude mit in den Boden eingegrabenen Pfosten. Um die Mitte des 11. Jahrhunderts wurde die Anlage weiter befestigt und ausgebaut. Die Vorburg faßte nun ebenfalls eine Mauer ein. Die alte Kapelle wich einer Saalkirche mit Rechteckchor. Um 1130 erfuhr auch die Schildmauer der Burg eine weitere Verstärkung, eine Maßnahme gegen die Steingeschosse. Den größtenteils hölzernen Palas ersetzte jetzt ein repräsentativer Steinbau, und den östlichen Burginnenraum überragte ein runder Bergfried. Schon kurz danach verlor die Burg ihre Bedeutung, Zisterzienser Mönche nutzten nun das chemalige Burgareal.

Das Leben auf den kleineren, abgelegenen Burgen war auch in Friedenszeiten nicht angenehm, kein Wunder also, daß die Adelsfamilie der Ravensburger noch einen komfortableren Stadthof in Würzburg besaß. Entgegen der Verklärung in der Epik boten die steinernen Wehranlagen nur wenig Behaglichkeit. Kälte, Schmutz und Einsamkeit waren eher an der Tagesordnung als höfische Feste, die mit Spielleuten, Sänger und Turnieren meist nur auf größeren Burgen stattfanden. So hörte der Ritter Ulrich von Hutten im Jahre 1520 auf seiner Burg »die Wölfe heulen«. Dennoch bildeten Burgen, als oft weithin sichtbare, beherrschende Bauwerke, wichtige Prestigeobjekte, denn die adeligen Herren verstanden sich als ritterliche Träger einer christlich legitimierten Herrschaftsordnung. Sowohl himmlischen Schutz als auch kirchliche Betreuung bot die auf keiner Burg fehlende Kapelle. Sie war ferner Mittelpunkt eines Systems, das mit den Naturalabgaben und Frondiensten abhängiger Bauern das Leben an so entrückter Stelle erst ermöglichte. Manche der Burgen besitzenden Hochadelsgeschlechter, wie die Staufer, Welfen und Zähringer, erreichten die Königswürde oder zumindest eine königähnliche Stellung.

Nicht jede Burg überdauerte jedoch das Mittelalter. Die erneuerte Turmburg der Grafen von Achalm auf einer Bergkuppe oberhalb der Stadt Reutlingen versinnbildlicht den Wandel. Für die Anfänge der Reichstadt waren die Güter dieser Grafen an der Echazfurt zwar von Bedeutung, aber vielerorts ging die wirtschaftliche und machtpolitische Bedeutung der Burgen auf die Städte über.

Inmitten des dörflichen Umlandes lag die Stadt mit ihrer eigenen Kultur. Das städtische Leben wäre ohne die Güter des täglichen Bedarfs nicht denkbar gewesen. Im Mittelalter entwickelten sich Kleinstädte und große urbane Zentren, die allesamt auf die Versorgung durch das Land angewiesen waren. Im Rahmen von Abgaben, dem Zehnten, mußten die Bauern oft Naturalien an die Städte liefern. Die Nahrungsmittel wurden in der Stadt in Zehntscheuern, Getreidespeichern oder Fruchtkästen gelagert, wie sie seit dem 14. Jahrhundert in vielen mitteleuropäischen Städten entstanden. Städtische Mühlen verarbeiteten das Getreide weiter. Untersuchungen von Pflanzenresten aus den Siedlungs- und Abfallschichten zeigen, welche Getreidearten verwendet wurden. Für das frühe und hohe Mittelalter sind meist nur Wintergetreidearten wie Roggen und Dinkel und Sommergetreidearten wie Hafer, Gerste und Hirse nachweisbar. Diese Kombination zeigt, daß auf dem Lande Winter- und Sommerkorn im Wechsel angebaut wurde. Aber die Zahl der angebauten Getreidearten blieb zunächst gering. Dinkel und Hirse überwogen im mittelalterlichen Konstanz, Roggen und Gerste in Leipzig. Eine solche Wirtschaft war krisenanfällig und konnte die Versorgung der Städte mit Nahrungsmitteln beeinträchtigen. Doch es gelang, im Laufe des Mittelalters mehr Getreidearten als jemals zuvor anzubauen. Als Wintergetreidearten kamen Weizen und Roggen, als Sommergetreide Weizen hinzu.

Im Mittelalter gab es noch kein mitteleuropäisches Getreidehandelsnetz, sondern jede Stadt bezog das Getreide aus ihrem Umland. Das wird daran deutlich, daß der im Südwesten Mitteleuropas häufige Dinkel im Norden und Osten nahezu unbekannt blieb. In einigen Gebieten wurde mehr Kolbenhirse, in anderen mehr Rispenhirse angebaut. Auch Hafer und Emmer gehörten nicht überall zu den wichtigen Pflanzen für die Ernährung. Erst allmählich erweiterten sich die Nahrungsareale. Heidelbeeren etwa, die in Wäldern und Heiden im größerer Entfernung zu den Städten wuchsen, kamen ebenso wie andere Wildfrüchte zunehmend erst im späten Mittelalter in die Stadt. Dies zeigen entsprechende archäobotanische Untersuchungen in Konstanz und Leipzig. Als man aus dem noch überwiegend von Slawen bewohnten Osten den Anbau von Gurken, Hanf und Buchweizen übernahm, erweiterte sich für die Städte das Nahrungsangebot. In ihrer Nähe entstanden zudem Gärten, in denen Obst und – dort, wo es möglich war – Hopfen und Wein angebaut wurden. Diese Gärten standen meist in Verbindung mit dem städtischen Gewerbe, wie den Brauereien und Keltereien. Noch abwechslungsreicher wurde die Ernährung durch den Import von Früchten und Gewürzen, wie Ingwer, Kardamom und Gewürznelken, aus dem Süden. Diese waren ein wichtiger Bestandteil des mittelalterlichen Fernhandels. So finden sich etwa Feigenkerne in den Schichten des 14. Jahrhunderts in Konstanz. Zu dieser Zeit gab es bereits ein Kaufhaus in der Stadt. Mit Feigen süßte man die Lebensmittel, mit Salz konservierte man sie. Als weitere Importe gelangten Datteln, in Salzlaken transportierte Pfirsiche und Granatäpfel in den Norden. Dagegen blieben fernöstliche Gewürze wie Pfeffer und Muskatnuß ein erlesener Luxus, sie gelangten kaum nach Mitteleuropa. Kein Wunder, daß historische Quellen daher von »Gewürzschmierern« berichten, die diese teuren Gewürze zu fälschen versuchten. Flogen sie auf, waren die Strafen drakonisch. Auch Kork erreichte die Städte, ebenso Scheinfrüchte der Hiobsträne, eines Grases aus dem Mittelmeergebiet. Daraus stellte man in Konstanz Rosenkränze her.

All diese Waren wurden auf den Märkten der Städte feilgeboten. Die enge Verflechtung von zentralem Markt, Gewerbe und Fernhandel war kennzeichnend für die mittelalterliche Stadt. Die Städte entwickelten sich als Zentren des Fern- und Nahhandels mit ihrer Kultur, ihren Kirchen, dem Zugang zu Nachrichten und der Sicherheit in ihren Mauern zu einem Kristallisationspunkt des Lebens überhaupt und damit zu sehr attraktiven Wohnorten. Innerhalb des Mauerringes lebten die Menschen anders als auf dem Land bald in weit größerer, drangvoller Enge zusammen. Ohne Bevölkerungswachstum und eine Steigerung der Agrarproduktion hätte das Mittelalter aber kaum das Aufblühen so vieler Städte erlebt.

Die Entwicklung von Städten ist seit jeher ein wesentliches Kennzeichen der Hochkulturen gewesen. In Griechenland fand erstmals eine Demokratisierung der Gesellschaft in den Städten und damit die Bildung erster bürgerlicher Schichten statt. Auch im Römischen Reich hatte es Städte gegeben, und so entstanden solche das erste Mal auch auf deutschem Boden, vor allem an Rhein und Mosel. Daß sie die Wirren der Völkerwanderungszeit überlebten, war den Bischöfen zu verdanken. Die Kirche bewahrte damit die christliche Kultur. Im Laufe der Zeit wurden im Umfeld der Bischofskirche neue Kirchen errichtet. Städte wie Köln, Trier und Mainz bildeten Zentren einer Sakrallandschaft. Allerdings dauerte dieser Prozeß längere Zeit. Die seit der zweiten Hälfte des 5. und der ersten Hälfte des 6. Jahrhunderts Land nehmenden Franken siedelten vor allem im Umland der ehemaligen römischen Städte. Diese selbst blieben Aufenthaltsorte der romanischen Bevölkerung, die allmählich mit der fränkischen verschmolz.

Archäologische Funde in Köln belegen die Fortdauer des städtischen Lebens und damit wohl auch der organisatorischen und rechtlichen Strukturen. Das in der Spätantike sich entwickelnde System von Grabkirchen blieb erhalten und wurde in der Merowingerzeit weiter ausgebaut. Die merowingischen Kleinkönige residierten nun standesgemäß im römischen Praetorium, in der *aula regia*. Neben dem entstehenden Dom wurde St. Gereon als Hauskirche der Könige zur wichtigsten Kirche der Stadt. Ein Erdbeben Ende des 8. Jahrhunderts, bei dem auch das Praetorium zerstört wurde, unterbrach dann vorübergehend diese Entwicklung. Auch den Rhein hinabsegelnde Normannen, die Köln 881 zerstörten, konnten die Entwicklung der Stadt nicht dauerhaft aufhalten. Dies belegt in eindrucksvoller Weise der Dombezirk. Die Grundsteinlegung des karolingischen Doms führte zu einer Neuorientierung des mittelalterlichen Stadtzentrums der noch von römischen Mauern geschützten Stadt. Möglicherweise sollte hier nach Aachener Vorbild eine weitläufige Pfalz entstehen. Zumindest lassen sich im 10. und 11. Jahrhundert im Schatten der Bischofskirche drei Bezirke voneinander unterscheiden: im Westen das Hohe Domstift, im Süden die Kaiserpfalz und im Südosten der Bischofssitz. Die Bauten der weltlichen Herrscher wurden 965 *palatium* (Pfalz), 1061 unter Heinrich III. *palatium imperiale* (Kaiserpfalz) und 1075 *curtis regia* (Königshof) genannt.

Kaiserliche und erzbischöfliche Macht standen sich in Köln direkt gegenüber! Da konnte nur für einen Platz sein. Und das war nicht der Kaiser, denn mit dem Rückzug des Königtums verlor die Pfalz seit der zweiten Hälfte des 12. Jahrhunderts immer mehr an Bedeutung. Den Dombezirk teilten sich nun der Erzbischof, die Chorherren des Hohen Stifts und die des im Osten des Doms errichteten Stifts St. Maria. Niemand anderer als Erzbischof Rainald von Dassel, Kanzler Friedrich Barbarossas, legte dann nach 1159 an der Südseite außerhalb des bisherigen Areals den Grundstein für einen neuen Bischofspalast. Dieser Bau gehört zu den bedeutendsten Beispielen profaner Architektur der Stauferzeit. Die Maße waren beeindruckend: Die Länge von achtzig Metern hebt den Palast aus dem mittelalterlichen Stadtbild heraus. Eine machtvolle Demonstration der Tatsache, wer Stadtherr in Köln war. Aber da der Mensch nicht für die Ewigkeit baut und Macht vergänglich ist, wurde dieser Bau nach teilweisem Einsturz 1674 abgebrochen.

Von seinem Palast aus konnten Rainald von Dassel und seine Nachfolger die Bauarbeiten am Dom beobachten. Bereits um die Mitte des 4. Jahrhunderts war an Stelle des späteren gotischen Doms ein erster Kirchenbau entstanden, der den Bedürfnissen entsprechend mehrfach umgebaut und erweitert wurde. Wohl auf Initiative des 819 verstorbenen Erzbischofs Hildebold wich die alte Kirche einem Neubau, der 870 seine Weihe erhielt. Dieser karolingische Dom, eine fast einhundert Meter lange Basilika, hatte in der europäischen Kirchenlandschaft nicht seinesgleichen. Dennoch sollten die Baumaßnahmen der Bischöfe weitergehen. So begannen im April 1248 die Abbrucharbeiten für den gotischen Dom. Diese Maßnahmen standen unter keinem guten Vorzeichen, denn ein Brand vernichtete große Teile des alten Doms. Dessen Ostteil wurde daraufhin aufgegeben und niedergelegt. Der Westteil hingegen wurde wieder aufgebaut und blieb bis 1322 Bischofskirche. Die Weihe des bis zur Vierung fertiggestellten Domchores erfolgte noch am 27. September des gleichen Jahres. Die Bauarbeiten gingen nun mit der Errichtung der Seitenschiffe weiter. Auch der Südturm, der schon um 1300 begonnen worden war, erreichte um 1440 eine Höhe von 55 Metern. Doch mit dem Ausgang des Mittelalters endeten auch die Bauarbeiten am Dom, die restlichen Arbeiten stellte man 1560 ganz ein. Es blieb der Neuzeit vorbehalten, den Dom 1880 zu vollenden.

Parallel zum Ausbau der Kirchen in Köln vollzog sich seit dem 10. Jahrhundert auch die Umstrukturierung und Erweiterung der Stadt. Im Norden, Westen und Süden wuchs Köln zwischen 1106 und 1108 erstmals über die römischen Mauern hinaus, nachdem bereits im 11. Jahrhundert mit dem Neumarkt ein Markt außerhalb der Stadt entstanden war. Den Ruinenplatz des Praetoriums nahmen im 11. Jahrhundert unter dem Schutz des Erzbischofs Juden in Besitz und bauten ihn zu ihrem fest umschlossenen Viertel aus. Die große Stadtmauer von 1180 umgab dann die bis in das späte Mittelalter in ihrer räumlichen Ausdehnung unveränderte Stadt. Hatten den Markt der Merowingerzeit noch Holzbuden geprägt, so entstanden seit dem 10. Jahrhundert mit Kies gepflasterte Freiflächen mit basarartigen Vierteln. Die großen Märkte wie der Altermarkt und der Heumarkt in Köln mit ihren umliegenden festen Häusern sind erst Erscheinungen des 14. Jahrhunderts.

Wie in Köln wurden auch in Magdeburg, Bremen oder Hildesheim die Bischöfe zu wichtigen Initiatoren der Stadtgründung. Bischofssitze und die Kirchen in den Städten mußten mit Gütern aller Art versorgt werden. Die Bischöfe wollten standesgemäß residieren und umgaben sich daher mit einem Hofstaat. Gottesdienstbesucher, Pilger, Bauern und fahrende Händler, die in die Stadt kamen, belebten Handel und Gewerbe. Die Bischöfe besaßen in aller Regel auch die volle Verfügungsgewalt über ihre Städte, sie waren Gerichtsherren, erhoben Steuern und Zölle.

Neben den Bischöfen hatte auch der Adel den Wert der Städte erkannt. Bereits die Merowinger hatten Städte wie Paris als Zentren ihrer Macht ausgebaut. Wenn auch mit den Karolingern sich der Schwerpunkt höfischen Lebens mit den neuen Pfalzen wieder auf das Land verlagerte, blieb doch die Stadtkultur dank der Bischöfe bewahrt. Der Adel in Deutschland lebte um 1000 meist noch auf dem Lande, nur ausnahmsweise in den Städten. Dennoch wurden adelige Herren zu Gründern neuer Städte, die nun erstmals nicht auf eine römische Tradition zurückblicken konnten. Als Gründungsstadt Konrads von Zähringen entstand beispielsweise 1120 als eine der ersten solcher Städte Freiburg im Breisgau. In der Gründungsurkunde heißt es: *Bekannt sei allen in Zukunft und jetzt, daß ich, Konrad, an dem Ort, der mein Eigentum ist, nämlich Freiburg, im Jahre 1120 einen Markt errichtet habe. Ich habe verfügt, daß die wohlhabenden Kaufleute, die von überall herbeigerufen wurden, als Schwurgenossenschaft diesen Markt einrichten und unterhalten sollen. Daher habe ich jedem Kaufmann ein Grundstück am Markt zur Errichtung eines Hauses nach Eigentumsrecht zugeteilt und festgesetzt, daß jedes Grundstück einen Schilling öffentlicher Währung mir und meinen Nachkommen als Jahreszins am Martinsfest zahlen soll. So sei allen bekannt, daß ich ihnen auf ihre Bitte und nach ihren Wünschen folgende Rechte verliehen habe ...* Mit den Rechten werden Stadtgemeinde, Stadtrecht, Markt und Stadtgebiet beschrieben. Das Markrecht, nämlich die Erlaubnis, regelmäßig Märkte abzuhalten, stand unter dem Schutz des Stadtherrn. Kennzeichen der Stadt war ferner ihre Befestigung, oft zunächst nur aus Wall und Graben, später aus Mauern bestehend. Zunächst nur

Abgrenzung des städtischen Rechtsbezirks, übernahm die Mauer bald auch fortifikatorische Funktion. Im Laufe des Mittelalters errichteten viele Städte zur Abgrenzung ihrer Gebiete Landwehren.

Seit dem 11. Jahrhundert wuchs die Zahl der Städte sprunghaft. Ähnlich wie in Oberitalien entwickelte sich auch in Flandern ein dichtes Städtenetz. In beiden Regionen wohnte in den Städten rund die Hälfte der Bevölkerung, eine sonst nicht vorhandene Dichte. In Deutschland gab es um 1100 etwa 150 Städte oder stadtähnliche Siedlungen. Seit der Mitte des 12. Jahrhunderts verdichteten sich zwischen Rhein und Elbe die Stadtgründungen, nach 1220 ergriff eine neue Gründungswelle den Ostseeraum. Um 1300 existierten ungefähr tausend Städte in Deutschland. Jeder noch so kleine Landesherr wollte aus wirtschaftlichen Gründen und aus Prestige Herr über eine Stadt sein. Deshalb blieb die Einwohnerzahl der meisten Städte gering, manche überdauerten aufgrund von Seuchen und wirtschaftlichen Umbrüchen das späte Mittelalter nicht.

Köln, die einzige Großstadt nach mittelalterlichem Maßstab in Deutschland, beherbergte auf einer Fläche von 400 Hektar am Ende des 12. Jahrhunderts 35 000 Einwohner. Zwischen der späten Merowingerzeit und dem 11. Jahrhundert war Köln sogar der bedeutendste Handelsplatz nördlich der Alpen gewesen, wo sich die wichtigen Nord-Süd-Routen mit den Ost-West-Straßen kreuzten. Mehr durch den Land- als durch den Seehandel geprägt, partizipierte die Stadt jedoch auch vom Rhein als einer europäischen Wasserstraße. Die zu den Mittelstädten (2000–10 000 Einwohner) zählenden Orte Trier und Mainz waren erheblich kleiner. Über 90 Prozent der deutschen Städte waren Kleinstädte (500–2000 Einwohner). Nur eine Stadt nördlich der Alpen erreichte 100 000 Einwohner, nämlich Paris.

Die Erweiterung der Städte geschah oft, aber nicht überall nach ähnlichem Muster. Vor den Toren der mit Wall und Graben oder Mauern befestigten Altstadt lag die Neustadt. Als suburbane Siedlung besaß sie im Unterschied zur Altstadt, der Rechtsstadt im eigentlichen Sinne mit vollem Stadt- und Bürgerrecht, einen minderrechtlichen

Status. Mit der Stadterweiterung wurden solche Vorstädte in die bestehende Stadt einbezogen. Auch dieser Bezirk erhielt nun meistens das Stadtrecht. Es konnte aber auch unabhängig von der Altstadt eine rechtlich selbständige Neustadt geben.

Wenn sich mehrere Städte in Bünden zusammenschlossen, wie schon 1127 die flämischen Städte gegen ihre Grafen, in der Mitte des 11. und im 12. Jahrhundert die lombardischen Städte gegen die deutschen Kaiser und hundert Jahre später rheinische Städte gegen ihre Fürsten, bestimmten diese in hohem Maße Politik und Wirtschaft, wurden gleichsam wie die Hanse zu mächtigen Faktoren in der Politik.

Diese sprunghafte Entwicklung des Städtewesens zog zwangsläufig nicht nur äußere, sondern auch innere Konflikte nach sich. Bürgerrevolten gegen den Bischof hatte es bereits 1073 in Worms und 1074 in Köln gegeben. Ursache des Streits in Köln war der Versuch einer Schwarzfahrt. Der Kölner Bischof Anno hatte für seinen Kollegen aus Münster für dessen Rückreise kurzerhand ein Kaufmannsschiff beschlagnahmen lassen. Seine Diener warfen die Waren in den Rhein. Dieser Versuch der billigen Heimreise auf Kosten eines Kaufmannes endete im Streit mit den Kaufleuten, die Unruhen griffen um sich, und schließlich mußte der Bischof aus der Stadt fliehen, während sein Palast geplündert wurde. Zielstrebig und gemeinsam handelnde Kaufleute im Mittelalter sollten zu einer Macht werden! Die Rolle des Bürgers sollte aber erst im 11. und 12. Jahrhundert an Gestalt gewinnen. Das Verhältnis von Bürgerschaft und Stadtherrn gestaltete sich dadurch schwieriger. Oft kam es zu blutigen Auseinandersetzungen. In manchen Städten wurden die adeligen Stadtherren ganz verdrängt. Zeichen der errungenen Autonomie war in den meisten Fällen das Stadtsiegel.

An der Spitze der Stadtgemeinden standen Männer, die sich selbst als *meliores*, *optimates* und *primores* bezeichneten, mithin als die Vornehmsten. Unter dem Vorsitz des Stadtherren oder seiner Richter sprachen die aus diesen Vornehmen besetzten Schöffenkollegien Recht. Bald wurden letztere nicht mehr vom Stadtherren ernannt, sondern gewählt. Zum Zentrum der Bürgerstadt wurde das Rathaus mit dem Stadtrat, oft mit repräsentativer zugeordneter Pfarrkirche, wie überhaupt mehr und mehr Kirchen innerhalb der Mauern entstanden. An der Spitze des Stadtrates stand der Bürgermeister. Räte wurden zwar gewählt, aber das Wahlrecht besaßen nur die Vollbürger, also jene, die Grund und Boden besaßen und Steuern bezahlten. Die Stadträte setzten sich aus Kaufleuten und Ministerialen zusammen. Die Ministerialen pflegten einen ritterlichen Lebensstil, wie ihre festen Stadthäuser und Türme zeigen, die in Regensburg den Lauf der Zeit bis heute überdauert haben. Neben ihren Stadthäusern zählten die Ministerialen auch Landgüter zu ihrem Besitz. Wie die Kaufleute beteiligten sie sich am Handel. Ihr aufwendiger Lebensstil mußte ebenso wie jener der Kaufleute, die im 12. und 13. Jahrhundert ritterliche Lebensformen übernahmen, zu Auseinandersetzungen innerhalb der Stadt führen.

Unterhalb der Kaufleute standen in der sozialen Stufenleiter die Handwerker, wie Schuster, Bäcker, Brauer, Metzger, Färber, Gerber, Müller, Zimmerleute, Schiffbauer, Leinweber oder Rosenkranzhersteller, die alle nach höherer Geltung trachteten. Organisiert waren sie in Zünften, wirtschaftlichen Interessensverbänden und alle Lebensbereiche einbeziehenden Solidargemeinschaften. Das Straßenbild prägten indes nicht nur Ministerialen, Kaufleute, Handwerker und in die Stadt strömende Bauern, sondern Massen armer Leute, Dienstpersonal, Tagelöhner und Bettler. Ständig zog es Neuankömmlinge in die Stadt. Viele Stadtbewohner waren Bauern, sogenannte Ackerbürger. Stadtluft machte zwar frei, und Freiheit genossen alle Einwohner, aber einer großen Anzahl, die weder Haus noch Hof besaß und keine Steuern aufbringen konnte, wurde das Bürgerrecht verwehrt. Ein Eigenleben innerhalb der Städte führten die Juden. Als Antwort auf das Zusammenleben so vieler Menschen auf engem Raum enthielten die Stadtrechte neben politischen und wirtschaftlichen auch Hygienevorschriften. So heißt es im Soester Stadtrecht beispielsweise: *Wenn ein Bürger zum Baden die Kleider abgelegt hat und in diesem Augenblick vom Gerichtsboten geladen wird, muß er ihm nicht folgen, bevor er gebadet und sich abgetrocknet hat.*

Ohne Wasser konnte keine Stadt existieren. Noch weit mehr als die Dörfer waren die Städte von einer ausreichenden Wasserversorgung abhängig. Wasser, das aus Flüssen und Seen entnommen wurde, diente nicht nur der Trinkwasserversorgung von Mensch und Vieh, sondern auch der Versorgung des Gewerbes. Bierbrauer, Leinweber, Färber und Gerber benötigten Wasser. Anschließend leiteten sie ebenso wie die Wohnhäuser das Abwasser wieder in die Flüsse und Seen. Dort, wo das Trinkwasser in der Nähe dieser Ableitungen entnommen wurde, wies es zahlreiche Krankheitskeime auf, was die Ausbreitung von Krankheiten und Seuchen erleichterte.

Ausreichende Wasserversorgung und Möglichkeiten für den Betrieb von Wassermühlen in unmittelbarer Nähe konnten neben Häfen, Märkten und der Verkehrslage somit entscheidende Faktoren für die Entwicklung sein. Auch an den Taleingängen zu den Mittelgebirgen entwickelten sich Städte als Ein- und Ausgangstore zum Gebirgsraum mit rohstoffverarbeitendem Gewerbe. Holz und Metall wurden überall benötigt. Dort, wo in den Tälern und inneren Flächen der Gebirge eine dichtere Besiedlung erfolgte, entstanden auch im Inneren zentrale Orte für Gewerbe und Handel. Wo die Städte, wie in der Römerzeit, am Rhein lagen, entwickelten sie sich schnell. Alle bedeutenden Brücken des Mittelalters gehörten zu Städten. Diese Bauwerke ließen sich am einfachsten dort errichten, wo Flüsse sich in mehrere Arme aufspalteten. Im Schnittpunkt des Verkehrs zu liegen, an Pässen, Furten von Flüssen oder an der Küste, als Hafenort, war Voraussetzung für die wirtschaftliche Bedeutung der Stadt. Viele Stadtnamen nehmen Bezug auf günstige Übergänge über Flüsse, wie Schweinfurt, Frankfurt, Erfurt oder Hehrfurt. Erst Furten, später Brücken führten über die Stromspaltungsgebiete von Straßburg, Esslingen, Heilbronn, Magdeburg und Regensburg. Zwischen Seerhein und Bodensee entstand mit Konstanz eine der bedeutenden Städte in Südwestdeutschland an der Grenze zur Schweiz.

Diese Stadt entwickelte sich auf einem schmalen, vom Bodensee und Mooren umgebenen Höhenrücken aus eiszeitlichen Schmelzwassersanden. Im Norden des Altstadthügels schließt sich eine plateauartige Erhebung an, die den Hügel mit dem gotischen Münster und südliche Teile der Niederburg um die Kirche St. Johann umfaßt; sie erhebt sich bis etwa 400 Meter und reicht bis an den Seerhein. Getrennt durch eine Niederung, liegt auch im Süden eine fast ähnlich hohe Kuppe mit dem an die Schweiz grenzenden Stadtteil Stadelhofen. Dieser Bereich fällt nach Osten zum Bodensee hin steil ab, während nach Norden zum Seerhein sowie nach Westen die Hangneigung flacher ist. Zum See hin schließen sich stauwasserreiche Seebändertone an. Es folgt die Flachwasserzone des Sees, dessen Spiegel 1877 einen maximalen Höchststand von etwa 396,1 beziehungsweise 397,5 Meter über Normalnull im Jahr 1964 erreicht hat. Somit bleibt als ursprüngliche Siedlungsfläche nur der langgestreckte, hochwasserfreie Moränenrücken. Die umgebenden Wasser- und Feuchtflächen boten den dort angelegten Siedlungen schon in der vorrömischen und römischen Zeit zugleich den bestmöglichen Schutz.

Konstanz zerfiel noch im 10. Jahrhundert in einzelne offene Siedlungszentren auf dem Höhenrücken, die bis zur ersten Hälfte des 13. Jahrhunderts zu einer Stadt zusammenwuchsen. Dieser räumlich und zeitlich gegliederte Wachstumsprozeß nahm seinen Ausgang von dem engen Bezirk um die Bischofskirche des 9. Jahrhunderts und die Bischofspfalz zwischen den sumpfigen Niederungen im Westen, dem See im Osten und dem Seerhein im Norden. An diese sogenannte »Bischofsburg« mit Domkirche, Wohnungen des Bischofs und der Domkanoniker sowie der Laien schloß sich in nordwestlicher Richtung zum Seerhein hin die Niederburg mit den dort siedelnden Handwerkern des Bischofs an. Außerhalb des Dombezirks an der alten, auf römische Ursprünge zurückgehenden Straße lag seit dem 7. Jahrhundert die Kirche St. Stephan, die noch im 9. Jahrhundert als außerhalb der Mauern liegend bezeichnet wird. Noch südlicher, getrennt durch eine Niederung, läßt sich für diese Zeit der bischöfliche Fronhof Stadelhofen vermuten. Fronhof im Süden und Münster im Norden kennzeichneten in ihrer räumlichen Ausdehnung den Bereich der bischöflichen Grundherrschaft. Hier befand sich eine Marktsiedlung, deren Anfänge an das Ende des 9. Jahrhunderts weisen. Diese Erweiterung der Bischofstadt wurde zunächst wohl nur teilweise mit einer niedrigen Mauer geschützt, welche die durch Teile des Seerheins und des Bodensees gebildeten, noch nicht aufgefüllten Feuchtflächen aussparte. Diese dienten als natürliches Annäherungshindernis. Seit dem 10. Jahrhundert hatte sich ein Kranz mehrerer Kirchen herausgebildet, die ihre Entstehung dem Bischof verdankten. Durch Aufschüttungen im Bereich der Flachwasserzone erfuhr die Stadt im 13. Jahrhundert eine umfangreiche Erweiterung. Die Stadt schütze nun eine höhere Mauer, wenn auch die Verkehrslage der Stadt wichtiger erschien als deren Verteidigung, was die Auffüllung der Feuchtflächen impliziert. Außerdem bleibt unklar, ob entlang des Ausbaugebietes am Seeufer eine Mauer führte, denn häufig blieben Städte, erinnert sei an Zürich, Thun oder Luzern, zum Wasser hin offen.

Als Initiatoren des Ausbaus am Konstanzer Seeufer geraten hier nicht nur der Bischof als Stadtherr und die Stadtgemeinde, sondern auch Zisterzienser, Franziskaner und Augustiner in das Blickfeld. Das Seeufer entwickelte sich so gleichsam neben dem neuen Straßenmarkt im Stadtzentrum zu einem Kristallisationspunkt des mittelalterlichen Lebens. Denn der Verkehr war vom 12. Jahrhundert an in einem großen Aufschwung begriffen, und der Bodensee wurde zu einem verbindenden Element. Unter den staufischen Kaisern hatten zudem die Alpenpässe als Verbindung mit Italien eine große Bedeutung gewonnen. Konstanz lag ideal zu den Bündener Pässen. Diese prachtvolle Stadt konnte sich allerdings aus eigener Kraft nicht mehr ernähren, da auch die letzten Freiflächen auf dem Höhenrücken längst einer Bebauung gewichen waren. So blieb Konstanz bei der Versorgung mit landwirtschaftlichen Gütern vollständig auf das ländliche Umland angewiesen.

Neben Konstanz gehört Ulm zu den stadtarchäologisch und stadthistorisch gut dokumentierten Städten in Südwestdeutschland. Ähnlich wie in Konstanz überragt auch hier das auf einem hohen Lößplateau errichtete Münster die Altstadt. Der höhere Geländerücken war im Norden und Osten von Niederungen geschützt, im Süden fiel er steil zur Blau und Donau hin ab. Die ideale Verkehrs- und Schutzlage bot eine wichtige Voraussetzung für die Entwicklung einer der bedeutendsten Städte Schwabens. Eine Nutzung des heutigen Münsterplatzes setzte bereits im 7. Jahrhundert ein. Im Rahmen der Neugestaltung des Münsterplatzes durchgeführte archäologische Ausgrabungen zwischen 1988 und 1991 wiesen hier zwei Gräberfeldareale des 7. bis 9. Jahrhunderts nach.

Südlich der Bestattungen, auf dem Weinhofberg, befand sich im 8. Jahrhundert eine Siedlung. In der günstigen topographischen Situation, auf der Höhe zwischen Blau und Donau, entstand eine königliche Pfalz, die erstmals anläßlich eines Aufenthaltes Ludwig des Deutschen im Jahre 854 urkundlich belegt ist. Den Pfalzbezirk sicherte möglicherweise ein von der Blau zur Donau führendes System zweier dicht hintereinander errichteter Spitzgräben. Ein Wall ist nicht belegt, aber durchaus wahrscheinlich. Nördlich von Pfalz und Stadt im Bereich des heutigen Münsterplatzes entwickelte sich ein wohl ebenfalls mit einem Graben geschütztes *suburbium* als Vorstadt. Im weiteren Umkreis lagen offene Siedlungen. Nachdem im Zuge der Auseinandersetzungen um die Macht im Reich im Jahre 1131 bereits die unmittelbar an die Stadt angrenzenden Vorstädte von dem Welfenherzog Heinrich der Stolze niedergebrannt wurden, erfolgte drei Jahre später die völlige, nur die außerhalb der Stadt liegende Pfarrkirche *(ennet feldes)* verschonende Zerstörung. Das hätte leicht das Ende Ulms sein können, wenn die Stadt nicht so verkehrsgünstig gelegen und bereits ein gewisse Bedeutung besessen hätte.

Zunächst wurden Pfalz und Stadt wieder aufgebaut. Schritt für Schritt begann sich letztere dann nach Norden auszudehnen. Im Zuge der Erweiterung der stauferzeitlichen Stadt wurden die umliegenden Dörfer aufgelassen. Allmählich schloß sich ein fester Mauerring und teilweise ein tiefer Graben um die erweiterte Stadt. Spätestens 1245/46 war die Befestigung abgeschlossen und einsatzbereit, als der Gegenkönig Heinrich Raspe Ulm vergeblich belagerte. Die Mauer erhielt Türme und Stadttore, wie das Löwentor. In diesem Zusammenhang erscheint auch ein Bericht des Chronisten Felix Fabri beachtenswert, der überliefert, wie der Bau der Stadtmauer in der Stauferzeit vor sich ging: *Ehe aber etwas gebaut wurde, gruben sie ringsum ein Tal oder tiefe Gräben und brachten die ausgegrabene Erde an die inneren Gräben der alten Stadt ... Als nun die Gräben fertig waren, begannen sie allmählich die Mauer* [damit ist die staufische Stadtmauer gemeint] *zu bauen.* Die erfolgreiche Abwehr der Stadt setzte eine erste Zäsur zur Entwicklung der Reichstadt mit ihren Kaufleuten, Handerkern, Klöstern und Pfarrkirchen. Sichtbarer Höhepunkt dieser Entwicklung waren der Bau des gotischen Münsters sowie die große Stadterweiterung 1316.

Wie Ulm lag auch Regensburg an der Donau. Durch die Einmündung von Regen und Naab waren natürliche Zugänge nach Nordosten, nach Böhmen und Mähren, gegeben. Altmühl und Schwarze Laaber schufen eine Anbindung an das mainfränkische Flußnetz. Bereits zur Römerzeit gingen von hier Straßen nach Passau, Augsburg, Salzburg und ins Limesgebiet. In dieser wichtigen strategischen Lage wurde daher 179 n. Chr. ein Kastell von der III. Italischen Legion angelegt. Seine Mauern überdauerten die Stürme der Völkerwanderungszeit und waren neben der günstigen Lage des Ortes Motivation genug für die bayerischen Herzöge, die Stadt weiter zu nutzen. In der Merowingerzeit wurde Regensburg so mit herzoglicher und königlicher Pfalz zur aufstrebenden Stadt. Sie bildete einen Mittelpunkt der Handelsroute nach Byzanz und ein Zentrum zur Aufsiedlung der umliegenden Gebiete. Noch innerhalb der römischen Kastellmauern lagen der seit 778 historisch überlieferte Dom und mit St. Stephan, Niedermünster, alter Kapelle, St. Kassian und Odermünster fünf weitere Pfarrkirchen. Außerhalb befanden sich das um 740 erwähnte Kloster St. Emmeran und die Ahakirche. Erst die mittelalterliche Stadt griff über das ehemalige Römerkastell hinaus. So prägte das 10. Jahrhundert die große Stadterweiterung des Herzogs Arnulf, die das Kloster St. Emmeran einschloß. Um 920 wurde dieses 30,5 Hektar große Areal von den Bürgern der Stadt mit einer Mauer und ähnlich wie in Ulm mit einem doppelten Graben geschützt, eine der ausgedehntesten Stadterweiterungen im ostfränkischen Bereich. Den gewaltigen fortifikatorischen Schutzmaßnahmen, hauptsächlich gegen die Ungarneinfälle, entsprachen im Stadtinneren große Repräsentativbauten wie der ottonische Dom. Weitere Stadterweiterungen erfolgten im 12. Jahrhundert, bis schließlich um 1300 ein Höhepunkt erreicht war. Gipfel, aber auch Ende dieser Entwicklung stellt das repräsentative Münster dar.

Neben Donau und Rhein war auch die Elbe ein wichtiger Handelsweg. Noch bis in die ottonische Zeit bildete die Elbe die Grenze zu dem von einer Vielzahl slawischer Stämme besiedelten Raum. An der Elbe war um 805 Magdeburg als Sitz eines fränkischen Markgrafen und Handelsplatz mit den Slawen entstanden. Dieser bis heute nicht lokalisierte Platz dürfte sich südlich des romanischen Doms am Elbufer befunden haben. Nach den archäologischen Forschungen zu schließen bestand jedenfalls in der Karolingerzeit an Stelle des späteren Domplatzes eine Befestigung von etwa 140 bis 170 Meter Seitenlänge. Im Innenraum dieser etwa zwei Hektar großen Befestigung befanden sich einfache Grubenhäuser. In den historischen Quellen ist 937 von einer Stadt und 941 von einer Kirche die Rede. Noch während des 10. Jahrhunderts ersetzten Steinbauten die Grubenhäuser auf dem heutigen Domplatz, denn dieser wurde nun der Mittelpunkt der Pfalz Ottos I. In der Nachbarschaft der Pfalz entstand der Dom des 929 gegründeten Erzbistums mit der Domburg. Die Gründung war gezielt, denn Magdeburg sollte zur ottonischen Elbmetropole der Slawenmission werden. Aber auch zahlreiche Kaufleute zog es in die entstandene Vorstadt und die Stadt selbst. Archäologisch faßbar sind auf einer Länge von zwei Kilometern mehrere Siedlungskerne. Weiterhin bestanden im 10. Jahrhundert ländliche Siedlungen. Doch die Entwicklung wurde jäh gestoppt. Infolge des großen Slawenaufstandes von 983 verlor Magdeburg sein nordöstliches Vorland und seit dem frühen 11. Jahrhundert auch seine Bedeutung für das Königtum. Der Ausbau des Bischofssitzes ging zwar voran, die Magdeburg von Otto dem Großen zugedachte Bedeutung sollte die Stadt jedoch nie mehr so recht erlangen. Der hochmittelalterliche Ausbau der Stadt vollzog sich vielmehr langsam und bezog die bestehenden Siedlungen mit ein, ohne über die Besiedlung des 10. Jahrhunderts räumlich hinauszugreifen.

Langfristig erfolgreicher war hingegen eine weitere städtische Gründung an der Elbe: Hamburg. Gut geschützt auf einem halbinselförmigen Moränenrücken zwischen Alster und Bille, hatte sich hier bereits im 7. bis 8. Jahrhundert eine Siedlung der Sachsen befunden. Auch Slawen hatten sich hier kurzzeitig zu Beginn des 9. Jahrhunderts niedergelassen. Die günstige topographische Lage im Stromspaltungsgebiet der Elbe war für Karl den Großen Grund genug, hier nach der Eroberung Sachsens eine Befestigung errichten zu lassen. Anstelle des sächsischen Dorfes entstand eine Doppelkreisanlage von 48 Meter Durchmesser ohne Wall, den man wohl erst bei der Anlage der Domburg errichtete. Vermutlich befand sich hier eine kleine Holzkirche, von der aus Ansgar seine Mission des Nordens beginnen sollte. Westlich der Domburg schloß sich eine Vorstadt an. Zwischen 834 und 840 erhielt der Ort ein Marktprivileg. Ab dieser Zeit dürfte – archäologischen Funden nach – nach Süden und Westen zur Elbe und Alster hin ein Ausbau der Siedlung vorgenommen worden sein. Auch mehrfache Zerstörungen, wie durch die Wikinger und Slawen, konnten die Entwicklung Hamburgs nicht aufhalten, obwohl der Erzbischofssitz nach Bremen verlegt wurde. Nach den dendrochronologischen Datierungen der Bauhölzer schützte um 936 ein Abschnittswall, der Heidenwall, die Halbinsel zwischen Elbe und Alster zu ihrer Landseite hin. An dieser Befestigung wurde im

12. Jahrhundert ein runder Steinturm, der sogenannte Bischofs-
turm, errichtet.

Da Hamburg im frühen und hohen Mittelalter als Landhandelsplatz
nur von zweitrangiger Bedeutung war, wurde die durch den Heidenwall geschützte, etwa 15 Hektar große Siedelfläche nur schrittweise
zwischen dem 11. und 13. Jahrhundert bebaut. Bis in das 11. Jahrhundert
hinein handelte es sich dabei um eine unregelmäßige verteilte, meist
um einen Hof herum gruppierte Bebauung kleiner einräumiger Häuser. Das 12. Jahrhundert sah dann mit dem dreischiffigen Hallenhaus
größere Bürgerbauten. Wie prächtig dagegen baute der Bischof: Schon
um 1020 errichtete Erzbischof Unwan einen größeren Dom aus Holz,
der 1035–1042 bereits einem monumentalen Steinbau wich. Dem wollte der Herzog Bernhard II. (1035–1043) wohl nicht nachstehen, der
gleichfalls Ansprüche auf Hamburg erhob. Eine Burg mußte her. Diese entstand am gegenüberliegenden Ende der Stadt. Archäologische
Ausgrabungen haben Teile dieser Alsterburg freigelegt. Auch auf der
gegenüberliegenden Elbuferseite errichteten die Billunger Herzöge
eine Burg. Allerdings nicht aus Stein, sondern – wie in alten Zeiten –
als Ringwall aus Holz und Erde.

Langsam wuchs nun auch die Stadt. Seit dem späten 12. Jahrhundert
dehnte sich diese über den Heidenwall hinaus aus. Das Jahr 1188 sieht
die Gründung der Neustadt, deren Recht 1225 auf die Altstadt übertragen wurde. Mit dem Ausbau der Stadt ist eine neue Parzellierung
der Grundstücke verbunden, die – soweit archäologisch dokumentiert – sich weitgehend mit den neuzeitlichen Straßen- und Bebau-
ungsfluchten vor der Industrialisierung deckt. Nur in sich wurden
die Parzellen weiter unterteilt, das war notwendig, um einer steigenden Bevölkerung den Bau von Häusern zu ermöglichen. Sind die
Reste dieser mittelalterlichen Holzbauten auch lange von meterho-
hen Kulturschichten bedeckt gewesen, so zeigt sich das Mittelalter an
anderen Stellen noch gegenwärtig in der Stadt: Der Stau der Bin-
nen- und Außenalster geht auf zwei mittelalterliche Abdämmungen
für den Bau von Mühlen zurück. Zuerst erfolgte ein Stau der nicht

immer genug Wasser führenden Alster nahe der Stadt, später im Bereich des heutigen Jungfernstiegs.

Aus einer Gründung, deren Hauptbedeutung zunächst eher noch die Landhandelswege bestimmt hatten, entwickelte sich eine Stadt, deren Schiffe im Mittelalter die See befuhren. Zur Sicherung der Elbe entstanden mehrere Burgen entlang des Flusses. Meist waren es einfache, mehrstöckige Steintürme wie Neuwerk und Ritzebüttel bei Cuxhaven. Auf der Insel Neuwerk in der Elbmündung sicherte seit 1299 ein Steinturm den Schiffsverkehr, der zugleich den Schiffen als Seezeichen diente. Von hier aus ließ sich gleichzeitig die Flußmündung kontrollieren – beherrschen ließ sie sich im Mittelalter nicht, wie zahlreiche Überfälle von den Bauern Dithmarschens im südwestlichen Holstein belegen. Zwar besaß die Hansestadt mit den Kirchspielen in Norderdithmarschen Abkommen, aber was nützten diese, wenn die Bauern des »Süderstrandes« eher die reich beladenen Koggen der Hanseaten im Auge hatten. Aber einige mögen sich zu früh gefreut haben, denn die Hamburger verbrannten als Racheakt 1442 die auf einer Insel gelegene Kirche von Büsum.

Diese Überfälle belegen ebenso wie der Schutz der Elbmündung, wie wichtig die maritimen Verbindungen geworden waren. Kaum eine andere Stadt zeigt dies so deutlich wie Lübeck, das Haupt der Hanse. Lübeck gehört zu den am intensivsten erforschten Städten überhaupt. Allein zwischen 1973 und 1993 wurden etwa einhundert archäologische Ausgrabungen durchgeführt. Die historische Altstadt ist seit 1987 Welterbe der UNESCO. Lübeck gilt zwar allgemein als eine deutschen Gründungsstadt, doch war der heutige Stadthügel, auf einer Insel zwischen Trave und Wakenitz gelegen, zuvor bereits besiedelt gewesen. Die Landenge im Norden hatte im 4. Jahrhundert ein Abschnittswall geschützt. Auch der Slawenfürst Cruto (1066–1093) hatte die gute strategische Lage erkannt und hier zum Schutz des von Norden nach Süden verlaufenden Handelsweges eine Burg errichten lassen. Dieser Fernhandelsweg verband bereits um 800 den fränkischen Handelsort Bardovick mit dem slawischen Alt Lübeck.

Dieser politische Zentralort der slawischen Abodriten mit Burg, fürstlicher Residenz, Kirche, gewerblicher Vorburgsiedlung und einer ansehnlichen Kaufleutekolonie lag am Zusammenfluß von Schwartau und Trave nördlich des heutigen Lübeck. Von hier aus wurden die Waren über die in die Ostsee mündende Trave weiterverhandelt. Nach dem Tode des Abodritenherrschers Heinrich (1093–1127) verlor Alt-Lübeck infolge von Überfällen seine Bedeutung, fiel wüst und wurde nahezu vergessen, bis archäologische Ausgrabungen seine einstige Bedeutung wieder ans Licht brachten. Aber bereits unter Heinrich war ein umfangreicher Siedlungsausbau auf dem heutigen Lübecker Stadthügel zwischen Schwartau und Trave erfolgt.

Mit der Eroberung Ostholsteins 1134 durch den Grafen Adolf IV. von Schauenburg war die slawische Herrschaft beendet. Der Graf fand die von Cruto errichtete Burg in verödetem Zustand vor und begann als erstes mit dem Bau einer neuen Befestigung in Holz-Erde-Bauweise. Archäologische Ausgrabungen in der Burg legten einen Brunnen frei, dessen Hölzer auf das Jahr 1156 datiert werden können, was zeitlich etwa der historisch überlieferten Gründung von 1147 entspricht. Neben der Burg entstand durch die Übersiedlung der deutschen Kaufleute noch vor 1143, dem Datum der offiziellen Stadtgründung, eine stadtähnliche Siedlung. Die slawische Bevölkerung ging hier in der deutschen auf. Es war dann kein geringerer als Heinrich der Löwe, der 1159 Lübeck erneut die Stadtrechte verlieh. Von nun an setzte eine sprunghafte Entwicklung ein, die Lübeck zum Prototyp einer abendländischen Gründungsstadt werden ließ, wenn es auch keine Gründung aus wilder Wurzel war. Wichtig für die wirtschaftliche Entwicklung war die Entstehung des neuen Typs einer Hafensiedlung von Fernhandelskaufleuten, die schließlich die Stadt zum Haupt der Hanse werden ließ, die als Städtebund im späten Mittelalter Ost- und Nordseehandel beherrschte. An den Hafen waren Markt, eigene Befestigung und Kirche angeschlossen, der neue Typ einer Seestadt war entstanden. So erfolgreich, daß auch in Hamburg um 1188 nach Lübecker Vorbild eine moderne Hafenstadt angelegt wurde.

Diese Entwicklung vollzog sich in einer Zeitspanne von zwei Jahrhunderten. Die wichtigen historischen Ereignisse lesen sich wie eine Erfolgstabelle: 1160 wurde das Bistum von Oldenburg nach Lübeck verlegt. Der Bischof hatte die Bedeutung der Stadt erkannt und residierte gegenüber den Herzögen im Süden des Lübecker Stadthügels am Übergang über die Wakenitz. Zwischen Burg und Dombezirk entwickelte sich die Kaufmannstadt. Schon bald wurden neue Pfarrkirchen gegründet, wie nach einer nicht lokalisierbaren Marktkirche zuerst 1170 St. Petri im Westen und dann 1177 das Benediktinerkloster St. Johannis im Osten. Bischof und Herzog hatten sich jedoch verrechnet, wenn sie glaubten, sich zu Herren der Stadt machen zu können. Der wirtschaftliche Aufschwung fegte sie hinweg und ließ Lübeck zur Bürgerstadt werden. Nach der Niederlage des späteren Stadtherrn König Waldemars II. von Dänemark in der Schlacht von Bornhöved 1227 wurde die Burg abgerissen. Die Bürger schufen hier die Grundlagen für die Errichtung eines Dominikanerklosters. Durch das Reichsprivileg Kaiser Friedrichs II. von 1226 scherte Lübeck aus dem Holsteiner Territorium aus und wurde die erste Reichsstadt. 711 Jahre sollte die Stadt reichsfrei bleiben; die Grundlage dazu hatte der Fernhandel gelegt.

Nach 1147 hatte sich der im Westen der Stadt gelegene Fernhandelsmarkt als Ufermarkt nahe des Hafens rasch entwickelt. Archäologische Untersuchungen belegten 1157 den Bau einer Kaianlage. Zahlreiche Reste von Nägeln und Nieten deuten an, daß hier Schiffe gebaut und repariert wurden. Der Bau erster Holzhäuser ist archäologisch seit 1184 nachgewiesen. Unmittelbar an den Ufermarkt schloß sich seit der Mitte des 12. Jahrhunderts das Viertel der Kaufleute an. Von dort aus ergriff eine weitere Expansion den gesamten Stadthügel. Im Jahre 1181 ist bereits eine teilweise Ummauerung Lübecks bezeugt, spätestens 1217 dürften Burg und die gesamte Stadt befestigt gewesen sein. Entsprechend diesem schnellen Ausbau entwickelten sich Pfarrkirchen, Klöster und Verwaltung der Stadt. Im Jahr 1227 existierten fünf Pfarrkirchen, hinzu traten 1234 ein Hospital,

1225 das Franziskaner- und 1229 das Dominikanerkloster. Der seit
1201 erwähnte Rat lenkte nun die Geschicke der Stadt. Das Zentrum
der Stadt befand sich am Markt als dem topographischen, wirtschaftlichen und politischen Mittelpunkt. Hier stand das Rathaus, von
dem aus die Fernhändler die Geschicke der Stadt lenkten. Sichtbares
Zeichen der neuen Bürgermacht ist der Ausbau der Marktkirche, die
den Dom als Bischofskirche weit hinter sich ließ. Das Stadtzentrum
verbanden mehrere Parallelstraßen mit dem Hafen.

Nahezu alle Bereich des Altstadthügels waren nun aufgesiedelt worden. Nur einige Freiflächen konnten im späten 12. Jahrhundert noch
der Versorgung der Stadt dienen, doch auch sie mußten schließlich
der immer enger werdenden Bebauung weichen. Die breiten Parzellen wurden mehrfach unterteilt und zugebaut. Zahlreiche Straßen,
wie 1169 die Breite Straße mit hölzernen Bohlenbelegen, wurden
angelegt und in ihrer Lage kaum noch verändert. Von der in nord-
südlicher Richtung führenden Längsachse des alten Fernhandels-
wegs führten Querstraßen zur Trave und Wakenitz.

Änderungen vollzogen sich vor allem am alten Ufermarkt. Die
Kaufleute der Hanse dirigierten den Handel nicht mehr von ihren
Schiffen, sondern von Land aus. Das erforderte den Bau neuer Han-
delshäuser. Zunächst entstanden große Holzständerbauten auf
Grundschwellen in Fachwerkbauweise. Diese einschiffigen Dielen-
bauten wurden bald zu den Seiten hin erweitert. Hinzu traten ab 1180
herrschaftliche Kemenaten. Ab 1268 wurde zunehmend mehrge-
schossige Dielenhäuser aus Backsteinen errichtet, die nun zu den repräsentativen Gebäuden der Kaufmannsschicht wurden. Diese mit
Öfen beheizbaren Saalgeschoßbauten boten nicht nur eine größere
Feuersicherheit und Bequemlichkeit, sondern auch eine gesteigerte
Speicherkapazität für Massengüter. Im späten Mittelalter bildeten
die Giebelhausfronten bereits jene repräsentative Bebauung, wie sie
bis heute typisch für Lübeck geblieben ist.

An das Kaufleuteviertel schlossen sich vor allem im Norden der Stadt
die Handwerkerviertel an. Zahlreiche archäologische Befunde bele-

gen für das Mittelalter die Verarbeitung von Fell, Leder, Knochen und Horn sowie die Herstellung von Schuhen und Keramik. Auch Gießer sind belegt. Historische Quellen nennen seit dem 13. Jahrhundert entsprechende Werkstätten.

Der Wasserversorgung dienten nicht nur Brunnen, sondern auch Wasserleitungen, deren Bau archäologisch um 1291 nachgewiesen ist. In der ersten Hälfte des 15. Jahrhunderts endeten Holzleitungen in Speicherkästen in den Häusern. Am Hüxentor entstand eine Wasserkunst. Die Entsorgung der Stadt führte über Abflußrinnen in Sammelkanäle in der Straßenmitte. Zahlreiche Abfallschächte befanden sich in den rückwärtigen Hofbereichen.

Während Lübecks Wirtschaft von Anbeginn auf den Fernhandel ausgerichtet war, bildeten im Hinterland, in dem ehemals von Slawen besiedelten Ostholstein, Marktsiedlungen wie Plön, Eutin, Oldenburg und Lütjenburg Verteilungszentren der agrarischen Produktion. Ein Teil der Waren mag auch nach Kiel geliefert worden sein. Anders als Lübeck lag das mittelalterliche Kiel auf einer Halbinsel an der Kieler Förde. Hier war auf einer Moränenkuppe zwischen Kleinem Kiel und Kieler Förde 1242 unter dem Schauenburger Grafen Adolf IV. eine Stadt gegründet worden. Ob der Hügel schon vorher besiedelt war, ist unklar. Eine stadtähnliche Siedlung mit noch ungeordneter Struktur und einem Hafen wäre immerhin denkbar. Ähnlich wie in Lübeck könnte Adolf somit bereits eine Siedlung vorgefunden haben, die er zu einer Stadt ausbaute. Möglicherweise waren es auch die aufstrebenden Bürger der Stadt, die diese Entwicklung mit in die Hand nahmen. Diese waren es dann auch, die ihre Siedlung mit einer Holz-Erde-Befestigung mit vorgelagertem Graben umgaben. Um 1313 wurde an Stelle der hölzernen Plankenwand eine Ziegelsteinmauer errichtet, die zu Beginn des 15. Jahrhunderts erneuert wurde. Parallel zum Ausbau der Befestigung vollzog sich die Entwicklung der Stadt, die von Adolf IV. das Stadtrecht erhalten hatte.

Um seinen Ansprüchen als Stadtherr aber Bedeutung zu verleihen und die weitere Entwicklung zu beeinflussen, gründete der Graf eine

Burg, was urkundlich für 1252 belegt ist. Bei der im Durchmesser etwa 79 Meter großen Burg dürfte es sich um eine Turmhügelburg gehandelt haben, die den Zugang in die Stadt von der Landseite her schützte. Sie lag auf der nördlichen Seite, an der mit neun Meter über Normalnull höchsten Stelle des Stadthügels. In ihrer topographischen Anlage erinnert sie an die Situation in Lübeck. Eine ähnliche Verbindung zwischen Burg und Stadtentwicklung gibt es auch in Itzehoe, das wie Kiel im 13. Jahrhundert durch die schauenburgischen Landesherren Stadtrecht erhielt. Allerdings bestand die landesherrliche Burg hier bereits im 11. Jahrhundert. Somit gab es hier landesherrlichen Besitz vor der Anlage der Stadt, die dann unter Adolf IV. ihren Aufschwung nahm. In Kiel gründete dieser Graf nicht nur die Burg, sondern auch ein Kloster, das 1245 urkundlich erwähnt ist. Kloster und Burg nahmen mit insgesamt zehn Hektar herausragende Plätze innerhalb der Stadt ein. Da ähnlich wie in Lübeck oder Konstanz die Flächenreserven der Stadt bereits im 12. Jahrhundert erschöpft waren, begann man mit einer künstlichen Auffüllung der Bucht des Kleinen Kiels. Der älteste Stadtplan läßt in der Mitte der Stadt den Markt erkennen, auf den hin alle Straßen orientiert sind. Die Keimzelle der Stadt lag wie in Lübeck aber nicht im Bereich des Marktes, sondern am Ufer der Förde. Hier dürfte ein fernhandelsorientierter Ufermarkt entstanden sein. Von dort aus setzte der Warenaustausch mit dem Hinterland ein. Nachdem sich der Handel erfolgversprechend gestaltete, zog es bald Handwerker in den Ort. In der Hafensiedlung, die bislang ausschließlich vom Fernhandel gelebt hatte, begann die Produktion von Waren. Vor allem anhand von Keramikfunden läßt sich die Einfuhr von Gütern aus entfernten Regionen, wie vor allem den Niederlanden und dem Rheinland, belegen. War die frühe Stadt vor allem fernhandelsorientiert, änderte sich dieses seit dem 12. Jahrhundert. In der hochmittelalterlichen Stadt dominierte der Binnenhandel, was sich in der Verlagerung des Marktes in das Zentrum der Stadt anzudeuten scheint. Der Markt lag nun am von Norden her in die Stadt führenden Landweg. Mit dem

Ausbau der Stadt, der Zunahme der Bevölkerung und der Bildung neuer Berufsstände, wie der Handwerker, wuchs die Spezialisierung der Stadt. Diese grenzte sich nun stärker von ihrem Umland ab und wurde zur Versorgungs- wie zur Absatzquelle für das ländliche Umland. Allerdings lagen die bedeutenderen Landwege, wie der von Jütland durch Schleswig-Holstein nach Hamburg verlaufende Ochsenweg, zu weit entfernt. Da auch der Seehandel in Kiel nicht mehr dieselbe Bedeutung hatte, entwickelte sich die Stadt nicht im gleichen Maße wie Lübeck.

Im nördlichen Teil des Herzogtums Schleswig war Ende des 12. Jahrhunderts das Grundgefüge des späteren Städtewesens in Form von Markt- und Seehandelssiedlungen gelegt worden. Die – wie Flensburg – bei Burgen entstehenden Niederlassungen verdanken ihre Gründung auch der Sicherung des Handelsfriedens im westlichen Ostseeraum durch Befriedung der slawischen Seefahrer und -räuber. Zwischen 1235 und 1300 fällt die große Zeit der Stadterhebungen in Schleswig-Holstein. Ähnlich wie Adolf IV. in Holstein förderte auch dessen Schwiegersohn Abel, Herzog von Schleswig und zeitweise dänischer König, dieselben. Innerhalb der aufstrebenden Städte bildeten Stadtherren und Vögte der holsteinischen Grafen, schleswigschen Herzöge und dänischen Könige die herrschaftliche Komponente. Die Steuern, welche die Städte zahlten, waren regelmäßige Geldeinkünfte für den Landesherrn. So erreichte außer Lübeck und Hamburg keine der schleswig-holsteinischen Städte wirkliche Autonomie. Reges Interesse an dieser Entwicklung hatten aber auch die sich in Gilden (rechtlich durch Schwur verbundene Gemeinden gleichgestellter Bürger) zusammenschließenden Fernhandelskaufleute. So war es in Schleswig, wo von einer uferparallelen Hafensiedlung an der Schlei die mittelalterliche Stadt ihren Ausgang nahm. Von dem Niedergang Schleswigs im 13. Jahrhundert profitierte Flensburg.

Das am Ende der gleichnamigen Förde gelegene Flensburg erhielt 1284 Stadtrecht. Hier schnitten sich maritimer Fernhandel und Landwege.

Die hohen Moränen auf beiden Seiten der Förde schützen den Hafen vor Winden, der daher ideal für Segelschiffe ist. Entlang der Hänge sammelte sich in den Talbereichen das Quellwasser. Wohl zu Zeiten des Schleswiger Herzogs Knud Larward (1115–1131) befanden sich im späteren Stadtgebiet eine Zollstätte und auf der östlichen Seite im innersten Winkel der Förde eine Marktsiedlung *(wik)* mit einer Motte und der im 12. Jahrhundert bestehenden Kirche St. Johannis. Im Umfeld der späteren Stadt lagen noch vier weitere Burgen. Hier saßen wohlhabende Geschlechter, die nicht nur Landwirtschaft, sondern auch Handel betrieben. Im Verhältnis zu Schleswig, dem damaligen Mittelpunkt der Herrschaft Knud Larwards, ein bescheidener Anfang. Die eigentliche Stadtgründung erfolgte jedoch am westlichen Fördeufer. Nach dem Schema einer norddeutschen Gründungsstadt, wie sie seit Heinrich dem Löwen üblich war, entstand in dem von Kaufleuten bewohnten Viertel der Kirche St. Marien ein rechteckiger Markt mit rechtwinklig einmündenden Straßen. Oberhalb dieses Viertels hatte sich auf dem Marienberg bereits in der Mitte des 12. Jahrhunderts ein Edelsitz befunden, wie sogenannte Kölner Silberpfennige, die in Bardowick 1150 geprägt waren, belegen. Entscheidend für die Herausbildung dieser Handelsniederlassung war die Knudsgilde, ein Zusammenschluß dänischer Kaufleute. Diesen Kaufleuten hatte der dänische König Knud VI. in einem Schutzbrief die Handelsrechte verliehen. Die in Gilden unter Leitung eines Ältermanns organisierten Kaufleute standen einander bei, übten Blutrache aus und waren bewaffnet.

Von St. Marien führte eine lange Straße parallel des Fördeufers nach Süden zu dem im 13. Jahrhundert sicher bestehenden Viertel St. Nikolai. Als der Herzog Waldemar IV. 1284 Flensburg das Stadtrecht verlieh, befanden sich mit St. Gertrud in der Ramsharde, St. Marien und St. Nikolai drei Siedlungsbereiche auf der westlichen, mit St. Johannis einer auf der östlichen Seite der Flensburger Förde. Südlich entstand 1263 ein Franziskanerkloster. Die genannten Viertel besaßen noch eine eigene Feldmark, woraus auf zahlreiche

Ackerbürger in der Stadt geschlossen werden kann. Daß es bürgerliche Haushalte mit eigenem Grund gab, zeigt auch eine städtische Verordnung, nach der es verboten war, Mist länger als einen Monat auf der Straße liegen zu lassen. Entlang der Förde erstreckten sich die Kaufmannshöfe, die ihre Hofenden durch Abfallaufschüttung immer weiter zum Wasser hin vorschoben. Oberhalb der Stadt, auf dem Marienberg, errichtete die dänische Königin Magarethe I. im Zuge von Auseinandersetzungen um das Herzogtum Schleswig 1411 die Duburg. Doch nicht lange sollte Flensburg unter dänischer Herrschaft stehen, denn verbündet mit der Hanse gelang dem Schleswiger Herzog und seinen Anhängern die Eroberung der Burg. Das Machtgewicht hatte sich im Ostseeraum zugunsten der Hanse und damit der Kaufmannschaft verschoben. Wie in anderen Städten waren auch in Flensburg nur die Erdbürger Mitglieder der Ratsversammlung. Die im Rat vertretenen Kaufleute stießen schon bald mit den Interessen des Herzogs aneinander, der in der Stadt durch einen Vogt vertreten war. Auch innerhalb der Kaufmannschaft vollzogen sich Wandlungen, indem seit dem 14. Jahrhundert die Knudsgilde ihre Bedeutung zugunsten von Kaufleuten verlor, die in Kontoren wohnten und vom Ostseehandel der Hanse profitierten.

Nicht nur entlang der schleswig-holsteinischen, dänischen und schwedischen Ostseeküste, sondern auch südlich davon kam es zu einer sprunghaften Entwicklung von Städten. Bei der Neugestaltung der Kulturlandschaft des Ostseeraums während des Mittelalters waren zwei Kräfte wesentlich: die Kirche und vor allem die Kaufleute. Die in den Küstenstädten errichteten Kirchen trugen zur Stabilisierung der zentralörtlichen Funktionen zwar bei, bedeutender war jedoch der wachsende Seehandel. Die größten Städte des Ostseeraumes entstanden an der Küste! Die Bedeutung des Kaufmannshafens zeigt sich in dem 1249 gegründeten Copmanhaven (Kopenhagen). Hier hatte Bischof Absalon von Roskilde die der Küste vorgelagerte Burg zu seinem Schutz und zur Kontrolle des Sunds ausgebaut.

Der zunehmende Handelsverkehr und größere Schiffe erforderten größere Kaianlagen und Speicher. Diese Forderung erfüllte der Typ einer Stadt, der im westlichen Mitteleuropa entstanden war und in dem Kaufleute und Handwerker in einer umwehrten Siedlung mit Markt und Kirche lebten. Hier bildeten sich Bürgergemeinden heraus, die sich selbst verteidigten und verwalteten. Dieser neue Städtetypus, verbunden mit einem Hafen, wurde im späten 13. Jahrhundert zur Seestadt. Markt und Hafen bildeten die beiden wirtschaftlichen Säulen dieser Städte. Deutlich zeigt dies die Entwicklung in Lübeck, dem Vorbild für Städtegründungen der südlichen Ostseeküste wie Wismar, Rostock, Stralsund oder Greifswald. Betrachtet man das Städtenetz im gesamten Ostseeraum, so ist die Urbanisierung von Schleswig-Holstein bis hin zum Deutschordenstaat in Ostpreußen am höchsten. In den von der deutschen Ostsiedlung erfaßten Gebieten Mecklenburgs, Pommerns und des Deutschen Ordens verdichtete sich bis in das 13. und 14. Jahrhundert die Besiedlung. Fast alle zentralörtlichen Funktionen faßten hier die neuen Marktstädte zusammen. Die erste Stufe der östlich von Lübeck entstehenden Seestädte waren meist kleine Städte, allenfalls Mittelstädte. In einigen Fällen ging eine Kaufmannssiedlung voraus. So könnten einige der Pfarrkirchen mit Nikolaipatrozinien an Kaufmannskirchen aus dem späten 12. Jahrhundert angeknüpft haben. Der weitere Ausbau der Städte erfolgte dann parallel zum prosperierenden Handel. Die Seestädte organisierten einen Großteil des Massengutverkehrs im Ostseeraum. Marktorientierter Hochseefischfang und Fernhandel verbanden sich hier. Sie verfügten über Salz aus Lüneburg und aus der Sülze bei Rostock. Die Lebensmittel, vor allem Heringe, ließen sich konservieren und verhandeln. Salzheringe waren in der Fastenzeit im Mittelalter unentbehrlich! Andererseits gab es in den Städten Bier aus dem Süden zu kaufen.

Der Hafen in Wismar etwa wurde bereits in der Mitte des 12. Jahrhunderts von den Dänen genutzt. In dieser Zeit diente der Ort als Hafen für den weiter im Binnenland gelegenen abodritischen Burgund Zentralort Mecklenburg, ebenso dann für den Bischofssitz in Schwerin. An dem Umschlagplatz zwischen See- und Binnenverkehr entstand dann aus dem Zusammenschluß dreier Einzelsiedlungen die neue Stadt. Diese Entwicklung Wismars wurde 1266 mit dem lübeckschen Recht bekräftigt. Dieses Recht zementierte die Vorherrschaft des städtischen Rates. Die Bürgerstadt umgab eine Mauer, die sie zugleich von der Burg des Landesherren abtrennte, die dieser nach 1250 angelegt hatte. Schließlich mußte der Fürst nach Schwerin ausweichen, die Bürger hatten sich durchgesetzt. Wie in Wismar befand sich auch an der Warnow in slawischer Zeit eine Handelsniederlassung, die 1160 durch den dänischen König Waldemar I. zerstört worden war. Nur wenig später wurde der Grundstein zu einer weiteren Seehandelsstadt gelegt: Rostock. Für das Fürstentum Rügen wurde Stralsund zum wichtigen urbanen Zentrum, das auch den Heringsfang vor der Insel an sich zog. Wenn auch die maritimen Verbindungen wichtig waren, so entstanden Anlegeplätze und Häfen vor allem da, wo auch ein guter Anschluß an das nun ebenfalls infolge von Rodungen dichter besiedelte Hinterland bestand. Besonders günstig waren die Bedingungen da, wo Flüsse in das Meer mündeten, wie etwa die Oder.

In Westpommern war im 12. Jahrhundert Stettin (Szczecin) das wichtigste städtische Zentrum. Dies bestätigt die Biographie des heiligen Otto, der dort in den Jahren 1124 bis 1128 die Slawen missionierte. Nach den Ergebnissen der seit 1947 durchgeführten archäologischen Ausgrabungen entstand spätestens zu Beginn des 8. Jahrhunderts am Steilabfall der weichseleiszeitlichen Moränen zur Oder hin eine slawische Siedlung. Da über die Odermündung fränkische und skandinavische Güter transportiert wurden, entwickelte sich die Siedlung schnell zu einem Umschlagszentrum an der Oder. Am Ende des ersten Viertels des 9. Jahrhunderts wichen die alten Flechtwandhäuser neuen Blockhäusern. Die neu geschaffenen Grundstücksgrenzen blieben bis in das 10. Jahrhundert nahezu unverändert. Die frühstädtische, etwa 1,2 Hektar große

Burgsiedlung schützte ein halbkreisförmiger Wall. Am Oderufer, außerhalb der Befestigung, lag eine Fischersiedlung mit einer Anlegestelle. Zu Beginn der zweiten Hälfte des 10. Jahrhunderts wurde die Burgsiedlung mehr und mehr zu einem frühstädtischen Zentrum mit blühendem Handel und Handwerk. Seit dieser Zeit bestand die Stadt aus der auf der Anhöhe liegenden Burg und einer anschließenden Vorburg, die sich in die Niederungen der ehemaligen Flußaue erstreckte. Die in der Vorstadt abgesteckten Parzellen blieben bis zur Mitte des 13. Jahrhunderts bestehen. Auch südlich der Burg entwickelte sich die Stadt weiter. Aufgrund der größeren Ausdehnung der Stadt verschob sich der Hafen nach Osten.

Die Zeit des 11. bis 13. Jahrhunderts kann jedoch nicht nur als eine Aufwärtsentwicklung betrachtet werden. Den Perioden einer intensiven Entwicklung folgten solche des Niedergangs, wiederholt wurden Grundstücke verlassen oder Häuser brannten nieder. Der polnische Herrscher Boleslav Kryzwousty (Schiefmund) eroberte im Winter 1121/22 gar die Stadt. Gleichzeitig begann die durch ihn initiierte Missionstätigkeit Ottos von Bamberg, die den Tempel des Triglav in der Burg beseitigte. Seit Mitte des 12. Jahrhunderts festigte sich die Fürstenmacht in der Stadt. Stettin wurde zunächst Kastellanburg, später Herzogssitz, womit eine Periode wirtschaftlichen Wachstums verbunden war. Infolge zunehmender Einwanderung deutscher Neusiedler stieg der deutsche Einfluß, der sich in der Einführung des Magdeburger Stadtrechtes 1237/42 niederschlug. Zwar konnte eine vorübergehende Zerstörung durch den Dänenkönig Knut VI. 1189 die Entwicklung der Stadt nicht dauerhaft behindern, die Zurückdrängung der slawischen Bevölkerung durch die deutsche Gemeinde schlug sich jedoch negativ auf die Wirtschaft der Stadt in der ersten Hälfte des 13. Jahrhunderts nieder.

Wie das aus einem slawischen frühstädtischen Zentrum erwachsene deutsche Stettin war auch Danzig keine Neugründungsstadt des Mittelalters, denn als der Bischof Adalbert von Canaparius von Prag aus mit dem militärischen Geleit des polnischen Herzogs Boleslaw

Chobry auf dem Wasserwege zur Weichselmündung gelangte, fand er dort eine *urbs*, eine Stadt, vor. So berichtet die Vita des heiligen Canaprius, die kurz vor dem Märtyrertod des Bischofs 997 abgefaßt wurde. Wenn auch der Begriff einer *urbs* durchaus unterschiedlich gemeint sein kann, befand sich hier doch ein slawisches Siedlungs-zentrum. Archäologischen Untersuchungen zufolge war um die Mitte des 10. Jahrhunderts auf einer Insel an der Mündung der Mottlau in die Weichsel eine Burg mit vorgelagerter Burgsiedlung entstanden. Seit der Mitte des 12. Jahrhunderts entstand landeinwärts ein *suburbium*, eine Vorstadt mit Markt und Hafen. Hier siedelten Handwerker. In dieser Zeit zogen auch die ersten deutschen Kaufleute an die Weichselmündung, ihnen folgten Zisterziensermönche, die 1184/85 das Kloster Oliva gründeten. Auch die Kaufleute, die zu-nächst nur vorübergehend den Markt besucht hatten, ließen sich nun in Danzig nieder. Sie waren in einem eigenen Verband zu-sammengeschlossen und bildeten eine eigene Genossenschaft mit deutschem Recht. In unmittelbarer Nähe des Marktes entstand 1185/90 eine Kirche, die dem heiligen Nikolaus als Schutzpatron der See-fahrer geweiht wurde. Auch im slawischen *suburbium* wurde etwa zur gleichen Zeit eine Kirche, St. Katharina, errichtet. Die neben dem slawischen Siedlungszentrum unabhängig bestehende deut-sche Stadt erreichte um 1300 ihren Höhepunkt. Die Handelskontakte der deutschen Fernhandelskaufleute umspannten den östlichen und westlichen Ostseeraum und reichten sogar bis nach Holland und England. Bis an den Anfang des 14. Jahrhunderts bestand neben dieser deutschen Rechtsstadt die slawische Burg mit der Vorburg-siedlung weiter. Die wirtschaftliche Aufwärtsentwicklung wurde jedoch durch Machtkämpfe unterbrochen, die zwischen den Herr-schern von Polen, von Brandenburg, dem Deutschen Ritterorden und den Prussen ausbrachen. Mit der weitgehenden Zerstörung Danzigs durch den Deutschen Ritterorden 1308 endete dann diese erste Phase der Stadtentwicklung. Die Stadt geriet unter die Bot-mäßigkeit des Ritterordens, der polnische Herzog Wladyslaw erhielt trotz Klage an den Papst die Stadt nicht zurück. Der Orden sicherte seine neue Herrschaft über die Stadt durch eine Burg ab. Diese konnte sich nun weiterentwickeln. Um 1377 erhielt die Altstadt Stadtrechte, und drei Jahre später erfolgte mit der Jungstadt eine erste Stadterweiterung.

Brügge gehört zu den prächtigsten mittelalterlichen Städten überhaupt. Sie war durch den Handel mit Tuchen reich geworden – bis heute erhebt sich von überall sichtbar der Belfried der Tuchhändler (im Hintergrund des Fotos) über die Stadt. Als der Zwyn versandete, der Brügge mit dem Meer verband, erlosch die Bedeutung der Handelsmetropole.

Diese Beispiele verdeutlichen, daß Städte sich oft schnell entwickelten, dann aber auch in ihrer Entwicklung stagnierten. Besonders gut läßt das auch Brügge erkennen. Enea Silvio Piccolomini nannte es 1458 *eine der schönsten Städte der Welt, geschaffen, uns die Seele zu laben und die Augen zu öffnen.* Mit seinen zahllosen Kanälen, alten Patrizierhäusern, Kirchen, Tuchhallen, dem großen Markt und dem alles überragenden Belfried, den Stadtmauern sowie den krummen Gassen erscheint es für uns heute als die mittelalterliche Stadt schlechthin. Markgraf Balduin I., der Begründer der mächtigen flandrischen Grafendynastie, hatte hier eine Burg errichten lassen. Im 11. Jahrhundert verlegte Robert de Friese seine Residenz in die sich kraftvoll entwickelnde Stadt. Schon 200 Jahre später galt Brügge neben Ypern und Venedig als ein Zentrum des Welthandels. Kaufleute aus vielen Ländern besaßen Faktoreien in Brügge, dem Haupt der flandrischen Hanse. Es kontrollierte fast den ganzen englischen Tuchhandel mit dem Kontinent und bezog weitere Wolle aus dem Hinterland der flandrischen Marschen. In der ersten Hälfte des 15. Jahrhunderts hielten die Herzöge von Burgund Hof in der prachtvollen Stadt. Das späte Mittelalter erschien nochmals mit aller Pracht in der Stadt, als sich Herzog Phillip der Gute 1429 mit Isabella von Portugal und Karl der Kühne 1468 mit Magaretha von York, der Schwester des englischen Königs, verheirateten. Doch dann begann ein unaufhaltsamer Niedergang. Der Handel beruhte darauf, daß Schiffe von der Nordsee her kommend über den Zwyn direkt in die Stadt fahren konnten. Als der Fluß versandete, erlosch die internationale Bedeutung der Stadt. Das rivalisierende Antwerpen zog, unterstützt durch Kaiser Maximilian, den Handel an sich. Auch die Fugger und die Hanse verlegten ihre Kontore. Aus Brügge der Schönen wurde eine tote Stadt. Entscheidend für die Entwicklung von Städten waren somit die Verkehrswege.

11. ÜBER STOCK UND STEIN
HANDEL UND VERKEHR

Die urbanen Zentren konnten sich nur entwickeln, wenn sowohl zwischen ihren Märkten und dem dörflichen Umland als auch zwischen den verschiedenen Städten der Handel florierte. Bereits seit dem 7. Jahrhundert umspannte der friesische, später fränkisch-friesische Warenaustausch den Nordseeraum. Eine wichtige Drehscheibe war das Rheinmündungsgebiet und der Unterlauf des Stromes mit dem frühmittelalterlichen Handelszentrum Dorestad in der

Nähe von Utrecht. Die Schiffe wurden hier zunächst an die flachen Ufer gezogen, bevor die Verlagerung des Strombettes seit 690 zum Bau langer Holzstege als Kais führte. Der Rhein hatte bereits in römischer Zeit die wichtige Transportader nach England gebildet, und auch in der unruhigen Völkerwanderungszeit war der Warentransport auf diesem wichtigen Fluß nie ganz zum Erliegen gekommen. Vom Rheinmündungsgebiet liefen die wichtigen maritimen Routen nach England und entlang der Nordseeküste nach Norden, bis hin zu dem um 700 gegründeten Ribe. Vielerorts an der Nordsee ließen sich die in dieser Zeit benutzten flachbodigen Schiffe an Land ziehen, wenn auch bereits – wie in Dorestad – die ersten Hafenanlagen entstanden. Um diese Zeit hatte auch eine Neu- und Wiederbesiedlung der Seemarschen eingesetzt, wo Handelswurten wie Emden von diesem Fernhandel partizipierten. Seit dem 9. Jahrhundert gewann dann auch der Ostseeraum eine zunehmende Bedeutung im Fernhandelsnetz, wie die Gründung zahlreicher früher Städte, wie Haithabu, zeigt. Möglicherweise im frühen Mittelalter, sicher aber seit hochmittelalterlicher Zeit zählte der kombinierte Wasser- und Landweg von der Nordsee über Eider und Treene sowie anschließend über die schmale Landbrücke der Geest in das frühgeschichtliche Haithabu, später in die mittelalterliche Stadt Schleswig zu den wichtigen Routen. Dieser West-Ost-Weg schnitt bei Schleswig den von Norden nach Süden verlaufenden Ochsenweg.

Mittelalterliche Straßen sind allerdings oft nur schwer zu fassen. Schriftliche Informationen sind zumindest für die ältere Verkehrsgeschichte begrenzt, und die im Gelände erkennbaren Reste von Wegerinnen und Hohlwegen entziehen sich oft einer näheren Datierung. Im hohen und späten Mittelalter wurden alle erdenklichen Güter mit Schiffen oder vierrädrigen Karren befördert. Dazu gehörten Luxusgüter, wie rheinisches Steinzeug oder Pelze, aber vor allem auch Rohstoffe. Vom Rammelsberg bei Goslar stammten Silber und andere Erze. Salz wurde in den Solequellen von Schwäbisch Hall, Hall in Tirol, Halle an der Saale und in Lüneburg gewonnen, aus den Salztorfen im Nordseeraum stammte das »Friesische Salz«. Die Errichtung zahlreicher Kirchen beispielsweise erfolgte aus dem vulkanischen Tuffstein vom Nordrand der Eifel. Hier gab es auch ebenso wie im Westerwald einen besonders guten Töpferton. Flößer brachten Holz aus den Gebirgen über die großen Flüsse heran. In den Fluß- und Seemarschen ließen sich Überschüsse an Vieh und Getreide abschöpfen. Auch Wolle für die Produktion von Tuchen stammte aus den Nordseemarschen oder dem Mittelgebirgsraum. Bereits in fränkischer Zeit waren die friesischen Tuche eine begehrte Handelsware. Heringe und Stockfische lieferten Nord- und Ostsee. Aus dem Mittelmeerraum kamen kostbare Gewürze und Südfrüchte, wie Feigen. Alle diese Produkte landeten auf den städtischen Märkten. Um sie zu transportieren, brauchte es zweierlei: gute Verkehrswege und gute Verkehrsmittel. Wichtige Transportadern waren seit Beginn des hohen Mittelalters vor allem die Flüsse und das Meer.

Als seit dem 12. Jahrhundert immer mehr Städte entstanden, waren die Kapazitäten schnell erschöpft. Die kleinen Boote der Friesen und Wikinger boten nicht mehr genügend Platz. Größere, seetaugliche Schiffe, die mehr Ladekapazität besaßen, wurden daher dringend benötigt. Das hatte Folgen für die gesamte Entwicklung der maritimen Kulturlandschaft. Seegängige Schiffe mit größerem Ladevolumen, wie die Kogge, hatten zwangsläufig einen größeren Tiefgang und konnten die flachen Flüsse oder Fördeenden nicht mehr befahren. Da sich diese Schiffe auch nicht mehr an Land ziehen ließen, war der Bau von Kaianlagen erforderlich. Die alten Häfen der Wikinger und Friesen verloren daher ihre Bedeutung. Deutlich läßt dies die Entwicklung Haithabus erkennen, dessen maritime Bedeutung Schleswig übernahm. Hafenorte entstanden nun dort, wo Flußmündungen einen tieferen Wasserstand besaßen. Ideale Voraussetzung für den Bau von Kaianlagen boten beispielsweise die Prallhänge der Flüsse, die steiler zum tiefen Wasser hin abfielen.

Zum wichtigsten Hafen an der Ostseeküste entwickelte sich Lübeck. Die Strömung der Trave war gerade ausreichend, damit sich die

Schiffe nicht losreißen konnten. Zum anderen war der Fluß hier noch so tief, daß sich die Stadt von der Ostsee her gut erreichen ließ – das war wichtig, denn es wurden immer größere Schiffe gebaut. Die Seefahrer des Abendlandes verbesserten den Schiffbau so, daß sie am Ende des Mittelalters über Schiffe verfügten, die an Seetüchtigkeit und -ausdauer die Wasserfahrzeuge aller anderen Regionen übertrafen. Sie schufen damit die Grundlage für das Zeitalter der großen Entdeckungen. Schiffbau im Mittelalter beruhte vor allem auf Traditionen. Die Handwerkserfahrung wurde vom Vater auf den Sohn weitergegeben. Der erste entscheidende Fortschritt war die Kraweeltechnik, bei der die Planken nicht direkt untereinander verbunden sind, sondern jede für sich auf Spanten genagelt wird. Dazu verwendeten die Schiffbauer Holzdübel. Die Wikingerschiffe, die Nord- und Ostsee beherrschten und über die Flüsse bis nach Konstantinopel und über den Nordatlantik bis nach Grönland gesegelt waren, besaßen hingegen in Klinkerbauweise miteinander verbundene Planken. Im Laufe des 15. Jahrhunderts gelangte die fortschrittlichere Kraweeltechnik von der Bretagne aus zunächst in die Niederlande und ab 1470 auch in die Hansestädte an der Ostsee.

Das wichtigste Frachtschiff zwischen dem Kontinent und England war spätestens seit 800 der Holk, ein Schiffstyp, der bis in das 14. Jahrhundert noch westlich des heutigen Ijsselmeeres heimisch blieb. Wie auf Abbildungen von im friesisch-fränkischen Handelsplatz Dorestad gefundenen Münzen zu sehen, besaß der Holk in dieser Zeit eine bananenförmige Form mit einem Rahsegel. Der Mast trägt im Top ein Kreuz, ein Zeichen der friedlichen Handelsschiffahrt. Ein 1930 im niederländischen Utrecht ausgegrabener 18,40 Meter langer Holk besaß im vorderen Drittel einen Mast. Sein im Querschnitt runder Boden wies einen 14,30 Meter langen Einbaum auf, der durch zahlreiche Bodenhölzer noch zusätzlich verstärkt wurde. Vorne und hinten, also am Bug und achtern, schloß sich ein weiterer Einbaumteil an. Dadurch erhielt das Schiff einen starken Sprung, denn Vor- und Achterschiff erhoben sich über die Mitte. Somit war das Schiff nicht für Binnengewässer, sondern für die See gebaut. Auf den allseits abgerundeten Einbaum waren in Klinkertechnik noch drei Planken aufgesetzt und mit hölzernen Dübeln an der jeweiligen unteren Planke befestigt. Die Datierung dieses Fundes ist umstritten, doch gehört er in die Zeit dieser Schiffstypen, die spätestens von 800 an bis in das 12. Jahrhundert hinein gebaut wurden. Mit seinem runden Bug konnte der relativ flache Holk an jeden sanft geböschten Sandstrand problemlos durch Auflanden anlegen. Damit war der Holk das ideale Boot für den frühmittelalterlichen Handel entlang der Nordseeküste gewesen. Die Händler ließen sich an den zahlreich entstehenden Ufermärkten etwa von Dorestad, in Emden oder in Ribe nieder. In den frühen Hafenstädten entstanden seit dem 9. Jahrhundert die ersten Kirchen, die als Kaufmannskirchen zu den Ufermärkten gehörten und zugleich zu Stützpunkten der Mission in Skandinavien wurden. Die Nordsee wurde so im Mittelalter zum »Friesischen Meer« – eine Entwicklung, die ohne Schiffe nicht denkbar war. Im 10. und 11. Jahrhundert erhielten viele Ufermärkte erste Landebrücken und Kaianlagen. Wo die Tide das erlaubte, konnten die Schiffe nun schwimmend anlegen. Der Holk war aber darauf nicht angewiesen. Der verstärkte Holkboden überstand Grundberührungen, das Schiffe konnte sich auch leicht trockenfallen lassen. Allerdings waren die Segeleigenschaften schlicht katastrophal. Bei jedem Seitenwind trieb das Schiff hoffnungslos ab. Deshalb hatte man den Mast schon weit nach vorne gerückt, konnte aber nur achterliche Winde nutzen. Daher mußte man oft lange in den Häfen auf günstigen Wind warten.

Anfang Dezember 1999 kamen bei Karschau an der Schlei in der Nähe von Arnis in Schleswig-Holstein Reste eines klinkergebauten mittelalterlichen Schiffes zum Vorschein. Anhaltend starke westliche Winde hatten zu einem Absinken des Wasserstandes geführt. Im Mittelalter war das Schiff an der Uferzone gestrandet. Wie die Ausgrabungen ergaben, handelte es sich um ein etwa 21 Meter langes und 6,4 Meter breites Schiff nordischer Bauart mit Rahsegel, geklinkerten, mit Eisennieten verbundenen Planken und einer das Wasser abhaltenden Kalfaterung aus Tierfellen. Möglicherweise wurde der seegängige Frachtsegler auch an der Schlei gebaut. Dendrochronologische Altersangaben der Hölzer datieren das Schiff um 1130 und damit in eine Zeit der sich ausbreitenden Urbanisierung des Ostseeraumes. Das Schiff von Karschau ist wahrscheinlich auf der Hin- oder Rückfahrt von der reichen Handelsstadt Schleswig gescheitert. Vielleicht lief es auf Grund, ging in einem Sturm unter oder wurde absichtlich versenkt. Daß Strandungen in dem überwiegend schmalen Gewässer der Schlei nicht unüblich waren, belegt das zwischen 1216 und 1241 verfaßte Schleswiger Stadtrecht, in dem den Gestrandeten alle Güter zugesichert werden, die sie abbergen können. Auch die außerhalb der Städte gültigen dänischen Landschaftsrechte schützten das Eigentum der Seeleute bis zu einem gewissen Grade. Die Wrackteile hingegen gehörten dem dänischen König. Wenige Jahrzehnte nach dem Untergang des Schiffs von Karschau, in der ersten Hälfte des 13. Jahrhunderts, büßte Schleswig seine herausgehobene Stellung als Nahtstelle zwischen Nordseeraum, dem Festland und der Ostsee ein. Der jahrhundertealte Transitverkehr von der Nordsee über Eider und Treene bis Hollingstedt und dann weiter nach Schleswig wurde vom Transitverkehr zwischen Lübeck und Hamburg abgelöst. Die größeren und tieferen Koggen fuhren nun um die Spitze Jütlands herum.

Diese Schiffe, gleichsam Prototypen der mittelalterlichen Handelsschiffahrt, waren an die Fahrten im Wattenmeer gut angepaßt. Den flachbodigen Schiffstyp kennzeichnen steile gerade Vorder- und Achtersteven. Zum Landen segelt die Kogge bei höchstem Wasserstand möglichst nahe an das trockene Land heran, läßt sich mit ihrem flachen Boden gefahrlos trocken fallen und kann dann entladen werden. Mit Pferdefuhrwerken konnte man sogar an das Schiff heranfahren, um auf eine einfache Weise Lasten zu löschen oder zu übergeben. Die auflaufende Flut unter den aufgebogenen Bodenenden gab der Kogge dann genügend Auftrieb, daß sie aufschwimmen und

wieder davon segeln konnte. Koggenförmige Schiffe sind als Ton-
modelle bereits um 200 v. Chr. nachgewiesen, auch wenn es sich dabei um Binnenschiffe handelte. Die Stadtsiegel von Hansestädten des
13. und 14. Jahrhunderts zeigen dann, wie weit verbreitet die see-
gängigen Koggen im Mittelalter waren: Ihre Heimathäfen reichten
vom Ijsselmeer im Westen bis an die Nord- und Ostseeküste. Dem
am weitesten entwickelten Koggentyp entspricht die 1962 ausgegrabene Bremer Hansekogge, die um 1380 auf der Weser segelte. Das
heute im Deutschen Schiffahrtsmuseum in Bremerhaven wieder zu
besichtigende Schiff weist eine Länge von 23 Metern und eine Breite von 7,60 Metern auf. Die Höhe lag mittschiffs mit 4,10 Metern
etwa doppelt so hoch wie bei den Lastschiffen der Wikinger. Beide
Schiffswände bildeten zwölf Planken. Die für den Schiffsbau verwendeten Eichen waren im hessischen Ziegenhain gefällt und dann
die Weser abwärts geflößt worden.

Die Bremer Kogge stellt den Höhepunkt der Koggenentwicklung dar.
Der Nachbau ist der Bremer Kogge nachempfunden.

Dieser Prototyp einer Kogge hatte sich in Jahrhunderten aus einem einfachen Einbaum mit flachem Boden, steilen Seitenwänden und stevenartig zulaufenden Enden entwickelt, wie er in der friesischen Wattenfahrt um 800 gebaut worden war. Im Laufe der Zeit spaltete man den Einbaum und drückte beide Hälften so weit auseinander, daß sich Bodenplanken einfügen ließen. Auf die Oberkanten der Einbaumhälften wurden in Klinkertechnik mit eisernen, innen doppelt umgeschlagenen Nägeln zusätzliche Planken angebracht. Um die frühe Kooge wasserdicht zu machen, kam Moos zum Einsatz.

An der Nordsee verdrängte die Kogge den Holk, im Ostseeraum das Wikingerschiff, die niedrigbordigen Ruderboote mit Rahsegel. Diese Schiffe wurden zu verschiedenen Zwecken eingesetzt, die Kriegsschiffe waren schlanker, die Handelsschiffe breiter gebaut. Letztere ließen sich kaum rudern und waren zu Kriegsfahrten nicht geeignet. Gerade aber große Handelsschiffe waren es, die den Nordatlantik befuhren und um 1000 Neufundland erreicht hatten. Verglichen mit dem weiträumigen Ausgreifen der Wikinger beschränkte sich der friesische Handel auf das Nordseegebiet. Von der Nordsee aus konnten aber, wie bereits erwähnt, die Schiffe über Eider und Treene bis Hollingstedt gelangen, von wo die Waren mit Fuhrwerken nach Haithabu gelangten, der Drehscheibe zwischen Nord- und Ostseehandel im frühen Mittelalter. Als dort selber Friesen ansässig wurden, begannen sie im 9. Jahrhundert ihre frühen Koggen zu bauen. Auch in ihrer Handelskolonie im schwedischen Birka bauten Friesen seit dem 10. Jahrhundert einfache Koggen. Hier war ein Schiffslandeplatz mit Ufermarkt entstanden. Als Birka um 1000 einging, bildete sich in der Nachfolgestadt Sigtuna eine friesische Handelsgilde. Obwohl die Skandinavier den Ostseehandel dominierten, entstanden Ufermärkte mit Marktfrieden, Kaufmannskolonien und Kaufmannsgilden nach friesisch-fränkischem Muster.

In diesen geregelten Bahnen lief der Friesenhandel bis 1159, und daran hätte sich nur wenig geändert, wenn nicht ein Ereignis eingetreten wäre, das Handel und Schiffahrt in Nord- und Ostsee grundlegend verändern sollte: die von Lübeck aus erfolgte Gründung der Hanse. Erstmals verbanden sich in dieser weitgespannten Handelsorganisation seefahrende Händler mit den Kaufleuten des Festlandes, wie vor allem solchen aus Westfalen. Rohstoffe ließen sich so direkt, ohne Zwischenhandel, einkaufen, die Verdienstspanne für die Hansekaufleute wuchs enorm. Zwischen Flandern und England im Südwesten und Westen, Bergen und Stockholm in Skandinavien und Novgorod im Osten beherrschte die Hanse den Handel. An der Südküste der Ostsee entstanden neue Hansestädte. Durch Erschließung neuer Produktionen und Absatzmärkte steigerte sich das Handelsvolumen in nie gesehener Weise. Überall in den Städten entstanden Handelskontore und Speicherbauten. Infolgedessen reichten Ende des 12. Jahrhunderts die bisherigen Schiffstypen nicht mehr aus. Man hielt zwar an der friesischen Kogge fest, aber baute sie länger und hochbordig. Durch Abrundung der ursprünglich kantigen Übergänge wurde sie seetüchtiger. Diese großen Hansekoggen ließen sich nicht mehr mit dem Seitenruder der friesischen Koggen steuern. Deshalb wurde noch bis 1200 bei allen Koggen das Heckruder eingeführt, eine echte Revolution im Schiffbau! Aber nicht nur friedlicher Handel, sondern auch Handelskriege trieben die technischen Innovationen voran. Als im späten 13. Jahrhundert die Hanse im Kampf mit Norwegen lag, rüstete sie ihre großen Hansekoggen nach englischem Vorbild mit je einem kastellartigen Kampfturm am Bug und Heck aus, um den Armbrustschützen einen möglichst hohen Standpunkt zu geben. Da diese Kampfplattformen auch Schutz vor schlechtem Wetter boten, versah man sie mit Wänden – die Kajüte war geboren. 1329 zeigt das Siegel von Stralsund erstmals einen solchen Wohnraum im Achterkastell. Die Bremer Kogge von 1380 besaß im Achterkastell bereits verschiedene Räume, Schlafbänke entlang der Außenwände und als besonderen Luxus eine eigene Toilette. Seit dem 13. Jahrhundert befanden sich bereits Feuerstellen an Bord, wodurch sich mit der Zubereitung warmer Speisen die Lebensqualität entscheidend verbesserte. In Koggefunden seit dem späten 13. Jahrhundert bestanden die Herde aus hölzernen Kisten mit Sand- oder Lehmfüllung sowie Steinplattenabdeckung, auf der sich ein Feuer lange unterhalten ließ, wenn das Schiff nicht zu sehr in der See schwankte. Bei stärkerem Seegang mußte die Glut gelöscht werden; wäre sie vom Herd gerutscht, hätte sie das Schiff in Brand setzen können.

Nachdem mit der Bremer Kogge der Höhepunkt dieses Schiffstyps erreicht war, kam von England und den Niederlanden aus ein neuer Typ in Mode. Ganz neu war der Holk zwar nicht, aber nun hatte sich dieses Plattbodenschiff zu einem Großschiff entwickelt. Auf dem Danziger Siegel von 1400 ist keine Kogge mehr, sondern ein Holk zu sehen. Zusätzlich zur Kogge besaß der Holk nicht nur ein Achterkastell, sondern auch unter dem Vorderkastell einen Wohnraum. Erstmals gelang den niederländischen Archäologen in Flevoland die Freilegung eines solchen Holks. Im Unterschied zur Kogge war die Seitenwand gebogen und nicht mehr gerade, was den Stauraum vergrößerte. Der in Flevoland freigelegte Holk hatte sicher zwei, möglicherweise drei Masten, denn die wachsende Größe der Schiffe erforderte für den Antrieb immer größere Segelflächen. Dies wiederum ließ sich nur mit mehreren Masten erreichen, wie sie seit dem 15. Jahrhundert im Mittelmeer üblich waren. Die Bedienung der Segel setzte langfristig größere Mannschaften voraus, wenn man auch zunächst die drei Segel hintereinander bedienen konnte. Mit festen Unterkünften für die Mannschaften, Kiel, günstiger Unterwasserform und drei Masten bedeutete der Holk gegenüber den Koggen zwar einen erheblichen Fortschritt. Der Holk besaß aber noch wie die Kogge ein nicht wasserfestes Deck. Dessen Unterkonstruktion ruhte auf den großen Querbalken, deren Enden beim Holk noch durch die Außenwände des Schiffes ragten und verkleidet wurden. Diese Konstruktion hatte zur Folge, daß alles Wasser, Gischt oder Wellen, das aufs Deck gelangte, nach unten lief und sich dort sammelte. Für die Stabilität des hochgebauten Schiffes war das gut, solange es nicht zuviel war und sich wieder abschöpfen ließ – allerdings war es eine Katastrophe für die Waren, da sie naß wurden. Waren, die nicht naß werden durften, verpackte man daher in Fässer. Alle diese hochbordigen Schiffe hatten sich ja aus offenen Booten entwickelt und blieben daher recht nasse Schiffe.

Die Koggen bildeten die universellen Seefahrzeuge des Mittelalters. Die Darstellung zeigt eine Rekonstruktion der Themsemündung im späten 14. Jahrhundert.

Um die Mitte des 15. Jahrhunderts dann gingen die Holländer dazu über, ihre Schiffe in Kraweelbautechnik zu bauen. Vorformen der Kraweeltechnik hatte bereits Caesar im Seegebiet an der Bretagne angetroffen. Die Schiffe besaßen nun mit aneinander verzapften Außen- und Innenplanken noch stärkere Seitenwände. Den Spanten wurde nun je ein Decksbalken zugeordnet. Das Deck ließ sich so wasserdicht an die Bordwände anschließen. Überlaufendes Wasser leiteten in Deckshöhe in die Außenwand eingeschnittene Löcher (Speigatts) ab. In der Ostsee übernahm die Hansestadt Danzig um 1470 die Kraweelbauweise. Den großen Holks war nur eine kurze Blüte beschieden, schon bald wurden sie von den Schiffen in Kraweelbauweise verdrängt. Mit Heckruder, drei Masten und wasserdichtem Deck besaß das westliche Abendland somit sehr manövrierfähige und seetüchtige Schiffe. Lange Reisen ließen sich nun zurücklegen, die Besatzung fand Unterkunft in den Kastellaufbauten. Was nun noch fehlte, war die Wehrhaftigkeit, denn im Zeitalter des Schießpulvers

boten Armbrüste keinen Schutz mehr. Die ersten Büchsen befestigte man an den Außenwänden der Kastelle, aber optimal war das nicht.
Die Lösung des Problems waren wasserdicht verschließbare Stück-
pforten, hinter denen man im Unterdeck Schiffsgeschütze auf-
stellen konnte. Ein derartiges Schiff ist erstmals auf einem Siegel
dargestellt, das sich Maximilian 1493 in seiner Eigenschaft als Präfekt
von Burgund ausfertigen ließ. Mit diesen Schiffen verfügte das
Abendland über eine allen anderen Schiffstypen der Welt überle-
gende maritime Kriegswaffe. Weiträumige Entdeckerreisen und
die Seeherrschaft auf den Weltmeeren sollten nun ihren Ausgangs-
punkt nehmen.

Zugleich mit der Entwicklung des Schiffsbaus war entlang der Küsten der Nord- und Ostsee auch eine maritim geprägte Kulturlandschaft entstanden. Fahrwasser und Seefahrtswege begannen Leucht-
türme und Seezeichen zu sichern, wie der auf einer Insel in der
Elbmündung errichtete Turm von Neuwerk zeigt. Auch entwickelten sich die Häfen, Kaianlagen entstanden ebenso wie Schiffswerf-
ten, Speicherhäuser und Kaufmannskontore. Unmittelbar verbunden
mit dem Hafen war der Markt. Das wirtschaftliche Wachstum des
maritimen Handels schuf die Grundlage für einen steigenden Wohlstand, der sich auch in der Bautätigkeit niederschlug. Die neu entstandenen Seestädte schützten Mauern; in deren Inneren befanden
sich dicht nebeneinander gebaute Warenhäuser und Wohnbauten,
hohe Kirchen und repräsentative Rathäuser. Von den großen Seestädten aus führten die Verkehrswege ins Hinterland.

Im Unterschied zu den guten maritimen Verbindungen war der Wa-
rentransport über Land jedoch nach wie vor mühsam. Zwar hatte das
Mittelalter den vierrädrigen Wagen und das Kummet entwickelt.
Aber die schwerfälligen Planwagen über unbefestigte Straßen zu be-
wegen war trotz gestiegener Zugkraft mühsam und glich einem
Abenteuer, wenn noch Pässe über das Gebirge zu bewältigen waren.
Nur im Bereich von Mooren waren Knüppeldämme errichtet wor-
den. Die Fuhr- und Kaufleute reisten nicht immer durch die Dörfer,

denn oft übernachteten sie in Herbergen an den Straßen. Neben den Herbergen fanden sich Viehpferche und Viehtränken. Mancherorts entstanden auch spezielle Fuhrmannssiedlungen. Fernhandelswege mußten nicht durch die Dörfer auf dem Lande führen, wichtig war nur, daß sie die Märkte erreichten. Seitlich von den Fahrwegen fanden sich Grünlandstreifen, die beweidet werden konnten. Göttlichen Zuspruch auf den langen Reisen fand man in Kapellen des heiligen Leonhard als Schutzpatron der Fuhrleute oder in solchen, die dem heiligen Georg als Schutzherr der Reiter geweiht waren. Um Lübeck herum und in Lauenburg gab es ein ganzes Netz von Landstraßen, von der die bedeutendste die Alte Salzstraße war, welche die Stadt mit dem südlich der Elbe liegenden Lüneburg verband. Eine weitere Wegetrasse führte wenig südlich von Lübeck nach Osten, in das von Slawen besiedelte Mecklenburg. Hamburg und Mecklenburg verband ein West-Ost-Fernweg. Bereits Karl der Große hatte 805 in Bardovick bei Lüneburg eine Zollstation einrichten lassen, um Waffenexporte in die slawischen Länder zu unterbinden. Im späten Mittelalter wird dann die alte Salzstraße mehrfach als *Via Regia,* als bedeutende Reichsstraße, erwähnt. Bei Artlenburg querte diese eine Furt der Elbe. Reste alter Fahrspuren haben sich hier am steilen Nordufer erhalten. Jedenfalls hatte dieser Handelsweg seit dem frühen Mittelalter seine Bedeutung, wie die im Schnittpunkt der Süd-Nord- und der West-Ost-Verbindung angelegte slawische Burg Hammer zeigt. Hier fand sich friesische Muschelgruskeramik und rheinische Basaltlava, Waren, die über diese Wege transportiert sein dürften. Nördlich von Mölln passierte der Süd-Nord-Weg das Stecknitztal und führte dann entlang des westlichen Ufers des Ratzeburger Sees bis nach Lübeck. Der in einer sumpfigen Niederung bei Pogeez nachgewiesene Bohlendamm könnte möglicherweise von diesem frühgeschichtlichen Weg stammen. Auch der slawische Ortsname Pogeez, Ort am Damm, deutet darauf hin. Gekreuzt wurde diese Süd-Nord-Route bei Hammer durch die Fernverbindung in westlicher Richtung. Der Chronist Adam von Bremen erwähnt um 1070 einen stark genutzten

Weg von »Hammaburg nach Jumne«, als von Hamburg nach Wolin. Als Reisezeit gibt er nur sieben Tage an. Also dürfte diese Verbindung relativ gut ausgebaut gewesen sein und beide Orte auf dem schnellsten Landweg verbunden haben.

Im Süden Deutschlands bauten die Kaufleute der Fugger und Welser ein Verkehrsnetz auf, das von ihren Niederlassungen in Augsburg und Nürnberg Böhmen ebenso wie – über die Alpenpässe – Italien erreichte. Die großen Alpenpässe wie der Brenner hatten als wichtige Verkehrsstraßen zwischen Italien und dem Norden auch strategische Bedeutung. An ihnen entstanden Burgen zur Kontrolle, Unterkünfte und Hospize. Neben den großen Pässen verbanden auch kleinere Wege, Saumpfade und Steige durch Berge voneinander getrennte Täler miteinander. Stark benutzte Wege wurden dabei an schwer begehbaren Stellen auch mit Ausbauten, wie stufenförmig verlegten Steinplatten, versehen. Im Gebiet des Dachsteins beispielsweise ermöglichten viele dieser Steige und Saumpfade neben dem regionalen Handel mit Salz den Viehtrieb. Die Wege, oft auch gekennzeichnet durch zahlreiche verlorene Hufeisen und Hufeisennägel, erreichten hier Seehöhen von bis zu 2020 Meter.

Auch die Mittelgebirge erschlossen Wege. Auf dem Hellweg gelangte Erz aus dem Harz bis nach Duisburg an den Rhein und nach Flandern. In der Gegenrichtung wurden Tuche transportiert. Parallel zum Rhein führte der Mauspfad. Eine weitere große Fernstraße des Mittelalters verlief von Köln über Meschede und Kassel nach Eisenach und ins Innere Thüringens. Bei Creuzburg überquerte sie die Werra. Der Überwachung dieser Straße im Grenzgebiet zwischen Hessen und Thüringen diente hier die auf einem Muschelkalkhügel errichtete Creuzburg. Zugleich war der Wehrbau Zeichen der Macht des thüringischen Landgrafen, der diese Burg auf einer Stelle erbaut hatte, an der sich bereits eine von König Heinrich I. errichtete Wehranlage gegen die Ungareinfälle befunden haben dürfte.

Der Unterhalt der Straßennetze und der dazu gehörigen Infrastruktur erforderte eine weitreichende Organisation, fehlte sie, war es um

Wege und Sicherheit schlecht bestellt. »Du bist an Kropperbusch noch nicht vorbei«, sagte man noch in der frühen Neuzeit zu dem Stück des Weges, das durch ein Waldstück zwischen Schleswig und Rendsburg in Schleswig-Holstein führte. Viele Handelswege folgten noch dem Verlauf der römischen Straßen oder anderer alter Wege, die schon lange zuvor begangen worden waren, wie der Ochsenweg zwischen dem dänischen Viborg und Hamburg. Bis zum Beginn des 19. Jahrhunderts bildete der Ochsenweg, auch Heerweg genannt, die zentrale Verkehrsader in Schleswig-Holstein. Seine Ursprünge reichen wahrscheinlich bis in die Bronzezeit vor mehr als 2500 Jahren zurück. Dabei handelt es sich nicht nur um eine Straße, sondern um ein ganzes Bündel von Wegen, die sich südlich der Eider in eine westliche und eine östliche Trasse verzweigten. Die unbefestigten, staubigen Wege führten über die sandige Geest in der Mitte der jütischen Halbinsel. Über diesen Nord- und Mitteleuropa verbindenden Weg zogen Treiber mit ihren Ochsen, aber auch Ritter, Landsknechte und Soldaten. Im späten Mittelalter waren es zahlreiche Pilger, die weiter nach Jerusalem, Rom und Santiago di Compostela gelangen wollten. Entlang des Heerweges entstanden sogar eigene Spitäler und Elendengilden zur Versorgung der Pilger. Auch regionale Pilgerstätten lagen am Weg, wie die des heiligen Helper im nordschleswigschen Kliplev. Die Reformation in Schleswig-Holstein beendete 1542 derlei Pilgerzüge – gleichwohl wurde der Weg weitergenutzt. Seine besondere Bedeutung erlangte der Weg mit dem Ochsenhandel vom 16. bis 18. Jahrhundert. Der Ende des 15. Jahrhunderts einsetzende Massentransport von Ochsen benutzte vor allem Landwege. Nach vier- bis fünfjähriger Weide der Ochsen in Dänemark wurden die Tiere im März und April nach Süden getrieben – in Spitzenzeiten über 50000 Tiere. Nach dem beschwerlichen Weg wurden die nur noch aus Haut und Knochen bestehenden Tiere in den schleswig-holsteinischen und niedersächsischen Marschen gemästet, um dann im Herbst nach Hamburg und in die niederländischen Städte verkauft zu werden.

Um von einem Handelszentrum zur nächsten Stadt zu gelangen, mußten Flüsse, Anhöhen und Berge überquert werden. Vielerorts halten sich noch Namen wie »Hochstraße«, etwa zwischen Titisee im Hochschwarzwald und Zurzach am Hochrhein. Im Nordschwarzwald gab es Weinstraßen, und den Böhmerwald querte der Goldene Steig zwischen Passau und Prag. So ließen sich die Räume zwischen den Verkehrsströmen auf den Flüssen der Donau, Moldau und Elbe überbrücken. Auf der Kammlinie des Thüringer Waldes verläuft der Rennsteig.

Auf der Schwäbischen Alb bei der Burg Teck läßt sich noch heute aus der Luft erkennen, wie mühsam die Fuhrwerke von einer Paßhöhe den Hang herunter bewegt werden mußten. An einem langen Hang wichen die Fuhrwerke mit ihren Gespannen immer wieder nach links und rechts aus, wenn bereits vorhandene Wegespuren nach Regen weder begehbar noch befahrbar waren. »Hoppe hoppe Reiter, wenn er fällt, dann schreit er« – kein Wunder bei solchen Wegen. »Fällt er in den Graben, dann fressen ihn die Raben«. Diese großen schwarzen Totenvögel des Mittelalters gab es überall. »Fällt er in den Sumpf, macht der Reiter plumps«: auf Sumpf reimte sich ursprünglich »plumpf« – stammt das Lied doch aus dem Mittelalter. In den Sumpf konnte man vor allem auch in den nach dem Regen aufgeweichten Seemarschen geraten. Mühsam mußte man hier die Karren über aufgeschüttete, bei Regen aufgeweichte Dämme, oft auch alte Deichlinien, bewegen. Daher besaßen die Wasserwege, Priele und später von Holländern angelegte Bootfahrten, solche Bedeutung. Entlang der Bootfahrten wurden wie in Eiderstedt die Boote mit Pferden getreidelt.

Trotz der Gefahr, in den Sumpf zu fallen – ohne diese Landwege und Möglichkeiten des Seetransports mit größeren Schiffen wäre die Versorgung der vielen Menschen in den Städten nicht möglich gewesen. Nicht nur Lebensmittel wurden benötigt, sondern der Lebensstandard hing auch von den Rohstoffen ab.

12. ES GRÜNE DIE TANNE, ES WACHSE DAS ERZ

TECHNIK UND ROHSTOFFE

Die wirtschaftliche Aufwärtsentwicklung ist an den technischen Fortschritt gebunden – das galt im Mittelalter ebenso wie heute. Aber damals stand das Wort »Kunst« für die Technik, Maschinen zu bauen. Viele technischen Innovationen im Mittelalter waren aus der Natur oder dem Handwerk übernommen worden, andere wiederum stellten echte Erfindungen dar. In den Bereich eines physikalischen Naturverständnisses gehörten alle Formen der Energienutzung von Wasserkraft, Wind und Holzkohle. In Bauhütten wurden die Geheimnisse des Steinbaus weitergegeben, und auch auf dem Lande entwickelte sich bessere Verzimmerungstechniken. Wichtigstes Arbeitsmittel des Menschen war auch im Mittelalter das Pferd. Pferde zogen die neuen vierrädrigen Wagen, die mit einer Drehvorrichtung versehen waren, so daß sie sich wenden ließen. Mit ihnen ließen sich größere Lasten befördern als mit den alten zweirädrigen Karren. Allerdings waren sie auch schwerer, daher benötigte man mehr Zugkraft. Bis dahin waren Pferde nur mit Lederriemen an einer Deichsel angeschirrt, nun setzte sich das Kummet durch, womit sich die Kraft der Pferde doppelt so gut nutzen ließ. Jetzt ließen sich die Pferde auch paarweise hintereinander anschirren. Eine Neuerung, die selbst die Antike nicht gekannt hatte. Mittelalterliche Bildquellen zeigen uns gleichsam den ICE des Mittelalters, große Reisewagen mit Gabeldeichsel, eigens gesicherten Radnaben und mit Kummet angeschirrten Pferden.

Auch die Ochsen erhielten nun zwischen die Hörner geschnallte, gepolsterte Holzbretter, die bequemer waren als die alten Joche. Die Tiere konnten nun ihre ganze Kraft dagegenstemmen. Die besser ausgenutzte Zugkraft von Pferden und Ochsen erleichterte nun auch die Landwirtschaft. Ihre Kraft wurde zum Pflügen der Felder gebraucht, vor allem da sich der Anbau von Roggen als Hauptbrotgetreide nun immer mehr durchsetzte. Die Ochsen zogen schwere

Das Kummet erlaubte eine Steigerung des Zugkraft. Die Deichseln mit den Vorderrädern ließen sich nun drehen. Beide Erfindungen erlaubten die Konstruktion großer Reisewagen, wie diese spätmittelalterliche Darstellung zeigt. Die Radnaben sind zusätzlich mit Tauen gesichert.

Wendepflüge, die in langen Furchen langschmale Ackerparzellen bearbeiteten. Die Technik, Pferde im Kummet anzuschirren, gibt bereits der Wandteppich von Bayeux wieder, jener 70 Meter lange und etwa einen halben Meter hohe Leinenstreifen, der in achtfarbiger Wollstickerei die Eroberung Englands 1066 durch den Normannen Wilhelm der Eroberer zeigt. Ein Pferd zieht eine große Egge mit eisernen Zinken, mit der sich die Ackerschollen leichter zerteilen ließen als mit den alten Knüppeln. Ebenfalls auf diesem Teppich ist noch in alter Schirrweise ein Maulesel einem Pflug vorgeschnallt, während die Kalenderbilder aus dem Stundenbuch des Herzogs von Berry (1340–1461) den gleichen Typ, gezogen von zwei Ochsen, zeigt. Mit Sech zum Vorschneiden, eiserner Schar und Streichbrett blieb dieser Pflug bis fast in unsere Tage üblich. Auch die schweren lehmigen Ackerböden ließen sich mit diesen Pflügen bearbeiten, die im Unterschied zu den den Boden lockernden Hakenpflügen die Schollen auch wendeten. Vielfach wurden bei archäologischen Ausgrabungen in den Nordseemarschen Spuren von Streichbrettpflügen nachgewiesen, wie etwa unter den Wurtaufträgen der Dorfwurt Hassenbüttel an der südwestlichen schleswig-holsteinischen Nordseeküste.

Aus der Antike wurde die Nutzung des fließenden Wassers in Form von Wasserschöpfrädern und Mühlen übernommen. Ausgrabungen einer Getreidemühle bei Großhöbing im bayerischen Schwarzachtal lassen erkennen, daß deren Errichtung nach Ausweis dendrochronologischer Altersdatierungen gleichzeitig mit der Siedlung zwischen 592 und 595 n. Chr. entstand. Bis zur Mitte des 10. Jahrhunderts lassen sich mehrere Umbauten und Reparaturen nachweisen. So erfolgte der Einbau eines Stampfwerkes, das zu den ältesten in Mitteleuropa gehört. Für die Jahre um 830 sind für das Seinebecken Mühlen nachgewiesen, die dem Kloster Saint-Germain-des-Prés gehörten. Im 9. und 10. Jahrhundert ist eine Wassermühle in der frühstädtischen Siedlung Bardowick in Niedersachsen bezeugt. In dem 1086 nach der normannischen Eroberung Englands verfaßten *Domesday Book* ist insgesamt von 5624 Wassermühlen die Rede. Nach historischen Quellen lassen sich in Frankreich, England und Italien im letzten Drittel des 11. Jahrhunderts auf 1000 Haushalte etwa 25 Wassermühlen nachweisen; zu einer Mühle gehörten demnach etwa vierzig Haushalte. Diese Zahlenangaben sprechen nicht nur für die weite Verbreitung von Wassermühlen, sondern deuten auch auf deren geringe Kapazität hin.

Bei den Wassermühlen wurde mittels des Mühlenrades die Energie des fließenden Wassers in eine Kreisbewegung umgesetzt, die sich dann zum Antrieb des Mahlsteins, aber auch von Maschinen nutzen ließ. Die Kraftübertragung wäre dabei ohne die Erfindung des hölzernen Zahnrades nicht möglich gewesen. Zunächst versahen bei den Wassermühlen – wie in dem erwähnten Großhöbing –

unterschlächtige Räder den Antrieb, die senkrecht im Fluß standen und unten von dessen Kraft angeschoben wurden. Noch eine bessere Ausnutzung der Energie besaßen meist oberschlächtige Räder mit der Heranführung des Wassers von oben in Holzleitungen und Kanälen. Ein oberschlächtiges Wasserrad zeigt die um 1350 entstandene Dresdener Bilderhandschrift.

Recht unterschiedliche Daten liefern die historischen Quellen über die jährlichen Erträge von Mühlen. Die Einkünfte aus den Natural-abgaben seiner Mühle in Eidelstedt etwa bezifferte das Hamburger Domkapitel in den 1320er Jahren auf drei Scheffel Roggen. Die eben-falls dem Domkapitel zugehörende Poppenbütteler Mühle erbrachte etwa fünf Scheffel Roggen. Aus den jährlichen Erträgen einer Mühle errechnete sich der Verkaufspreis. Die Kollau Mühle bei Eppendorf in der Nähe von Hamburg etwa wechselte für 150 Mark den Besitzer. Aus dem Vergleich der Einkünfte mit dem Verkaufspreis läßt sich errechnen, daß der Wert einer Mühle im holsteinischen Stormarn etwa mindestens den zehnfachen Betrag der jährlichen Heuer ergab – wofür aber meist nur wenige Daten vorliegen.

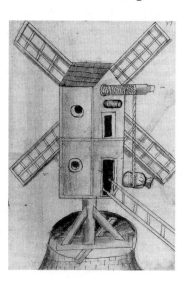

Neben Wassermühlen entstanden im Mittelalter auch Bockmühlen.

Ab der zweiten Hälfte des 12. Jahrhunderts entstanden auch die ersten Windmühlen mit vertikal drehenden Flügeln, an die Segel gespannt waren. Dabei handelte es sich noch um reine Bockmühlen, die in den Wind gedreht werden mußten – eine arbeitsaufwendige Technik. In den besonders tief liegenden Marschbereichen konnten Wasserschöpfmühlen das Wasser aus den Entwässerungsgräben nun abpumpen, was die Binnenentwässerung erheblich erleichterte.

Aber nicht nur in der Landwirtschaft kamen neue technische Errungenschaften zum Einsatz, die Technik erfaßte weit mehr Lebensbereiche. Bereits für die erste Hälfte des 14. Jahrhunderts ist beispielsweise in Stormarn neben reinen Getreidemühlen auch die Existenz mindestens einer Hammermühle belegt. Mittels Hammerwerken wurden beispielsweise Felle von Haaren und Feinleder von Fleischresten befreit. Andere Hammermühlen dienten der Zerkleinerung von erzführenden Gesteinen. Auch Papiermühlen kannte das späte Mittelalter schon. Fortan brauchte man dieses begehrte Schreibmaterial nicht mehr von jenseits der Alpen und aus dem islamischen Kulturkreis zu importieren.

Neben der Wasserkraft ließ sich auch die menschliche Energie nutzen. In Nürnberg wird für 1360 erstmals eine Verwendung der Kurbelwelle erwähnt. Zu den größten Geräten gehörten Kräne zum Heben und Senken von Lasten. Ohne diese wäre der Bau schwindelerregend hoher Türme und Mauern gar nicht möglich gewesen. Soweit aus Bildquellen bekannt, hatten diese Kräne oft nicht einmal eine Arretierung. Das ganze am Seilende hängende Gewicht mußte vom Bediener des Krans am anderen Ende gehalten, gesenkt oder gehoben werden. Auch Flaschenzüge und Übersetzungen mit Hilfe von Zahnrädern wurden benutzt. Kräne und Flaschenzüge waren zwar schon in der Antike bekannt gewesen, aber nun wurden sie in Mitteleuropa erneut verwendet und weiterentwickelt. Die Steinmetze der Dombauhütten lernten, Steine besser zu verfugen, wodurch bei den gotischen Kathedralen größere Fenster ermöglicht wurden. Ebenso groß waren die Neuerungen im Holzbau. Neben gesägten Brettern zeigt dies die Vielfalt der Holzverbindungen.

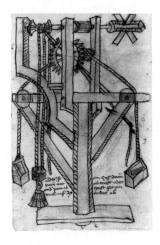

Die Zeichnung zeigt ein Kransystem mit zentralem Schwungrad, das von einer Windmühle angetrieben wird. Anonymus des Hussitenkrieges, Anfang 15. Jahrhundert.

Zu den großartigsten Erfindungen des Mittelalters gehört die Meßbarkeit der Zeit durch mechanische Uhren an Stelle der alten Wasser- oder Sanduhren. Geschickte Handwerker fanden zwischen 1300 und 1350 durch Versuche die Maßverhältnisse von Hemmung und Unruhe heraus, die das Uhrwerk einigermaßen gleichmäßig ablaufen ließ. Die Unruhe wurde mit Gewichten betrieben. Der Nutzung der Bewegungsenergie traute man noch mehr zu, wie der phantastische Entwurf eines »Perpetuum mobile« von Franceso di Giorgio Martini aus der zweiten Hälfte des 15. Jahrhunderts zeigt. Diese Saug-Druck-Pumpe sollte das Wasser für ein Wasserrad liefern, das wiederum die Pumpe in Gang halten sollte. Aber die unendliche, sich selbst ohne Verlust wiedererzeugende Energie wurde bis heute nicht erfunden. So wenig wie das perfekte Perpetuum mobile ließen sich auch die Flugideen eines Leonardo da Vinci umsetzen, der Mensch konnte sich mittels hölzerner Flügel nicht wie ein Vogel in die Lüfte erheben.

Neben Wasser und Wind war Holzkohle der Hauptenergielieferant der mittelalterlichen Welt. Steinkohle hingegen wurde bis in die Neuzeit hinein nur regional begrenzt und in geringen Mengen verbrannt. Da sich mit Holzkohle nur eine Temperatur von 900 Grad Celsius erreichen ließ, Eisen jedoch einen Schmelzpunkt von über 1500 Grad, Quarzglas sogar einen von über 1700 Grad hat, brauchte man Schmelzöfen. Die rheinischen Töpfer erreichten mit ihren Brennöfen, bei dem die Heizstelle vor dem Brennraum lag, Temperaturen bis 1200 Grad. Dies war die Voraussetzung für die Herstellung von wasserundurchlässigem Steinzeug, das in Europa überall begehrt war. Die mit Blei glasierte Keramik hingegen war trotz allem nicht wasserdicht und dazu noch giftig. Das rheinische Steinzeug erhielt seinen ungiftigen Überzug hingegen dadurch, daß man seit dem 14. Jahrhundert Kochsalz in den Ofen schüttete.

Krönung des technischen Ofenbaus war zwischen dem 11. und 13. Jahrhundert die Erfindung des Hochofens mit unten liegendem Feuerraum und hoher Kuppel, dessen älteste Exemplare im Sauerland belegt sind. Über Luftkanäle schürte man die Glut. Ab dem 13. Jahrhundert traten teilweise mit Wasserkraft betriebene Blasebälge hinzu. Reichte die Schmelzhitze dennoch nicht aus, versuchte man durch Beimischungen die Schmelztemperatur herabzusetzen. Bei Glas ging dies leicht, jedoch nicht bei in Stein liegendem Erz. Die Steinbrocken mußten daher mühsam kleingehackt werden. Enthielt das geschmolzene Eisen immer noch Schlacke, ließ sich diese nur durch erneutes Ausheizen, somit Erhitzen bis auf 1200 Grad, und Schmieden mit Holzschlegeln austreiben. Bei diesem mechanischen Reinigungsverfahren gingen allerdings 50 Prozent des Eisens durch Oxidation verloren. Reste der riesigen Schlackenhalden sind noch heute vorhanden. In speziellen Öfen war man in der Lage, durch ein Schmelzbad Blei von Silber zu trennen. Blei, das einen geringeren Schmelzpunkt besaß, oxidierte an der Oberfläche zu Bleiglanz und wurde mit dem Glättehaken abgezogen. Kupferschmelzöfen sind archäologisch im Harz nachgewiesen, einer der am intensivsten genutzten Bergbauregionen des Mittelalters. Langwieriger war dieses Verfahren, wenn das Silber im Kupfererz enthalten war. Mit Hilfe des in Nürnberg im 14. Jahrhundert belegten Seigerverfahrens ließ sich das Silber aus dem Kupfer mit Hilfe von Blei herausschmelzen.

Die neu erworbenen physikalisch-chemischen Erkenntnisse machte man sich auch bei der Farbgewinnung zunutze. Das Spektrum der mittelalterlichen Farben wurde beträchtlich erweitert, wenn auch nicht klar ist, ob etwa die strahlend blauen Lapislazuli-Pigmente und das Aurum Musicum, ein Goldersatz, aus dem mediterranen Raum importiert wurden. Erstmals taucht Lapislazuli auf den Manuskripten aus der zweiten Hälfte des 10. Jahrhunderts auf. Das Verfahren, mittels einer Öllösung aus dem verriebenen Stein die benötigten Farbpigmente herzustellen, wird erstmals von Ibn Badis im 11. Jahrhundert beschrieben.

Aller technischer Fortschritt braucht Rohstoffe. Diese waren in Mittelgebirgen wie dem Schwarzwald und dem Harz vorhanden. Anfänglich war die Erzgewinnung Sache der Grundherrschaften, ab dem 12. Jahrhundert entstanden Rechtskodifizierungen, nach denen die Bergleute direkt dem Regalherren, dem König oder einem von ihm eingesetzten Vertreter zugeordnet waren. Parallel zur Entstehung der Städte und der städtischen Freiheit finden sich nun Bergleutesiedlungen mit entsprechenden Freiheiten, wie sie etwa Friedrich Barbarossa in der Bulle von 1158 festlegte. Entsprechende bergrechtliche Kodifizierungen kennen wir für Goslar aus dem Jahr 1271. Die entscheidende Folge dieses Wandels war, daß die Bergleute nicht mehr aus den Siedlungen der Grundherrschaft kamen, dort wohnten und am Ende der Arbeit zurückkehrten, sondern nun bei den Gruben lebten. Grubenbauten, Pochwerke, Schmelzen und Wohnhäuser lagen jetzt dicht beieinander. Aus den Bergleutesiedlungen erwuchsen Bergstädte mit Rat und Bergrichter. In dieser Zeit, um 1200, erreichte der Erzbergbau im Schwarzwald die Hochlagen. Im südlichen Schwarzwald entwickelten sich ganze Bergstädte wie Münster und Sulzburg.

Etwa 60 Kilometer nördlich von Freiburg liegt in einem Seitental der Kinzig die wüste Bergstadt Prinzbach. Den Ort umgibt ein mächtiger, halbkreisförmiger Mauerring, der eine Fläche von fünf bis sechs Hektar in Höhen von 270 bis 290 Meter über dem Meeresspiegel umfaßt. Hier finden sich unterschiedliche Abbauspuren und Wohnplätze. Archäologische Ausgrabungen haben hier eine Besiedlung für das 13. Jahrhundert nachgewiesen, schon im 14. Jahrhundert war es jedoch zu Ende mit der Stadt. Die Stadt blieb von der Erzgewinnung abhängig, denn in dem abgeschnittenen Seitental konnte sie keine marktwirtschaftliche Bedeutung erreichen. Während der Krise des Bergbaus im 14. Jahrhundert mußte sie daher aufgeben. Das von Bergbauspuren bedeckte Areal am Hang des Birkenberges im Möhlintal von St. Ulrich, etwa zehn Kilometer südlich von Freiburg, umfaßt in einer Höhenlage von 490 bis 620 Meter über dem Meeresspiegel etwa zwölf Hektar. Nachgewiesen sind hier Anlagen für den Abbau sowie die Verhüttung von Erzen wie Schachtpingenreihen und eine Staumauer mit Hangkanal, auch Wohnungen und ein burgartiges Haus. Im Harz fanden sich auf engem Raum Eisen- und Buntmetallerzlagerstätten. Die bergbauliche Gewinnung von Mineralien hatte hier bereits seit der Bronzezeit eingesetzt. Nach 950 erhellen erstmals schriftliche Überlieferungen den Bergbau im Harzraum, der zur Zeit Ottos des Großen (912–962) einen erheblichen Aufschwung erlebte. Dies zeigen auch zahlreiche archäologische Funde und mit den Sachsen- oder Otto-Adelheid-Pfennigen massenhafte Münzprägungen aus dieser Zeit. Mit dem 11. Jahrhundert wird am Rammelsberg bei Goslar ein schon erheblicher Bergwerksbetrieb faßbar. Um diesen zu betreiben, wurden in dieser Zeit noch erfahrene Bergleute aus anderen Regionen im Süden geholt. Hier wurden ebenso wie bei Iburg sowie im Ober- und Mittelharz, am westlichen und südlichen Harzrand, Kupfer und andere Erze abgebaut. In dieser Zeit bildeten die Erzgruben noch sehr kleine, in den Lagerstätten neben- und übereinander gestaffelte Abbaueinheiten. Nur wenige Leute betrieben hier den Abbau von Erzen. Um 1200 setzte eine Ausbeutung der

Oberharzer Erzgänge ein. Dort wurde durch das 1150 bei Zellerfeld gegründete Kloster Cella bei Klaustal um 1200 mit dem Erzabbau begonnen. Ferner entstanden Burgen und Bergwerke adeliger Herren. Die Bergbausiedlungen erreichten nun Höhen von 600 bis 800 Meter über Normalnull. In Verbindung mit dem Obermarsberger Erzrevier entwickelte sich Goslar auch als Bergstadt. Dies vollzog sich vor dem Hintergrund rechtlicher Umschichtungen.

Mit dem späten 13. oder möglicherweise erst im 14. Jahrhundert war das Bergregal vom König auf die Territorialherren übergegangen, 1356 zunächst auf die Kurfürsten, später auf weitere Territorialherrschaften. Auch vermögende Stadtbürger beteiligten sich nun am Bergbau, sie schürften nicht selbst, sondern gewannen über Bezahlung Bergleute. Durch diese Trennung von Kapital und Arbeit wurde ein technisch aufwendigerer Bergbau erst möglich. Deutlich erkennbar ist dieser Prozeß auch im Erzgebirge, wo im Zuge des Landesausbaus schon um 1200 die Kammlagen erreicht worden waren. Schneeberg und Annaberg repräsentieren hier gegen Ende des 15. Jahrhunderts die neuen Bergstädte. Wie solche Städte im Hochmittelalter aussahen, haben archäologische Ausgrabungen in Bleiberg bei Sachsenburg belegt. Die mit einem Wall umgebene Bergstadt war im 2. Viertel des 13. Jahrhunderts gegründet worden und um 1390 wüst gefallen. Über 180 Schachtpingen, ältere Grubenhäuser und jüngere ebenerdige Steinfundamenthäuser sowie Schmelzöfen wurden in dem zwölf Hektar großen Stadtareal freigelegt.

Mit der Intensivierung des Bergbaus im hohen Mittelalter nahm eine bergbautechnische Entwicklung ihren Gang, welche die Umwelt nachhaltig verändern sollte. Deutlich zeigen dies die Forschungen im Harz. Noch um 1000 war der Harz bewaldet gewesen. Die natürliche Buchengrenze reichte bis in eine Höhe von 1000 Meter über Normalnull. Wie verlassen solche Wälder noch lange waren, bekundet der Dichter des *Heliand*, der im 9. Jahrhundert den biblischen Begriff »Wüste« mit »Wald« wiedergab. Kaiser Heinrich IV. etwa schlängelte sich mit dem Rest seines Gefolges auf seiner Flucht vor den Sachsen

1073 noch vier Tage lang durch den Urwald aus Buchen, Eichen und Ahorn von Harzburg bis nach Eschwege.

Nach der historischen Überlieferung standen somit zu Beginn des geschichtlichen Bergbaus im Harz noch reiche Holzvorräte zur Verfügung. Ein Bild, das durch naturwissenschaftliche Untersuchungen an Holzkohleproben und Pollenanalysen bestätigt wird. Im Unterschied zum heutigen Waldbild beschränkten sich dabei die Fichtenareale auf die hohen und moorigen Flächen. Bis in das frühe Mittelalter bestand der Wald überwiegend aus Ahorn und Buche, an den Harzrändern waren auch Eichen, Erlen, Birken, Linden und Eschen verbreitet. Stand zu Beginn des von den Rändern zum Harzinneren fortschreitenden Bergbaus noch reichlich Wald zur Verfügung, kam es schon kurz vor 1000 zu einer Energieverknappung.

Untersuchungen in Mooren zeigten, daß zwischen 200 und 600 n. Chr. ebenso wie zwischen 700 und 1000 n. Chr. Bergbau betrieben worden war. Durch Verhüttungsprozesse gelangte Kupfer in die Atmosphäre und lagerte sich in Mooren ab. Seit der Mitte des 10. Jahrhunderts vergrößerte sich der Bleieintrag und erreichte beispielsweise im Sonneberger Moor zwischen 1200 und 1300 ein erstes Maximum. Die anschließenden minimalen Werte des Stoffeintrages zwischen 1350 und 1450 fallen in eine Zeit technischer Schwierigkeiten des Bergbaus. Erst nach 1550 stieg die Bleikurve wieder an, um gegen 1650 und 1850 ein Maximum zu erreichen. Beruhigend zu wissen, daß in der Gegenwart die Werte etwa denen von 800 n. Chr. entsprechen.

Zunächst waren die Eingriffe in den Naturraum nur lokaler Natur gewesen, indem in der Umgebung der Holzkohlen- und Verhüttungsplätze Espen, Fichten, Linden, Erlen, Birken, Pappeln und Ulmen gerodet wurden. Die Entwicklung ging jedoch bald so weit, daß auch die edleren Laubhölzer wie Eiche, Buche und Ahorn, die man sonst für den Hausbau und Holzgeräte benötigte, zum Heizen der Hochöfen verwendet wurden. In Gebieten mit wandernden Metallschmelzen, Töpfereien, Glashütten und Salinen kam es daher zu einer Erschöpfung kleinerer Waldbestände. Die hochmittelalterliche

Intensivierung des Bergbaus zog dann einen Niedergang des Waldes nach sich. Archäologische Reste der intensiven Nutzung sind zahlreiche Meiler in einem Areal, die mehrfache Benutzung derselben und eine professionellere Verkohlungstechnik. Während im übrigen die historischen Quellen einen florierenden Bergwerks- und Hüttenbetrieb belegen, zeigen die zeitgleichen Hinterlassenschaften, die Holzkohlen, eine drohende Energieverknappung an. Bis um 1400 dürfte der ursprüngliche Wald dem Bergbau fast ganz zum Opfer gefallen sein. Kaiser Heinrich hätte sich zu dieser Zeit nicht mehr durch einen Urwald schlängeln müssen!

Holz wurde nicht nur für den Betrieb der Öfen gebraucht, sondern bildete auch das Baumaterial für die Wasser- und Grubentechnik, ohne die sich der Bergbau nicht mehr gewinnbringend betreiben ließ. Da die obertägigen Erzlagerstätten ausgebeutet waren, mußte der Bergbau den Erzgängen in die Tiefe folgen. Ehemalige Einzelgruben wurden verbunden. Ferner entstanden Durchschläge und Stollen zur Förderung, Frischluftzufuhr (Bewetterung) und Wasserabfuhr (Wasserhaltung).

Versäumte dabei der Mensch das Abpumpen der Gruben und Gänge, liefen diese mit Wasser voll. Wie man das Wasser nutzen konnte, beschrieb um 1556 Georg Agricola in seinem Buch *De re metallica libri XII*. Es zeigt nicht nur den Bau oberschlächtiger Wassermühlen, sondern auch deren Kombination mit einer umlaufenden Kette von Lederbälgen. Diese wurden als elastischer, beweglicher Kolben in einer Holzröhre nach oben gezogen und dienten so als Wasserpumpen. Mit diesen »Heinzenkünsten« ließ sich Wasser aus rund fünfzig Meter Tiefe heben. Das Wasserrad konnte man auch zum Fördern von Erz nützen. Auch für die Weiterverarbeitung der Erze ließ sich die Wasserkraft verwenden. Agricola hat uns eine genaue Beschreibung eines »Pochwerkes« für die Verkleinerung der Erze hinterlassen. Dabei trieben Wasserräder eine Gruppe von schweren Holzstempeln mit eisernen Schuhen an, welche die in Kästen liegenden Erze zerkleinerten. Die weitere Trennung der Erze von wertlosem Gestein wurde ebenfalls durch die Nutzung der Wasserkraft erleichtert, wie der Antrieb von Blasebälgen für die Schmelzfeuer zeigt. Da die von vielen Bächen und Flüssen durchzogene Landschaft des Oberharzes nur an wenigen Stellen genügend Wassermengen bot, wurden Grabensysteme angelegt, die das Wasser in Speicherteiche leiteten. Entsprechende Anlagen sind auf einer Streitkarte von 1581 zwischen Clausthal und Zellerfeld zu sehen. Die Errichtung solcher aufwendigen Systeme gehört jedoch schon in die Periode einer erneuten Intensivierung des Bergbaus in der frühen Neuzeit.

Bergbaurechtliche Bestimmungen, die schon im 14. Jahrhundert ein schwer durchschaubares Geflecht bildeten, sollten der Regelung von Streitigkeiten bei der Ausbeutung der Bodenschätze dienen. Wie notwendig das war, zeigt die sich anbahnende Krise im Bergbau. Die Überlieferung aus dem Harzraum dokumentiert, daß hier, wie in anderen Erzrevieren im übrigen auch, nach der Blütezeit des Bergbaus im 12./13. Jahrhundert die bis dahin entwickelten Techniken zu einer effektiven Weiterführung der Erzproduktion nicht geeignet waren. Konkurrierenden Interessen unterworfen, rückten die Reviere aufgrund der knapperen Vorkommen immer enger zusammen. Hatten über Jahrhunderte kleine Bergwerke mit nicht sehr tiefen Stollen für einen Gewinn ausgereicht, verlangten die Abbaue nun nach größeren Einheiten mit neuem technischen Equipment. Nachdem – wie am Rammelsberg um 1300 – die Kupfererze zur Neige gingen, brach sechzig Jahre später die Produktion zusammen. Der Rammelsberg teilte das Schicksal mit allen Abbauorten im westlichen Harz. Für etwa hundert Jahre kam der Bergbau ganz zum Erliegen. Erst die zunehmende Bedeutung der Metalle ließ nach 1450 die Landesfürsten anstelle der Stadt Goslar die Führung im Bergbau übernehmen. Neue Technik und Organisation leiteten dann neue Entwicklungen im Montanwesen ein. Die engen Verflechtungen zwischen Umwelt, Rohstoffen, deren Ausbeutung durch den Menschen sowie technischem Fortschritt haben jedoch bis heute ihre Gültigkeit. Auch hierin ist das Mittelalter erstaunlich aktuell.

Nicht nur die Mittelgebirge lieferten mit den Erzen benötigte Rohstoffe, hinzu trat das Salz, das für die Konservierung verderblicher
Lebensmittel gebraucht wurde. Ohne Salz gab es weder eine Vorratshaltung noch einen Transport von Lebensmitteln wie Fischen. Spätestens in der zweiten Hälfte des 12. Jahrhunderts wurden, nach ihrer
Ausbeutung in prähistorischer Zeit, die Salzlager auf dem Dürrnberg
bei Hallein in Österreich wieder entdeckt. Hier wurden zugleich die
Verfahren des Salzbergbaus entwickelt, nachdem das Salz bis dahin
obertägig abgebaut worden war. Im Gegensatz zu Reichenhall, wo natürliche, salzhaltige Quellsole genutzt wurde, basierte die Salzgewinnung in Hallein auf der Versiedung künstlicher Sole. Diese entstand durch die Zuleitung von Süßwasser in Laugkammern, mit deren
Hilfe man das Salz aus dem Gestein auslaugte. Dieses System bewährte
sich vor allem dann, wenn sich die obertägigen Gesteine erschöpft hatten und die Schächte nun tiefer abgeteuft werden mußten. Schon seit
dem 12. Jahrhundert verband eine Soleleitung den Dürrnberg mit
dem Salzachtal, wo die Salinenstadt Hallein entstand.

Vor der immer bedeutender werdenden Ausbeutung norddeutscher
Salinen, wie der von Lüneburg, bildete die Salzgewinnung vom 11. bis
14. Jahrhundert auch in vielen Gebieten an der Nordseeküste zwischen
Flandern und Nordfriesland einen bedeutenden Wirtschaftsfaktor. Da
man bei unserem feuchten Klima durch Verdunsten von Meerwasser
kein Salz gewinnen kann, boten sich zur zusätzlichen Salzgewinnung vor allem die salzdurchtränkten Torfe an der nordfriesischen
Küste an. Bei diesem Verfahren wurde der Torf gestochen und verbrannt und dann aus der Asche das Salz ausgelaugt und eingedampft.
Durch diesen Abbau der von Sedimenten bedeckten Torfe wurden im
Bereich des östlichen Teiles der alten Insel Strand und der nördlichen
Halligen große Teile fruchtbaren Landes zerstört. Spuren des Salztorfabbaus findet man an vielen Stellen im nordfriesischen Wattenmeer, so beispielsweise um Nordmarsch-Langeneß-Butwehl und
Gröde-Appelland. Dort, wo die Salzgewinnung außerhalb der bedeichten Marschen erfolgte, schützten niedrige Kajedeiche, soge-

nannte Salzköge, Salzsiederwarft und Abbauflächen. Die stark salzhaltige Asche wurde zu der meist auf einer Warft errichteten Salzbude gebracht und in hölzerne Trichter (Küppen) gekippt, in deren Mitte sich ein für die Asche undurchlässiger Rost aus hölzernen Speichen und einem Strohgeflecht befand. Aus einem Brunnen bezogenes Meerwasser wurde so lange durch den Trichter geleitet, bis der eingefüllten Asche das Salz entzogen war. In einer zweiten Küppe wurde der Vorgang wiederholt, und die gesättigte Lösung (scharfer Pekel, Breen) floß dann in eine runde, eiserne Siedepfanne. Unterhalb der Pfanne befand sich ein Feuerungsraum. Mittels des nun stattfindenden Siedeprozesses mußte zur Gewinnung feinkörnigen Salzes die Sole bei hohen Temperaturen bis zu zwölf Stunden kochen, und dann wurde das Salz in hölzerne Tröge gefüllt.

Der Salztorfabbau kam zum Erliegen, als das »friesische Salz« gegenüber dem aus den Bergwerken gewonnenen Salz nicht mehr konkurrenzfähig war. Für die Gebiete der Soholmer und Lecker Au wird für eine Zeitspanne von 200 Jahren mit etwa 1724 Zentnern Salz pro Jahr gerechnet. Um Langeneß und den anderen nördlichen nordfriesischen Halligen könnten es für eine ähnliche Zeitspanne insgesamt 800 000 Zentner gewesen sein. Mit 4000 Zentnern pro Jahr war dabei die Abbaumenge etwa doppelt so hoch wie im Gebiet der Soholmer und Lecker Au. Für die gesamte friesische Küstenregion zwischen Eider und Wiedau kann die Gewinnung von »Friesensalz« bis in das 15. Jahrhundert hinein als weitverbreitetes Gewerbe gelten. Intensiv betrieben wurde die Salzgewinnung in der Böking-Harde mit der Halbinsel Gamsbüll, auf den Inseln Sylt und Föhr sowie im Watt der Halligen Hooge, Gröde und Langeneß, an deren Südseiten noch heute Spuren des Salztorfabbaus zu erkennen sind.

An der ostfriesischen Küste haben sich ähnliche Abbauspuren im Bensersieler Watt erhalten, ebenso in der Westermarsch bei Norden und der Marscheninsel Bant im Juister Watt. Über die genannten Einzelbeispiele hinaus dürfte auch für Ostfriesland von einem Salztorfabbau im gesamten Küstenbereich auszugehen sein. Ob allerdings die

im 12. Jahrhundert einsetzenden Jadebuseneinbrüche auf den Salztorfabbau zurückgehen, kann derzeit nur spekulativ beantwortet
werden. Daß durch Salztorfabbau bedingte Landabsenkungen die
Meereseinbrüche von Jade, Dollart, Ley und Harle begünstigten, steht
jedoch außer Frage.

Die Salztorfgewinnung in den Niederlanden weist wesentliche Parallelen zu den Verhältnissen in Nord- und Ostfriesland auf, allerdings gibt es auch Unterschiede im organisatorischen Ablauf. Während in Nord- und Ostfriesland der gesamte Herstellungsprozeß vor
Ort abgewickelt wurde, hatte in den Niederlanden die fortschreitende Urbanisierung seit dem 13. Jahrhundert die Verlagerung der Sie-
deprozesse in spezielle Häuser in den Städten zur Folge. An den Küsten wurde nur noch Salzasche hergestellt. Die Salzherstellung
entwickelte sich so in den Niederlanden von einem Familiengewer-
be zu einem bedeutenden städtischen Industriezweig mit einer Verbesserung der technischen Standards und hoher Produktivität. Das
Salz aus der Herstellung konnte ferner unmittelbar dem Handel zu-
geführt werden. Salztorfabbau größeren Ausmaßes wurde in den
Niederlanden im seeländischen Flandern, in Seeland mit den Pro-
duktionsstätten von Middelburg und Vlissingen auf Walcheren, im
südlichen Holland und der Lauwerssee sowie vermutlich um Groningen betrieben. In Friesland erstreckte sich der Zeitraum der Salzgewinnung vom 11. bis zum 15. Jahrhundert. Den Umfang der Produktion vermittelt das seeflanderische Biervliet. In der Stadt
erwirtschafteten 1423 etwa 300 Siedebetriebe einen Gesamtertrag
von etwa 4500 Tonnen. Etwa 90 Prozent der Produktion gingen in
den überregionalen Handel. Der Handelsraum des Friesensalzes erstreckte sich vom südlichen Skandinavien bis nach Mitteleuropa.
Konnte sich in Nordfriesland das Friesensalz durch Preisunterbietung
gegenüber der neuen Konkurrenz aus den Lüneburger Salinen zunächst noch behaupten, so waren die Verhältnisse in den Niederlanden umgekehrt. Dort wurde das Torfsalz durch die Preiskonkurrenz
des aus Übersee importierten Salzes rasch verdrängt. Man kann das

allerdings auch als einen glücklichen Umstand bezeichnen, denn der ungeheure Raubbau an der Natur sollte Folgen haben.

13. AM ENDE?

WACHSTUMSGRENZEN, WÜSTUNGEN UND KATASTROPHEN

Um 1000 hatte die Bevölkerungszahl in Europa etwa 38 Millionen Menschen umfaßt, um 1300 war es das Doppelte. Eine Zeit des Wachstums, zahlreicher Städtegründungen, einer Expansion des Siedelraums und einer intensiven Landnutzung neigte sich ihrem Ende zu. In den Mittelmeerländern hatte sich die Bevölkerung nur um die Hälfte vermehrt, in Deutschland, Frankreich und England um das Dreifache! Begünstigt hatte diese Entwicklung eine weitreichende Klimaverbesserung. Die Wikinger hatten um 1000 Grönland erreicht, deren Küste sie als grün beschrieben, in Hamburg wurde Hopfen angebaut und in England Wein. Die sommerlichen Temperaturverhältnisse im Hochmittelalter lassen sich aus der Verbreitung des Weinanbaus erschließen. In England florierte der Weinanbau bis auf eine nördliche Breite von 53 Grad, der englische Wein war durchaus eine Konkurrenz für den französischen. Wein gedieh auch in Belgien und in Norddeutschland. Im östlichen Alpenvorland lag die Grenze des Weinanbaus etwas über 700 Meter. Demnach müssen die Sommertemperaturen in England um 0,7 bis 1 Grad, in Mitteleuropa sogar 1 bis 1,4 Grad höher gewesen sein als heute.

Gegen Ende des 13. Jahrhunderts aber begann sich das Klima zu verschlechtern, wenn dieser Prozeß auch regional unterschiedlich verlief. Um 1490 zeichnet sich dann eine deutliche Kaltphase ab, ebenso wie zwischen 1510 und 1520. Von Beginn des 14. Jahrhunderts an häuften sich kalte Sommer, die vorher nie auftraten. Von 1340 an traten die warmen Sommer völlig zurück, und in den Jahren 1345 bis 1347 folgten drei bitterkalte Sommer hintereinander. Die Reben blühten viel später. Für die Vegetationsverspätung von 1347 gibt es in den Jahrhunderten zuvor keine Parallele: Es war der kälteste Sommer der letzten 700 Jahre.

Die Kenntnis dieser klimatischen Veränderungen beruht vor allem auf dem Verhalten der Alpengletscher, die sich bei Kälte ausdehnen und bei Erwärmung schrumpfen. Überfahren die Gletscher dabei Zirben (Lärchen), lassen sich aus diesen Bäumen dendrochronologische Altersangaben gewinnen. Allerdings ist es schwierig, lokale von überregionalen Klimaeinflüssen zu unterscheiden, da jede Region für sich betrachtet werden muß. Das Klima hatte auch einen entscheidenden Einfluß auf die Waldgrenze. Dieser läßt sich aber nur an Standorten gut erfassen, an denen Beweidung, Bewirtschaftung und Waldbrand ausgeschlossen werden können und die aktuelle und potentielle Waldgrenze weitgehend zusammenfallen. Oft ist es schwierig, den menschlichen Einfluß auf die Waldreduktion etwa durch Abbrennen des Waldes für die Erweiterung der Almweiden vom klimatischen für bestimmte Zeitabschnitte quantitativ zu unterscheiden. Die bisherigen Untersuchungen in Mooren des inneren Ötztals beispielsweise lassen den Schluß zu, daß die Klimaschwankungen der Nacheiszeit die Waldgrenze nur in den obersten 200 Höhenmetern stark beeinflußten, ihr naturbedingter Schwankungsbereich aber 250 Meter kaum und 300 Meter nicht überschritten haben dürfte.

Untersuchungen an abgestorbenen Zirben im Ötztal zeigen, daß sich in der Wachstumsentwicklung der Bäume die Klimaverhältnisse der Vegetationsperiode anhand der Dicke der Baumjahrringe (Dichtewerte) deutlich abzeichnen. Markante Wachstumseinbrüche um 1300, 1600 und in der ersten Hälfte des 19. Jahrhunderts entsprechen zeitlich sehr gut den Gletscherhochstandsperioden dieser Zeitabschnitte. Die Temperaturdepression nach 1812 hatte durch gehäuftes Absterben und ausbleibenden Wuchsbeginn eine deutliche Auflichtung des Waldbestandes im Waldgrenzbereich zur Folge.

Aus dem schweizerischen Berggebiet stammen ebenfalls Dichtewerte von Baumjahrringen. Spätholzdichten sind ein recht zuverlässiger Indikator für die Temperaturverhältnisse der Monate Juli, August und September. Eine Ordnung der Dichtewerte nach der Größe zeigt, daß die höchsten Werte, die den höchsten Temperaturen im Spätsommer entsprechen, sehr ungleich verteilt sind. Diese entfallen zur Hauptsache auf die Periode von 1269 bis 1340. Später treten sehr hohe Dichten nur noch höchst selten auf, seit 1800 gar nicht mehr. Sehr geringe Dichten mit kalten Spätsommern fehlen bis 1300 völlig. Vom Beginn des 14. Jahrhunderts an tauchen kalte Sommer vereinzelt, dann häufiger auf. Von 1340 an treten die sehr warmen Sommer völlig zurück. In den Jahren 1345 bis 1347 folgen drei sehr kalte Sommer aufeinander. In den Jahren 1348 bis 1350, also unmittelbar nach dem großen Kälteschock, brach die Pest erstmals wieder in Europa ein und setzte dem seit dem Hochmittelalter anhaltenden demographischen Wachstumstrend ein Ende. Die große Häufigkeit kalter und feuchter Sommer in der Zeit zwischen 1340 und 1380 äußerte sich auch in einem weitreichenden Vorstoß des Aletschgletschers, der im späten 14. Jahrhundert den Hochstand von 1600 und 1850 erreichte.

Insgesamt betrachtet erlaubt der gegenwärtige Forschungsstand noch keine endgültige Synthese der Mensch-Umwelt-Interaktionen und des Klimawandels in den Alpen. Dazu fehlt eine ausführliche Siedlungsraumanalyse der einzelnen, stark differenzierten Räume der Alpen und eine Aufarbeitung der Siedlungsgeschichte, die letztlich bis in die Gegenwart reichen muß. Das Beispiel des klimabedingten Gletscherrückganges, bei dem im Ötztal mindestens 80 Quadratkilometer oder nahezu zehn Prozent der Fläche des Einzugsgebietes eisfrei geworden sind, macht die Dimension der naturgesteuerten Veränderungen sichtbar. Dagegen erscheinen die Skipistenflächen von 4,5 Quadratkilometern mit ihren ökologischen Auswirkungen im gleichen Raum als eine vernachlässigbare Größe. Die überwiegend vom Menschen verursachte Waldflächenreduktion von 160 Quadratkilometern (18 Prozent des Einzugsgebietes) hat das Tal nicht unbewohnbar gemacht, sondern – wie andernorts in den Alpen – erst den bäuerlichen Wirtschafts- und Lebensraum geschaffen, der uns heute als Kulturlandschaft schön und erhaltenswert erscheint. Die Chroniken von Schadensereignissen zeigen aber auch, in welchem Ausmaß man in der Vergangenheit auf gefährdeten Siedlungsplätzen gebaut hat. Die weit verbreitete Auffassung, daß die Naturkatastrophen in der Gegenwart zugenommen hätten, gilt zumindest für das Ötztal nicht. Im Vergleich zum 18. und 19. Jahrhundert leben wir in einer ausgeprägt schadensarmen Zeit. Offen ist die Frage, in welchem Ausmaß die klimatischen Verhältnisse oder die Intensivierung des Raubbaus am Wald eine Häufung der Schadensereignisse im 19. Jahrhundert bedingten. Auch die Folgen der prähistorischen Brandrodungen oder die Eingriffe in den Naturhaushalt durch den hochmittelalterlichen Siedlungsbau waren in Bergschutt und Talbodenablagerungen noch nicht eindeutig faßbar.

Noch ungenügend geklärt sind auch die Auswirkungen der Klimaschwankungen auf die Lebensverhältnisse der Menschen im Gebirge und ihre Reaktion darauf. Die mittelalterliche Hochlagensiedlung ist jedenfalls nicht nur in einer klimatischen Gunstphase, sondern in einer Gletscherhochstandsperiode erfolgt, die um oder kurz nach 1300 einen Höhepunkt wie um 1850 erreichte. Für diese Zeit müssen ähnliche ungünstige Klimabedingungen angenommen werden, wie sie in der ersten Hälfte des 19. Jahrhunderts herrschten. Einen Einschnitt gab es erst mit der kleinen Eiszeit, etwa zwischen 1560 und 1860. So ist eine Besiedlung des inneren Ötztals von Süden her über vergletscherte Jöcher jedenfalls in Hochstandszeiten der Gletscher erfolgt. Die Intensivierung der Bergmahdnutzung im 17. Jahrhundert fällt ebenso in eine klimatische Ungunstphase. Es hat eher den Anschein, als ob Klimaverschlechterungen jeweils zur Ausweitung von Kulturflächen zwangen, um noch letzte Ressourcen zu nutzen. Auch diese Sicht entspricht nicht den gängigen Vorstellungen. Andererseits deuten aber Belege darauf hin, daß im 11. Jahrhundert bis um 1300, unter günstigen Klimabedingungen, ein flächenhafter

Landesausbau in den Alpen erfolgte. Die kleine Eiszeit beendete aber diese Entwicklung. Die Niederschläge nahmen um 15 Prozent zu. Die Eiszunge des Grindelwaldgletschers etwa war um 1540 etwa 1200 Meter länger als 1980, um 1600 sogar 1800 Meter. Nach 1860 schmolz der Gletscher in zwei Etappen bis auf den heutigen Stand zurück. Die Klimaverschlechterung zwischen 1560 und 1860 verminderte die Vegetationszeit in den Alpen um zwei Monate, der Viehbestand und die Milchproduktion gingen drastisch zurück. Kürzere, abflußreiche Schmelzperioden hatten in den Tälern eine Zunahme der Überflutungen zur Folge. Die Rodung großer Waldflächen im 18. Jahrhundert, verbunden mit einer Ausdehnung der Siedlungsflächen, und die starke Übernutzung des Waldes als Brennstofflieferant für die Erzverhüttung führte jedoch schon in der frühen Neuzeit zu einer gefährlichen Entwicklung in den ökologisch empfindlichen Alpen. Erst jüngere Aufforstungen haben diese Folgen gemindert. Die Einbeziehung der historischen Dimension ergibt somit neue Einsichten in die Zusammenhänge zwischen Naturgeschehen und wirtschaftenden Menschen im Alpenraum, die bei der Betrachtung eines nur kurzen Zeitraumes nicht möglich sind.

Klimaverschlechterungen, zunehmende Rodungen in den Alpen und das Bauen im natürlichen Gefahrenbereich hatten aber auch in historischer Zeit Auswirkungen auf die menschliche Siedelweise. Geröllabgänge (Vermurungen) und Überschwemmungen vor allem nach Schneeschmelze oder Starkregen bedrohten viele Dörfer in den Talregionen der Alpen. So wurden im Dorf Umhausen im Ötztal im 18. Jahrhundert 67 von 124 Feuerstätten (= 54 Prozent) durch Muren zerstört und davon nur etwa 50 wieder aufgebaut oder verlegt. Das Dorf Östen mit 44 Feuerstätten war im 18. Jahrhundert von zehn, im 19. Jahrhundert von 14 schweren Vermurungen betroffen, bevor es aufgegeben wurde. Der Talsohlenbereich blieb bis in das 20. Jahrhundert hinein immer wieder großflächig von Überschwemmungen betroffen. Diese exemplarischen Beispiele von Zerstörungen, die zur Aufgabe oder oft mehrmaligen Verlegung von Siedlungsplätzen gezwungen haben, zeigen, daß das Bauen im Gefahrenzonenbereich keine Erfindung der Gegenwart ist.

Dies gilt neben Dörfern in hochwassergefährdeten Flußtälern vor allem für die Siedlungen in den Nordseemarschen. Dort hatten die Menschen des 12. und 13. Jahrhunderts einen wirtschaftlichen Aufstieg erlebt, der mit einer erheblichen Erweiterung des Siedelraumes in den bedeichten Seemarschen und entwässerten Sietländern begleitet worden war. Am Ende des 13. Jahrhunderts kam gemeinsam mit einem Rückgang der Bevölkerung der Aufschwung zum Stillstand und ging in eine bis zur Mitte des 14. Jahrhunderts andauernde Stagnation über. Viele der kleinen Hofwurten in den Sietländern fielen wüst. Wesentlicher Bestandteil war die Preisentwicklung, welche die Preise für Agrarprodukte bis zur zweiten Hälfte des 15. Jahrhunderts immer weiter sinken ließ. Neben diesen wirtschaftlichen Veränderungen traten aber auch Ereignisse ein, die die Sicherheit des Lebens in den Seemarschen substantiell in Frage stellten.

Seit dem 12. Jahrhundert schützen Deiche die Seemarschen vor der Gewalt des Meeres. Im späten Mittelalter nahmen jedoch die Stürme an Anzahl und Heftigkeit so zu, daß die Deiche diesen nicht mehr standhalten konnten. Ausgegrabene Deiche des 14. Jahrhunderts auf den nordfriesischen Inseln Pellworm und Nordstrand belegen, daß die Menschen versuchten, die Deiche zu erhöhen. Zwar blieben die Seeseiten noch flach, aber meist überschlugen die Wellen die Kronen der immer noch zu niedrigen Deiche und zerstörten diese an der steileren Binnenseite. Deichbrüche hatten oft katastrophale Auswirkungen. Neben Einbrüchen (Wehlen) entstanden oft tiefe Rinnen, in denen das Wasser ein- und ausfloß. Häufig waren die Menschen aufgrund der zu geringen technischen Möglichkeiten nur in der Lage, die Wehlen zu umdeichen, so daß sie dauernde Gefährdungspunkte für die Stabilität der Deiche blieben. Konnten die Deichbrüche nicht mehr geschlossen werden, waren Ausdeichungen und der Verlust bewirtschafteten und besiedelten Landes die Folge. Sturmfluten verursachten nicht nur den Verlust der Habe und des Viehs, sondern kosteten auch zahllose Menschenleben.

Um Christi Geburt zerschnitten noch wenige Buchten die Seemarschen. Im frühen Mittelalter waren neue Buchten – wie die Harlebucht und die Crildumer Bucht in Niedersachsen – entstanden und

Bei Ebbe kommen im nordfriesischen Wattenmeer Reste untergegangener Warften, Wirtschaftsfluren, Sielzüge, Wege und Deiche als Kulturspuren wieder zutage.

einige ältere auch verlandet. Im späten Mittelalter vergrößerten sich Jadebusen und Dollart, die um 1500 ihre größte Ausdehnung erreichten. Der mittlere Meeresspiegel ist in dieser Zeit nicht etwa weiter angestiegen, sondern es gibt Hinweise, daß das mittlere Hochwasser nach der Wärmeperiode des 13. Jahrhunderts leicht absank und infolge der kleinen Eiszeit bis in das 18. Jahrhundert der Wasserkörper des Weltmeeres leicht schrumpfte.

Bis in die frühe Neuzeit bleiben die schriftlichen Quellen oft dürftig, auch die Höhe der auflaufenden Sturmfluten ist nicht bekannt. Erstmals berichtet der römische Schriftsteller Plinius um 57/58 n. Chr. von Sturmfluten an den Küsten Germaniens. Im Mittelalter erwähnt Saxo Grammaticus Deiche in »Klein-Friesland«, die aufgrund von Sturmfluten häufig brechen würden. Oft ist statt eines Datums der Sturmflut der Name des Kalenderheiligen des betreffenden Tages angegeben oder das auf den Tag fallende kirchliche Fest (Julianenflut 17.2.1164, erste Marcellusflut 16.1.1219, Luciaflut 14.12.1287, Clemensflut

23.11.1334, zweite Marcellusflut 16.1.1362). Eine echte Häufigkeits-verteilung der überlieferten Sturmfluten läßt sich kaum erstellen, immerhin zeigen aber die überlieferten Sturmflutzeiten in Schles-wig-Holstein zwischen dem 15. und 18. Jahrhundert, daß die Zahl in den Monaten Oktober bis Februar mit je 15 bis 20 etwa doppelt so hoch war wie in den Sommermonaten. Gefährdet waren auch die Flußmündun-gen, denn bei entsprechenden Winden drückte die Nordsee große Wassermassen hinein, die sich entlang der Deiche stauten.

Die erste Julianenflut von 1164, die erste Marcellusflut 1219, die Lu-ciaflut von 1287 und die Clemensflut 1334 verursachten bereits ent-lang der niederländischen und nordwestdeutschen Küste die Entste-hung von Meeresbuchten wie des Dollarts oder des Jadebusen. Der Zeitpunkt des ersten Dollarteinbruches ist umstritten, doch dürfte dieser nach neueren Erkenntnissen bereits in der ersten Hälfte des 13. Jahrhunderts erfolgt sein. Die Ausweitung des Dollarts erfolgte auch deshalb so schnell, weil sich die dort ansässigen friesischen Häuptlinge gegenseitig bekämpften und – was historisch belegt ist – Deiche durchstachen sowie hölzerne Siele abbrannten. Seine maxi-male Ausdehnung erreichte der Dollart während der Cosmas- und Damianflut 1509, bevor systematische Wiederbedeichungen einsetz-ten. Ebenso wie beim Dollart ist auch eine genaue zeitliche Einord-nung der frühen Jadeeinbrüche unsicher. Für das 13. Jahrhundert wird man sicher erste Sturmfluten annehmen können, die in den Ja-debusen eindrangen, bevor dann in der ersten Großen Mandränke von 1362 der Jadebusen erheblich erweitert wurde. Der Einbruch des Jadebusens erfolgte vor allem in die sich hier ausdehnenden Moor-, vor allem Hoochmoorgebiete und wurde dadurch erleichtert, daß ein zwischen dem nördlichen Butjadingen und dem Wilhelmshave-ner Raum sich erstreckender Uferwall bereits durch die Friesische Ballje mit einer anschließenden Bucht zerschnitten war, einem Ge-biet, wo auch Salztorfabbau betrieben wurde.

Die auch zweite Marcellusflut genannte erste große Mandränke vom 16. Januar 1362 übertraf in ihren Auswirkungen zusammen mit anderen Katastrophenfluten des 14. Jahrhunderts alle bisherigen Sturmfluten: Diese führten nicht nur zur Vergrößerung des Jadebusens, des Dollarts, der Harle, der Leybucht sowie der Elbe- und Eidermündung, sondern auch zum Untergang weiter besiedelter Teile der nordfriesischen Utlande. Vor 1362 bestanden hier im Westen durch zahlreiche Priele zergliederte Seemarschen, landeinwärts – etwa im Bereich der heutigen Insel Nordstrand – schlossen sich noch im ersten Jahrtausend weitflächige Moore und Schilfsümpfe an, die seit dem 12. Jahrhundert fast überall in landwirtschaftliches Nutzland umgewandelt worden waren.

Der Bereich der heutigen Insel Pellworm lag besonders exponiert zur See. Vor 1362 erstreckten sich westlich der heutigen Insel Seemarschen, die sich vermutlich an Reste einer aus Sand aufgeworfenen Nehrung mit Dünen anlehnten. Mit der endgültigen Zerstörung dieser Strandwallreste durch das Meer waren die Marschen den Angriffen von Wind und Wellen schutzlos preisgegeben. Iven Knutzen berichtet 1588, daß *de water nicht so hoch gelopen, und an diße Örde kamen können, deweyle domals vor der Hever grote Sanddühnen gelegen hebben; do sind hir man klene Ouwen gewesen, dar nu leyder de groten deepen sind ... Na solcker tydt do de Sanddünen wechschlögen und dat water begünde höger tho gahn, hebben de Lüde angefangen Sommerdyke zu machen.* Wir erfahren somit, daß durch das Meer und den vorstossenden Prielstrom der Hever die Dünen zerstört wurden und die Menschen daher ihre Ländereien mit Deichen zu schützen begannen. Dann aber trat eine Katastrophe ein, die nicht nur dieses Land, sondern weite Bereiche der nordfriesischen Utlande für immer zerstörte. Zahlreiche Menschen und Tiere, Kirchen, Warften, Deiche, Wege und Felder gingen in der ersten großen Mandränke von 1362 unter. Anton Heimreich beschreibt 1666 diese Flut nur noch aus der sagenhaften Überlieferung: *In diesem Jahre* [1362] *überschwemmte das Meer jene Küsten, welche durch die Wohltat der Deiche das Meer abhalten, nachdem die Deichbrüche entstanden waren, und die die friesischen genannt werden, Eiderstedt, Strand und benachbarte Orte.*

Nach 1362 werden im Gebiet Pellworms zehn Kirchen als verloren angeführt. Sagenhaft beschrieben ist vor allem der Untergang Rungholts, zwar keine reiche Stadt, aber eine vom Fernhandel profitierende Marschlandschaft mit vielen Warften, deren Überreste im Watt bei der Hallig Südfall wieder ans Licht kommen. Diese Relikte führen uns ebenso wie die anderen Kulturspuren im nordfriesischen Wattenmeer vor Augen, daß dies im Mittelalter eine besiedelte Landschaft war. Die im Watt bei Südfall liegenden Überreste gehörten einst zu der 1362 untergegangenen Edomsharde mit »Rungeheholte«, die Handelsverbindungen mit Hamburg und Flandern besaßen, wie es Urkunden von 1355 und 1361 hervorheben. Westlich und südlich der Hallig Südfall kamen Reste von Hofwarften, einer Kirchwarft, aus Soden errichteten Brunnen, Deichen, Ackerfeldern, Wegespuren, einer vermuteten Anlegestelle und Sielanlagen zutage. Wie dramatisch die Veränderungen sind, zeigt der Vergleich des sogenannten mittleren Tidehochwassers, des mittleren Wasserstandes der Nordsee. Um 1362 lag dieser, wie die Siel im Rungholt Watt belegt, bei etwa −0,44 Meter unter Normalnull, während es 1962 mit +1,36 Meter weit höher aufläuft. Das mittlere Tidehochwasser sind ebenso wie die Sturmfluthöhen nach 1362 nochmals angestiegen. Heimreich berichtet denn auch, daß die stürmische »Westsee 4 Ellen« (etwa 2,4 Meter) über die höchsten Deiche gegangen sei, die nach archäologischen Untersuchungen eine Höhe von zwei Meter über Normalnull kaum überschritten haben dürften. Ferner erwähnt er, daß die Sturmflut 21 Deichbrüche verursachte und daß der Ort Rungholt zusammen mit sieben anderen Kirchspielen in der Edomsharde unterging. Die Chroniken sprechen von insgesamt 100 000 Toten, eine Zahl, die allerdings sicherlich übertrieben ist. In einigen Küstenabschnitten Nordfrieslands drang die Flut teilweise bis zum Geestrand vor. Große Buchten entstanden, und Wattströme erweiterten sich zu breiten Meeresarmen. Der heutige Verlauf der deutschen Nordseeküste ist weitgehend durch diese Sturmflut vorgezeichnet worden. Und der Pellwormer Hardesvogt Lilienchron

dichtete, als er mit einem Dampfer über den sagenhaften Ort Rungholt fuhr:

»Heute bin ich über Rungholt gefahren,
Die Stadt ging unter vor sechshundert Jahren.
Noch schlagen die Wellen da wild und empört,
Wie damals, als sie die Marschen zerstört.
Die Maschine des Dampfers schütterte, stöhnte,
Aus den Wassern rief es unheimlich und höhnte:
Trutz, Blanke Hans.

Ein einziger Schrei – die Stadt ist versunken,
Und Hunderttausende sind ertrunken.
Wo gestern noch Lärm und lustiger Tisch,
Schwamm anderntags der stumme Fisch.
Heut bin ich über Rungholt gefahren,
Die Stadt ging unter vor sechshundert Jahren.
Trutz, Blanke Hans?«

Von den mittelalterlichen Sturmfluten haben wir keine Augenzeugenberichte, wohl aber von der ähnlich verheerenden zweiten Mandränke. In dieser Sturmflut brach 1634 die Insel Strand in die heutigen Inseln Pellworm und Nordstrand auseinander. Welches Drama
sich hier ereignete, lassen die Augenzeugenberichte erkennen. So
beschreibt Matthias Boetius, daß auch nach dem Ende der Sturmflut bei normaler Tide das Wasser durch die Deichbrüche die niedrigen Marschen überströmte. Das Wasser trug die letzten, durch den
Pflug aufgelockerten Teile der moorigen beziehungsweise anmoori-
gen und daher sehr leichten Ackerkrume mit sich fort. Einen derar-
tigen Vorgang schildert Boetius in seinem Bericht über die Zerstörung
der Orte Stintebüll und Brunock auf Alt-Nordstrand im Jahre 1615
mit folgenden Worten: *So wurde nach dem Einsturz der Wohnungen
und Gebäude von Stintebüll und Brunock alles weggerissene Material*

und alles Hausgerät hierher getrieben [in Moorlöcher]. *Es folgten*
ganze Mooräcker, die einst ausgelegt waren zum Kornbau oder zum
Rasenstechen ... Dieses Gemenge der verschiedenen Dinge hatte die un-
gezähmte Gewalt des Meeres so durcheinandergeworfen, daß man nie
etwas Wüsteres und Traurigeres gesehen hat ...

Was war die Ursache für diese katastrophalen Sturmfluten gewesen?
Erst vor zwanzig Jahren durchgeführte geologische Untersuchungen
konnten dies klären. Der Einbruch des großen Wattstromes, der Hever,
in die Edomsharde 1362 und schließlich das Auseinanderbrechen der
Insel Strand 1634 wurden wesentlich durch den geologischen Untergrund begünstigt. So durchzogen mit Meeresablagerungen verfüll-
te alte eiszeitliche Schmelzwassertäler den tieferen Untergrund. In
diese brach das Meer ein. Die heutigen Prielströme der Hever und
Süderaue folgen diesen alten Schmelzwassertälern. Gegen die Geo-
logie war der Mensch des Mittelalters machtlos. Besonders schlimm
waren die Auswirkungen der Katastrophenfluten auch deshalb, weil
der Mensch durch Entwässerung und den Abbau von im Untergrund
anstehenden Salztorfen die Landoberflächen abgesenkt hatte. Stellenweise war das Land sogar tiefer als der mittlere Wasserstand der
Nordsee. Menschlicher Raubbau an der Natur, mehr aber noch die
geologischen Verhältnisse hatten zum Untergang großer Teile der
mittelalterlichen Marschen in den nordfriesischen Utlanden geführt. Hinzu kam, daß eine vorherige Pestepidemie die Bevölkerung stark dezimiert hatte. Die Deichunterhaltung war teilweise
ebenso unmöglich geworden wie deren Reparatur. Heute sind die
Nordseedeiche sicher, was aber bei einem weiter steigenden Meeresspiegel passieren wird, ist offen. Seien wir vor der Gewalt der Nordsee, dem »Blanken Hans«, nicht so sicher, wie es die angeblich hoch-
mütigen Menschen in Rungholt waren, der Mensch des Mittelalters
beherrschte die Natur ebensowenig wie wir heute.

Wie im Hochgebirge und an den Küsten waren auch die Menschen im
Binnenland von Naturkastastrophen betroffen. Das wirft die Frage
auf, ob die vom Menschen verursachten Umweltveränderungen im

Mittelalter nicht doch größere Auswirkungen hatten als bislang angenommen. Der Landesausbau hatte seit dem hohen Mittelalter den gesamten mitteleuropäischen Raum erschlossen. Seit 1000 hatte die Menschen in zunehmendem Maße zur Ausdehnung ihrer Wirtschaftsareale weite Wälder abgeholzt. Auch die mit der intensiven Viehwirtschaft andauernde Waldweide, verbunden mit einer Bevölkerungszunahme, und die ständig wachsenden Wirtschaftsflächen führte zu einer Übernutzung der Wälder. Da sich durch eigene Rodungs- und Siedlungstätigkeit in zuvor unberührten Bereichen die persönlichen Rechts- und Besitzverhältnisse verbessern ließen, war ein zusätzlicher Anreiz für das Fällen der Bäume geboten. Für die Bauern wie für die Träger der Rodungsleistungen waren Rodungen gleichermaßen interessant. Die anhaltende Holznutzung im Harz hatte zur Folge, daß das Gebirge im 17./18. Jahrhundert auf großen Flächen waldarm und stellenweise sogar waldfrei war. Noch im 17. Jahrhundert mußte Goslar daher Holz und Holzkohle aus dem Südharz beziehen. Aus dem Jahre 1680 ist uns der Bericht eines Oberforstmeisters aus Wolfenbüttel bekannt, der im ganzen Communionharz *keinen einzigen Oberbaum* fand, *der stark genug gewesen wäre, einen Communionförster daran aufzuhängen.* Das gleiche Bild vermittelt uns ein Gemälde von Caspar David Friedrich aus dem Jahre 1823, das auf der weiten Hochfläche des Oberharzes nur wenige Bäume zeigt. Statt dessen weiden hier Schäfer ihre Herden.

Als der Wald knapp wurde, sicherte sich die Herrschaft die Reste. Seit dem 13. und 14. Jahrhundert treten gehäuft Wald- und Forstverordnungen auf. Auch jagen wollte der Adel in den Wäldern noch, denn der »Wildbann« war Privileg des Adels, wer Jagdgrund besaß, nutzte diesen zum Ausbau seiner Territorialherrschaft. Der Streit um den Wald zwischen verschiedenen Nutzern ging bis vor den Kaiser. Rudolf von Habsburg erließ 1291 ein Reichsweistum, das die gewohnheitsrechtlichen Rechte des Adels auf die Allmende und den Wald sicherte. Nicht Eigentum, sondern Nutzungsrechte am Wald, das waren die Streifragen, um die es ging. Die Rodungen hatten aber schon vielerorts die Kapazitätsgrenzen gesprengt. Der Lußhardtwald in der Rheinebene beispielsweise war durch Rodungen und Viehweide so geschädigt, daß der Landesherr, der Bischof von Speyer, 1439 eine Nutzungsordnung erlassen hatte, die nicht nur den sorgfältigen Umgang mit liegendem Holz verlangte, sondern auch die Mastbäume, Eichen und Buchen, unter besonderen Schutz stellte. Holz als Brenn- und Baumaterial stieg im Wert, überall unterlag die Waldweide nun genauesten Regelungen.

Auch in der Umgebung der Städte hatten als erstes die Wälder zu leiden. In der direkten Umgebung fand sich bald kein Wald mehr. War nur etwas Holz nachgewachsen, wurde es sofort geschlagen. Nur Baumarten, die immer wieder ausschlugen, konnten überhaupt überdauern und mit sogenannten Stockausschlägen in die Höhe schießen. Aber auch diese benutzte man als Feuerholz. In diesen Niederwäldern, die bald kaum noch wie Wald, sondern mehr wie Gebüsch aussahen, standen keine Buchen mehr. Diese vertrugen keine intensive Nutzung. An ihrer Stelle dehnten sich Hainbuchen, Birken und Haselbüsche aus. Zwar konnten Eichen eine intensivere Nutzung der Wälder überstehen, sie bildeten jedoch gleichzeitig das bevorzugte Bauholz. Mit Holz heizte man nicht nur die Öfen in den Häusern, sondern auch die städtischen Schmelzwerke, Salinen, Glas- und Kalköfen. Immer mehr Gewerbetriebe verschlangen so viel Holz, daß es in den Städten zu ersten Holzmangelerscheinungen kam. Holzordnungen des späten Mittelalters versuchten dieser Entwicklung entgegenzuwirken. Dennoch blieb der Mangel an Bauholz in der direkten Umgebung der Städte gravierend. Für all die Prachtbauten brauchte man Hunderte und Tausende von Baumstämmen, um Fundamente, Dachstühle und Gerüste zu errichten. Da es in der Nähe nicht mehr genug Holz gab, wurde es mit Flößen über die Flüsse transportiert. So stammte das Holz für den Wiener Stephansdom genau wie das Holz der Frauenkirche in München aus Wäldern der oberen Isar. Bis nach Amsterdam und Köln gelangte das Holz aus Süddeutschland. Da die von Wald bedeckten Böden weniger wurden, erhöhte sich auch die Abflußmenge des Niederschlagswassers.

Auf dem Lande lagen infolge der Rodungen die Agrarflächen mit ihren Böden ungeschützt dar. Wallhecken und Knicks als Begrenzungen der Felder wurden in Norddeutschland erst mit den Agrarreformen seit der zweiten Hälfte des 18. Jahrhunderts eingeführt. Mit der Klimaverschlechterung im 14. Jahrhundert gingen starke Niederschläge auf die Äcker nieder, die häufig an den Hängen lagen, und schwemmten die Ackerkrume fort. Ferner rissen die Starkregen tiefe Kerben in die Landschaft. Geoökologische Untersuchungen in Mitteleuropa zeigen, wie umfangreich solche Bodenverlagerungen sein konnten. Um das spätmittelalterliche Dorf Drudevenshusen in Niedersachsen etwa wurden in der ersten Hälfte des 14. Jahrhunderts 31000 Kubikmeter Material ausgeräumt. Weitere Bodenprofile im Harzvorland, in Oberhessen und in Nordostdeutschland bestätigen die Intensität der spätmittelalterlichen Bodenabschwemmungen. Zwei katastrophale Niederschläge und mehrere weitere stark wirksame Ereignisse schwemmten im Mittel die oberen 14 Zentimeter der Hänge bei Glasow in Mecklenburg-Vorpommern fort. Schätzungen gehen davon aus, das von 1313 bis 1348 in Deutschland 34 Milliarden Tonnen Böden abgetragen wurden, im Jahr 1342 als Folge des Starkregens allein 13 Milliarden Tonnen. Das in der ersten Hälfte des 14. Jahrhunderts auf diese Weise erodierte Bodenmaterial wurde überwiegend als sogenannte Kolluvien (umgelagerte Böden) abgelagert. Häufig wurden diese wieder auf die Ackerflächen gebracht. Die ackerbaulich genutzten, von Bodenerosionen betroffenen Wirtschaftsflächen wurden nach Hochrechnungen von 1310 bis 1350 im Mittel etwa um 25 Zentimeter gesenkt.

Eine detaillierte räumliche und zeitliche Analyse der Einflüsse extremer Witterungsereignisse auf die Landnutzung in der Gemarkung der spätmittelalterlichen Ortswüstung Drudevenshusen bei Göttingen zeigt das Ausmaß der Katastrophe. Das mittelalterliche Dorf lag auf einem flachen, nord- bis ostexponierten lößbedeckten

Rücken. Nach Norden grenzt der Geländerücken an die Suhleaue, nach Osten hin folgt ein trockenes Nebental. Archäologische Funde belegen, daß der Hang um 800 zur Anlage einer Siedlung mit ihren Wirtschaftsflächen gerodet wurde. Nach jahrhundertelanger Bewirtschaftung mit nur wenig Bodenabtrag änderte sich dies fast über Nacht. Starkregen zu Beginn des 14. Jahrhunderts führten zu einem Einreißen von Schluchten an den Hängen, die ein Volumen von 31 000 Kubikmeter Substrat ausräumten, wie oben bereits erwähnt. Mit dem Starkregen erfolgte zugleich eine flächenhafte Abtragung der Böden. Stellenweise wurde die flache Lößdecke der Hänge vollständig abgetragen und im Suhletal abgelagert. Die umgelagerten Böden lassen sich anhand von Keramikfragmenten zwischen 1310 und 1340 datieren – somit läßt sich in etwa der Zeitraum dieser Regenfälle angeben. Der ertragreiche Boden war vollständig erodiert, und auf den verbleibenden, tonig-lehmigen und steinreichen Fließerden kam die ackerbauliche Nutzung rasch zum Erliegen. Über den einstigen Äckern wuchs wieder Wald.

Wie in Drudevenshusen vernichteten auch andernorts Regenfälle die Ernte. Vielfach rissen sie Schluchten ein und spülten den Boden weg. Unschuldig war der Mensch an diesen Umweltereignissen nicht. War doch im hohen Mittelalter ein großer Teil der Wälder gerodet worden. Statt diesen erstreckten sich nun ausgedehnte Wirtschaftsflächen. Dieser starke Landschaftswandel war durchaus klimarelevant, da Klima, Wasserkreislauf und Landnutzung miteinander verbunden sind. Der Abfluß des Wassers nahm infolge der Rodungen erheblich zu. Die ungeschützten Böden konnten Starkregen nicht mehr aufnehmen, und die Ackerkrume spülte mit der Ernte davon. Zwar mag auch Bodenverarmung nach langer intensiver Bodenbearbeitung eine Rolle bei dem Rückgang der Ernte gespielt haben, doch war das nur örtlich der Fall. Die Menschen des Mittelalters kannten natürliche Düngung durch Plaggenwirtschaft und Mergeln. Auch die Bearbeitung mit den Streichbrettpflügen hätte kaum solche umfangreiche Bodenerosion auslösen können.

In den Jahren zwischen 1310 und 1350 brachen mehrere Starkregen über Mitteleuropa herein, und viele Flüsse traten über die Ufer. Im Jahre 1306 etwa führten die Wasserfluten an Unstrut, Saale, Elbe und Mulde zu Überschwemmungen. Den Schilderungen von C. G. Pötsch 1784 über die Elbe entnehmen wir: *Geschichtsschreiber des Bistums Würzburg merken an, dass ... bey allen Strömen durch ganz Deutschland ein so hoher Wasserwuchs erfolget, wodurch alle zunächst gelegenen Städte, Dörfer und Fluren ganz unter Wasser gesetzt worden, und daher allenthalben nicht nur überhaupt sehr großer Schaden geschehen ist, sondern noch dazu viele Menschen und Vieh umgekommen sind.* Weitere Überflutungen der Elbe werden für 1311, 1312, 1315, 1316, 1318, 1330, 1336, 1342, 1343 und 1345 genannt. Das Jahr 1342 wird als besonders schadensreich geschildert. Ein harter Winter mit viel Schnee bis Ende Januar und ein starker Wärmeeinbruch Anfang Februar führten zu hohen Wassermassen in den Flüssen Böhmens und Sachsens. Der Eisgang zerstörte die Moldaubrücke bei Prag, Sommerhochwasser im Juli und August Brücken in Dresden und Meißen. Im Juli und August 1342 werden katastrophale Schäden in Mittel- und Oberfranken gemeldet, ähnliches gilt für Frankfurt. Der Main erreichte dort mit einer Höhe von 7,85 Meter über Pegelnull den höchsten bekannten Wasserstand. Durch den Starkregen schwammen die Äcker an den Hängen fort, wie zeitgenössische Quellen beschreiben: Die *Gießbäche strömten aus der Erde.* Der Starkregen im Juli 1342 erfaßte einen Raum vom Einzugsgebiet der Donau bis zu norddeutschen Küste.

Der Regen war Folge einer mitteleuropäischen Wetterlage, wie sie auch in den Julimonaten 1897, 1927 und 1997 auftrat. Östlich eines Hochs in Südengland erstreckte sich eine Tiefdruckrinne von der Adria bis nach Südskandinavien. Diese führte zum Einbruch kühlerer Luft aus Nordwesten, die ein Aufgleiten der feuchten mediterranen Warmluft und damit Regen ermöglichte. Das Ereignis im Juli 1342 beendete eine längere Dürrezeit, so daß die Niederschläge auf einen ausgetrockneten Boden fielen. Möglicherweise hatte bereits die von heftigen Niederschlägen begleitete Schneeschmelze im Februar flächenhafte Bodenerosionen ausgelöst und die Winterfrucht vernichtet. Nun dürfte es weitere Ernteausfälle gegeben haben. Auch die Jahre nach 1342 waren durch extreme Witterungsereignisse geprägt. Die Zeit zwischen 1342 und 1347 wird von Klimaforschern als die vielleicht härteste ökologische Belastungsprobe des letzten Jahrtausends bezeichnet. Lange Winter, vorgestoßene Gletscher in den Alpen und naßkalte Sommer mit Überschwemmungen hatten schon in den Jahren 1313 bis 1318 Mißernten und Hungersnöte ausgelöst. Der Hunger begann in Süd-, Mittel- und Westdeutschland und breitete sich weiter aus, um 1315 war fast ganz Europa betroffen. In Thüringen, so heißt es in der Mansfeldischen Chronik, wurden viele Äcker sieben Jahre nicht bewirtschaftet, und die Preise für Brotgetreide stiegen in schwindelerregende Höhen.

Getreidemangel verursachte 1303, 1306, 1311, 1323 und 1340 in Florenz Preisanstiege und Hungersnöte; Südfrankreich war zwischen 1340 und 1347 betroffen. Das Braunschweiger Domstift St. Blasii erzielte 1316 weitaus geringere Einkünfte aus seinen Besitzungen. Vielerorts verdoppelte sich die Zahl der Todesfälle. In Speyer starben angeblich mehr als 9000 Menschen, und in Mainz etwa zwei Drittel der Einwohner. Die durch Mangelernährung verursachte körperliche Schwäche machte die Menschen anfällig für Krankheiten und Seuchen. Das Unheil kam mit einem Floh.

Pasteurella pestis, der Pestbazillus, betraf Reich und Arm gleicherweise und verschonte keine noch so entlegene Region. Hätte es im Mittelalter Fernsehen gegeben – die Panik hätte keine Grenzen gekannt. Wirte des Pestbazillus sind Flöhe, die vor allem Ratten angreifen. Wird der Mensch befallen, endet die Krankheit in wenigen Tagen tödlich. In die Blutbahn durch Flöhe übertragen, führt die Erkrankung zum schnellen Anschwellen der Lymphgefäße und zur Pestsepsis des Blutes. Sie entwickelt sich dann oft zur über die Atemluft übertragbaren Lungenpest. Kranke Ratten und Flöhe brachten auf dem Seewege die Seuche nach Europa.

Lungenpest und Beulenpest griffen 1347 auf einmal in den Hafenstädten am nördlichen Mittelmeer um sich. Die Heilmittel versagten. Man versuchte es mit Quarantäne der Neuankömmlinge im Hafen von Marseille – vergebens, denn die Infektion hatte sich schon auf allen Verkehrswegen in Europa verbreitet. Bis 1352 wütete der Schwarze Tod in nahezu allen Regionen Europas und löschte 25 bis 35 Prozent der Bevölkerung aus. Im Jahre 1347 kam die Pest über Messina, Konstantinopel und Marseille, 1348 über Sevilla, Paris, London und Lübeck, Dänemark und Norwegen, 1348/49 ebenso wie 1350 über Warschau und 1352 über Moskau – nur wenige Landstriche wie Franken und Böhmen blieben teilweise verschont. Hundert Jahre danach kehrte die Pest in regelmäßigen Abständen wieder; dann nach längerer Pause das letzte Mal 1720/21.

Die Seuche behinderte Handel und Gewerbe, ja legte sogar die Versorgung mit Lebensmitteln lahm. Der Rückgang der Bevölkerungszahlen bewirkte auch einen Rückgang des Bedarfs an Edelmetallen. Nach 1350 sank die Nachfrage so rasch, daß die Kosten, die im Montanwesen für die Gewinnung von Silber und Gold entstanden, höher waren als der zu erzielende Gewinn. Diese regressive Entwicklung führte zum Wüstfallen ganzer Bergstädte. Da im ländlichen Bereich viele Äcker nicht mehr bewirtschaftet werden konnten, begleitete Hunger die Pest. Historische Untersuchungen lassen ferner erkennen, daß bereits der erste Pestzug von 1350 die Müller besonders betraf, denn der indische Rattenfloh, ein potentieller Wirt von Pestbakterien, kann auch im Getreide überleben. Ein anderer Wirt, der Menschenfloh, bevorzugt Temperaturen von 15 bis 20 Grad Celsius bei einer Luftfeuchtigkeit von 90 bis 95 Prozent. Diese günstigen Lebensbedingungen finden sich vor allem im geernteten wie auch gedroschenen Getreide, das in Scheunen lagerte. Da es auf dem Lande zudem eine höhere Ratten- und Flohpopulation pro Kopf der Bevölkerung gab als in den Städten, wurden somit von der Pest vor allem die getreideproduzierenden und -verarbeitenden Berufe heimgesucht. In Lübeck erkrankten zunächst die Bäcker und deren Nachbarschaft an der Pest. In Hamburg starben, wie eine Auswertung der Kämmereirechnungen zeigt, insgesamt 35 Prozent der Bäcker. In den Schriftquellen finden sich zudem Belege wüst gefallener Mühlen, auch wenn die Ursache des Wüstfallens oft nicht erwähnt ist.

Besonders die Ballungsräume der Städte wurden zu Seuchenherden. Das verwundert nicht, wenn man an die hygienischen Verhältnisse denkt. Abwässer aus den Wohnvierteln und Gewerbebetrieben der Stadt wurden ohne Bedenken in die Flüsse geleitet. Daß die Verunreinigung von Gewässern ein ernst zu nehmendes Problem ist, haben wir erst heute festgestellt! Ebenso wie heute waren auch im Mittelalter viele Gewässer überdüngt. In der unteren Havel etwa kamen typische Kieselalgen vor, die in überdüngten und verunreinigten Gewässern prächtig gedeihen. In der Nähe von Konstanz breitete sich Teichfaden aus, eine Pflanzenart, die auf stark verschmutzte Gewässer hinweist. Abfälle gelangten seit dem hohen Mittelalter in Latrinen, die Müllschlucker des Mittelalters überhaupt. Fäkalien, Küchen- und Gewerbeabfälle gelangten in diese mit Holz oder Stein ummauerten Schächte. Viele Latrinen wurden gekalkt, damit die Zersetzung des organischen Materials schneller ablief – denn regelmäßig wurden die Gruben ausgenommen und die Latrineninhalte als organischer Dung auf die Felder der Umgebung oder in die Gärten gebracht. Mit den Latrineninhalten wurden auch Aufschüttungen zur Baulandgewinnung vorgenommen, etwa in Konstanz. Das mittelalterliche Stadterweiterungsgebiet des Bischofs und der Stadtgemeinde war auf den eigenen Abfällen errichtet! Durch diese Art der Verklappung erfolgte aber auch eine weitere Verunreinigung des Gewässers.

Zwar versuchte man die Verunreinigung in den Städten durch zahlreiche Hygienevorschriften ebenso aufzuhalten wie eine Übernutzung der Wälder, aber die Maßnahmen reichten nicht aus. Das Wasser in den Städten wurde nicht reiner, die Straßen waren dreckig, die Menschen wohnten in den Städten zunehmend enger zusammen, und die Kenntnisse der medizinischen Versorgung waren gemessen

an unserem heutigen Standard gering. Überall bestand Infektions-
gefahr, wo Menschen zusammenkamen. Ärzte versuchten sich mit
Pestschnäbeln zu schützen, die Distanz beim Atmen schaffen sollten.
Das war richtig gedacht, genauso wie der Kleiderwechsel – aber vergeblich. Nur die Menschen, die von Natur aus immun gegen den Ba-
zillus waren, wurden nicht von der Seuche befallen. Diesen Menschen haben wir unsere Existenz zu verdanken. Der Schwarze Tod zog
über das Land und befiel die Menschen in Dörfern, in Klöstern, auf
Burgen und in Städten. Geißlerzüge, religiöse Fanatiker, brachen
auf, um durch Folter ihrer selbst und Prozessionen Gottes Erbarmen
zu suchen. Man suchte Schuldige – und man meinte sie gefunden zu
haben: die Juden.

Seit 1096 waren im Rahmen des ersten Kreuzzuges auch die jüdischen Gemeinden in Europa nicht verschont geblieben. Seit dem
frühen Mittelalter hatten sich mit dem Fernhandel auch jüdische
Händler ausgebreitet und Gemeinden gegründet. Könige, die sich der
Rolle der Juden im Handel bewußt waren, hatten Schutzdekrete erlassen. Das 11. Jahrhundert läßt sich daher als ein goldenes Zeitalter
jüdischer Gemeinden in Europa bezeichnen. Mit den Kreuzzügen
zerbrach die Toleranz. Hatte das 12. Jahrhundert mit dem religiösen
Rationalismus, der Scholastik, noch eine Diskussion mit den Juden
um den rechten Glauben gesucht, so wich nun der tolerante Fortschritt dem Aberglauben und der Verleumdung. Den Menschen
jüdischen Glaubens wurden angebliche Ritualmorde und Hostien-
schändungen angelastet. Dennoch gab es immer wieder wirtschaftliche und kulturelle Kooperation, denn viele der jüdischen Kaufleute verfügten über internationale Verbindungen, lange vor den
christlichen Gilden und der Hanse. Erst als sich die christlichen Kaufleute organisierten, verloren seit dem Ende des 12. Jahrhunderts die
jüdischen an Bedeutung. Die Steuerkraft der Juden war bedeutend,
immerhin zwölf Prozent der Abgaben deutscher Reichstädte kamen
von den kleinen jüdischen Gemeinden. Daher konnten sie Bürger-
rechte in den Städten erwerben – auch wenn diese bei Massenmorden,

wie 1389 in Prag, nicht viel galten. Ihre wirtschaftliche Bedeutung aber war es, der sie den kaiserlichen Schutz verdankten. Am Ende blieb vielen nur Polen als Zufluchtsland. Die christlichen Zinsverbote ließen ihnen nach den Konzilien der Jahre 1179 und 1215 nur noch das Kreditwesen, und auch da machte sich christliche Konkurrenz breit. Der jüdischen Konkurrenz wußte man sich zu entledigen: 1290 ließ Eduard I. die Juden aus England vertreiben, 1234 ereilte sie das gleiche Schicksal in Frankreich, 1492 in Spanien.

Die Stigmatisierung der Juden in abscheulicher Weise mit Judenhut und Berufsverbot säte ebenso wie die Verleumdung, antichristliche Handlungen begangen zu haben, den Haß, der sich dann in den Judenpogromen entlud. Nun machte man die Juden auch noch für die schlimmste aller Geißeln, die Pest, verantwortlich. Dem Schwarzen Tod folgte das Ermorden der jüdischen Gemeinden, mehr als zwei Drittel fielen ihr zum Opfer. Oft waren es Stadtfremde, die den Haß in den Städten schürten, auch gab es Einwände und sogar Strafverfolgung durch Besonnenere, wie die städtische Obrigkeit, Papst Clemens VI. (1342–1352) oder Kaiser Karl IV., allein – aufhalten oder wiedergutmachen konnten sie die Pogrome nicht.

Religiöser Wahn, schwindende Toleranz und brutale Überfälle auf religiös Andersdenkende, auch das war eine Folge des um sich greifenden Elends. Der demographische Zusammenbruch der Bevölkerung im Europa des Spätmittelalters änderte auch die Landnutzung. Zugunsten der Weidewirtschaft ging der Getreideanbau stark zurück. *Hof und Äcker verfielen und wurden zur Weide für das Vieh*, heißt es etwa in einer Konstanzer Urkunde aus dem Jahre 1383. Ende des 14. und zu Beginn des 15. Jahrhunderts erreichte der Fleischkonsum seinen Höhepunkt. Historiker gehen von Schätzungen von 100 Kilo pro Kopf und Jahr in Deutschland aus, aber wie alle Schätzungen ist das relativ. Adel und Patrizier verzehrten sicher weit mehr Fleisch als die bäuerliche Landbevölkerung. Über den einstigen Äckern dehnte sich Dauergrünland oder Wald aus, wie Pollenanalysen vielerorts bestätigen. Wurde die Landnutzung durch natürliche Faktoren, durch

Klima, Bodenerosion oder Flußüberschwemmungen, eingeschränkt, wurden Höfe und Dörfer verlassen.

Erstmals geschah dies bereits um 1300, also noch vor den Pestzügen. Dies war überwiegend eine Folge von Mißernten infolge natürlicher Katastrophen, von Regenfällen und Überschwemmungen. Natürlich spielten auch andere Faktoren eine Rolle. Aber insgesamt betrachtet waren diese weniger bedeutend. Dörfer fielen aber auch wüst, nachdem deren Bewohner in die Städte zogen oder die Höfe verlagert wurden. Die Bevölkerung des Dorfes konnte an einer Seuche gestorben sein, oder Klöster und andere Grundherrn hatten das Dorf einfach niedergelegt. Als Klöster dazu übergingen, ihre eigenen Klosterhöfe, die Grangien, zu bauen, geschah das häufig. Siedlungskonzentrationen konnten somit Wüstungen bedingen. Auch Fehden, die im Mittelalter weit verbreitet waren, hatten die Zerstörung von Dörfern zur Folge. Im Einzelfall lassen sich die genauen Ursachen des Wüstfallens nicht immer ermitteln. Wüstungen konnten auch nur einen Teil des Dorfes oder der Felder umfassen, sie konnten vorübergehen oder permanent sein.

Nicht überall jedoch kam es zu solch starken Wüstungsphasen. So war der Weser-Elbe-Raum von dieser im 13./14. Jahrhundert in weiten Teilen Europas einsetzenden Wüstungsphase weniger betroffen als andere Gebiete. Ursache waren aber auch dort die Pest, die Agrarkrise und ein Bauernlegen, das die Herausbildung weniger, aber grösserer Dörfer zur Folge hatte. Die Felder des im 14. Jahrhundert wüst gefallenen Dorfes Dalem auf der Geest im Kreis Cuxhaven wurden etwa noch 200 Jahre weiter bewirtschaftet. Dort belegen schriftliche Quellen den Aufkauf des Dorfes durch das Kloster Neuenwalde und die Umsiedlung der Bauern dorthin.

Umfassende Studien belegen, daß Wüstungen sich in den bergigeren Landschaften häuften, weniger hingegen im nordwestdeutschen Flachland auftraten. Dies war überwiegend eine Folge der von Hängen abgeschwemmten Böden. Wie die Bodenprofile belegen auch historische und archäologische Befunde eine Zunahme der Wüstungen nach 1300. In einer Bamberger Schriftquelle aus dem Jahre 1348 werden 15,4 Prozent aller Siedlungen als wüst *(desolatum)* bezeichnet. Oft vollzog sich der Wüstungsprozeß über Jahrzehnte. Zeitgenössische Quellen belegen, daß im Frankenwald zwischen 1315 und 1317 mehrere Dörfer wüst fielen. In einem 2000 Quadratkilometer großen Gebiet zwischen Höxter und Siegen in Westfalen sind durch die historische und archäologische Siedlungsforschung fast vierzig Wüstungen nachgewiesen.

Auf einem Hang nahe eines Baches lag das Dorf Eslinchhusen. Archäologischen Funden nach zu urteilen, entstand die Siedlung im 9./10. Jahrhundert und wurde spätestens in der ersten Hälfte des 13. Jahrhunderts aufgelassen. Bei den Ausgrabungen in dem erstmals 1358 als *via Ezinchuserwech* überlieferten Ort wurde ein aus Steinen errichteter Wohnturm nachgewiesen. Dessen Errichtung dürfte im Grenzraum des kölnischen Westfalen zum Bistum Paderborn notwendig gewesen sein. Möglicherweise gehörte er einer niederen Adelsfamilie. Der steinerne Wohnturm könnte möglicherweise zwei Stockwerke besessen haben.

Wie Elzinchhusen gehört auch Diderikeshusen zu den im Verlauf des späten Mittelalters aufgegebenen, in karolingisch-ottonischer Zeit entstandenen Ausbausiedlungen. Das ehemalige Dorf lag verkehrsgünstig im Schnittpunkt des Kleinen Paderborner Hellweges mit einem weiteren Weg zu anderen Städten des Umlandes. Das gleichnamige Ortsadelsgeschlecht verfügte in der Gemarkung über sieben Höfe. Die archäologischen Prospektionen wiesen sechs Siedlungsbereiche mit Steinbauten und Pfostenbauten nach, die eine Zeitspanne vom 10. bis 13. Jahrhundert umfassen. Im Verlauf einer Fehde wurde der Ort 1332 eingeäschert, die Höfe aber bald wieder aufgebaut, bevor das Dorf endgültig wüst fiel. Bei den Ausgrabungen kam auch ein großer Steinbau zutage, der offensichtlich an Stelle eines großen Hauses mit eingetieften Pfosten errichtet worden war. Was alle Wüstungsperioden nicht schafften, hätte beinahe der Kiesabbau verursacht. Dieser bedrohte die Wüstung Rozedehusen, deren

Hauspodien sich ebenso wie Wegespuren zwischen 299 bis 316 Meter über Normalnull noch deutlich auf einem Hang abzeichnen. Die urkundliche Erwähnung des Ortes geht auf das Jahr 1149 zurück. Schon kurz danach scheint das Kloster Hardehausen fünf Hufen erworben zu haben. Ab 1250 errichtete das Kloster hier einen Gutsbetrieb und gestaltete das Dorf völlig um.

Nicht nur Dörfer fielen wüst, sondern auch kleinere Städte. Infolge der Stadtgründungen des 12. bis 15. Jahrhunderts hatten sich viele Siedlungslandschaften nachhaltig verändert. Für Städte suchte man aufgrund neuer Bedürfnisse, wie Verkehrsanbindung oder Schutzlage, in manchen Regionen neue Plätze auf. Besonders gut läßt sich dies für das 13. Jahrhundert beobachten. Die Mehrzahl der verlassenen Städte gehört in die Hauptentstehungsperiode und Blütezeit der europäischen Stadt zwischen 1200 und 1250. Die archäologische Verödung des Stadtareals liegt dabei – wie in Corvey – oft früher, als es sich in den Schriftquellen abzeichnet. Möglicherweise spielte bei den Stadtwüstungen in Norddeutschland der Rückzug der Staufer und das folgende Interregnum (1254–1276) eine Rolle, als eine starke Zentralmacht fehlte, die den Kirchenfürsten und kleineren Landesherren eine Stütze sein konnte. Die Ursachen für das Wüstfallen von Städten sind jedoch meist komplex. Daß Städte verödeten, konnte ebenso eine Folge der Machtkämpfe der einzelnen Landesherrschaften sein wie eines veränderten Wirtschaftsraums. Eine ungünstige strategische Lage oder schlechte Verkehrsituation verursachte vielfach die Aufgabe oder Verlagerung von Städten. Bei dem frühstädtischen Bardovik gaben die Verschiebung der Slawengrenze, der Aufstieg Lübecks und die Entwicklung Lüneburgs den Ausschlag. In der Westschweiz etwa gab es auf zu engem Raum zu viele Städte. Wie in der Schweiz waren auch in Deutschland kleine Städte Gründungen kleiner Territorialherren gewesen, die sich gegen die durch Landesherren gegründeten urbanen Zentren nicht behaupten konnten und wüst fielen. Der Einzugsbereich ihrer Märkte war zudem zu gering gewesen. Dort, wo der Bergbau zum Erliegen kam, hatten auch die

nahe gelegenen Städte zu leiden. Verloren Städte ihre Fernhandels-
bedeutung, entwickelten sie sich nicht weiter. In ähnlicher Weise
galt das auch für Städte, die nicht an Flüssen oder dem Meer lagen,
sondern in den Bergen. Erloschen beispielsweise die Erzlagerstätten,
gingen kleinere Bergstädte ein. Ursprünglich war die Lage auf einem
Berg aber auch aus anderen Gründen gewählt worden, boten doch
Bergkuppen ideale Schutzlagen.

Dies zeigt das Beispiel Stoppelberg. Die auf der 252 Meter hohen
Bergkuppe des Stoppelberges liegende Stadtwüstung bei Höxter in
Westfalen hatten 1265 die Grafen von Schwalenberg gegründet.
Die kleine Stadt war der Topographie gut angepaßt und nahm die
gesamte, etwa 5,5 Hektar große plateauförmige Kuppe des Berges
ein. Die hohe Berglage bot Schutz vor Überfällen, aber sie war auch
schwer zu erreichen. Zusätzlich umgaben Wall und Graben die
Stadt. Den Eingang zur Stadt an der Schmalseite der Bergkuppe sicherte eine Motte. Die archäologischen Befunde zeigen, daß es sich
um eine planvolle Gründung handelte. Von einem zum anderen
Ende der kleinen Stadt verlief der Hauptweg, von dem zu beiden
Seiten regelmäßige Parzellen vermessen worden waren. Die Wasserversorgung erfolgte durch Teiche. Der hoffnungsvollen Gründung
jedoch war kein großer Erfolg beschieden, und mit dem Ende der
Grafschaft Schwalenberg im 14. Jahrhundert kam auch das Ende für
die kleine Stadt.

Bedingten hier auch ökonomische Wachstumsgrenzen und politische
Veränderungen die Aufgabe der Stadt, so gibt es doch auch zahlreiche
Beispiele dafür, daß Siedlungen infolge von Naturkatastrophen aufgegeben werden mußten. Man mag darüber spekulieren, ob es der
Mensch war, der das Ausmaß der Katastrophen auslöste, aber ohne die
Rodung der Wälder, ohne eine Erweiterung der Landnutzung hätte
die Bevölkerung nicht ernährt werden können. Das Mittelalter hat
unsere heutige Kulturlandschaft erst möglich gemacht und uns ein
reiches kulturelles Erbe hinterlassen.

14. KULTURELLES ERBE DER LANDSCHAFT

Der Streifzug durch Städte und ländlichen Raum des Mittelalters hat uns vor Augen geführt, welch ein enormer Wandel in der Zeit zwischen 1000 und 1500 stattgefunden hat. Aus der Naturlandschaft weiter Wälder, Moore und unbedeichter Marschen entstand durch Rodung, Bedeichung und Entwässerung in den Grundzügen die heutige Kulturlandschaft. Der Mensch des Mittelalters war Akteur dieser Landschaftsgestaltung. Dörfer erhielten in dieser Zeit ihre Struktur und blieben meistens bis heute an einer Stelle. Die Ausdehnung der landwirtschaftlichen Nutzflächen, verbunden mit einer technischen Aufwärtsentwicklung auf vielen Gebieten, ermöglichte die Versorgung einer stetig wachsenden Bevölkerung. Das Mittelalter sah erstmals seit den Römern in Mitteleuropa das Aufblühen einer städtischen Zivilisation. Zwar lebte die überwiegende Mehrzahl der Menschen auf dem Land, aber die Märkte der Städte wurden zu Kristallisationspunkten des Handels und der Neuigkeiten. Ein Netz von Landhandelswegen und über See fahrende Schiffe verbanden die Städte. Entlang der Ostseeküste entstand mit Hafen und Markt ein ganz neuer Typus der Kaufmannsstadt. Sichtbar tritt uns das Mittelalter vor allem in seinen Bauten entgegen, in seinen Kirchen, Burgen, Klöstern, Häusern und ummauerten Städten, aber auch mit seinen Strukturen im ländlichen Raum, wie Fluren, Wüstungen, Spuren des Bergbaus, Altstraßen, hochalpinen Almen oder den Warften und Deichen des Küstengebietes. Diese stellen unwiederholbare Geschichtszeugnisse dar und bildeten ein wertvolles Potential für eine nachhaltige Entwicklung der Landschaften und Städte.

Das Leben in den urbanen Zentren wäre ohne die Versorgung durch den ländlichen Raum nicht möglich gewesen. Der von Adel, Kirche und Klöstern getragene Landesausbau erschloß neue Agrarflächen und erweiterte somit die Landnutzung beträchtlich. Burgen dokumentieren die Rolle des Adels als Träger des mittelalterlichen Landesausbaus und der Kultur. Ebenso wie die Baureste die Qualität der profanen Architektur bezeugen, geben in den Burgen archäologische Funde Aufschluß über Kultur und Alltagsleben der Bewohner. Ähnliches gilt für die Klöster. Deren Rolle als gestaltende Faktoren des Landesausbaus und bei der Bewahrung des geistigen Erbes der Antike kann gar nicht hoch genug bewertet werden. Auch die meisten unserer heutigen Dörfer gehen auf das Mittelalter zurück; wie sie entstanden, vermögen oft nur archäologische Ausgrabungen zu klären. Siedlungen wurden nun nicht mehr so oft wie in den Jahrtausenden zuvor verlegt. Die Dörfer erhielten mit Kirchen und Mühlen festere Strukturen. Dem Mittelalter verdanken wir somit die Platzkonstanz unserer Dörfer. Neue Ortsformen entwickelten sich in dieser Zeit ebenso wie neue Anbaumethoden und Wirtschaftsweisen. Reste mittelalterlicher Ackerflächen haben sich, manchmal bedeckt von jüngeren Wäldern, als Wölbäcker bis heute erhalten. Wie Dörfer wurden auch Wirtschaftsfluren infolge von wirtschaftlichen Umbrüchen, Krisen, Fehden oder Seuchen aufgegeben. Wüstungen und Ackerfelder sind wichtige Zeugnisse der Wirtschafts- und Agrargeschichte.

Das kultur- und landschaftsgeschichtliche Erbe mit seiner regionalen Vielfalt trägt wesentlich zum Verständnis der historischen Tiefe der Landschaft sowie der Identifikation der Bewohner mit ihr bei. Für die Identität einer Landschaft sind die Erhaltung, Wiederherstellung und Entwicklung von Bestandteilen bedeutend, welche ihren Charakter ausmachen. Gerade das Mittelalter hat wie kaum eine Epoche vorher unser heutiges Landschaftsbild in den Grundzügen geformt. Wer die Erhaltung der vollen Vielfalt einer Kulturlandschaft anstrebt, wird ihre historische Tiefe berücksichtigen müssen. Als materielle Geschichtszeugnisse sind Kulturdenkmale aber auch verletzlich. Ein früher nicht gekanntes Maß an Bodeneingriffen zwingt oft zu Rettungsgrabungen. Die langfristigen Gefahren, die dem kulturellen Erbe drohen, sind dabei ebenso schwerwiegend wie kurzzeitige oder besonders auffällige. Unkontrollierte Bodeneingriffe haben oft unmittelbare Auswirkungen auf die historischen Elemente der Kulturlandschaft und die Geschichtlichkeit der Städte.

Unsere gewachsene Kulturlandschaft unterliegt einer schnellen Verän-
derung. Nicht nur archäologische Denkmäler und Baudenkmäler sind
davon betroffen, sondern auch Flurformen. Diese Autobahn durch-
schneidet alte Fluren in den holländischen Marschen.

Im Umkreis der urbanen Ballungszentren ist die Kulturlandschaft besonders bedroht. In besonders deutlicher Weise zeigt dies der Bal-
lungsraum der Großstädte Den Haag, Rotterdam und Amsterdam. Im
»Het Groene Hart« (Das Grüne Herz), wie die seit dem Mittelalter
kultivierte Moorlandschaft im Delta des Rheins und der Maas auch
genannt wird, zerschneiden sich ausdehnende Industrieanlagen, Ge-
werbe- und Wohngebiete sowie Straßen und Autobahnen mehr und
mehr die historischen Siedlungsmuster, Entwässerungssysteme und
alten Flurformen dieser Kulturlandschaft. Eine steigende Bevölkerung ist hier der Motor für eine landschaftliche Umgestaltung großen Ausmaßes. Im Grünen Herz wohnen 650 000 Menschen, das
sind ungefähr zehn Prozent der gesamten Randbesiedlung der umliegenden Großstädte. Hier arbeiten rund 200 000 Menschen, und
350 000 pendeln in die Metropolen. Etwa 86,7 Prozent der Fläche
werden für den Landbau gebraucht. In den kommenden Jahren ist der

Bau von 800 000 Wohnungen geplant, wobei die Mehrheit in die Randbebauung der Städte einbezogen werden soll. Stärker können die Gegensätze von Stadt und Land kaum aufeinanderprallen. Die Elemente der Kulturlandschaft bilden hier Kanäle, Sielzüge, Priele, Flüsse, Deiche, Wurten, alte Befestigungsanlagen, Marschhufensiedlungen, alte Bauernhöfe und Mühlen. Hinzu treten archäologische Funde, welche die lange Nutzung dieser Landschaft belegen. So sind die teilweise entlang der Flußmündungen sich dahinziehenden Sanddünen schon vor 7 000 Jahren von steinzeitlichen Jägern und Sammlern aufgesucht worden. Erste agrarisch ausgerichtete Siedlungen sind aus dem Übergang zur Jungsteinzeit vor etwa 4 000 Jahren belegt. Bis etwa 1000 n. Chr. hatten sich die menschlichen Siedlungen auf die Dünen und hohen Uferwälle entlang der Flüsse beschränkt, bevor mit dem hohen Mittelalter im großen Stil die bis dahin gemiedenen Moore kultiviert wurden. Die Urbarmachung des heutigen Grünen Herzens ging mit 2000 Hektar pro Jahr schnell voran und war um 1300 abgeschlossen. Durch das Ausgreifen der heutigen Großstädte in die ländlichen Bereiche wird sich diese Landschaft – wie im Mittelalter – erneut wandeln.

Wie im Grünen Herz verändern auch in anderen Regionen Europas Landschaften und Städte in ungeheuer Dynamik ihr Aussehen und ihre ökologische Struktur grundlegend und vielfach unwiederbringlich. Damit werden auch die Potentiale der Kulturlandschaften als wertvolle Archive der Alltagswelt wie der Umweltgeschichte in Frage gestellt. Diese haben aber die gleiche Bedeutung wie berühmte Bauwerke oder Gemälde. Moderne Standardlandschaften bieten keine Erlebnisinhalte! Unter Kulturlandschaften sind dabei nicht in erster Linie nur schöne Landschaften zu verstehen, sondern die ganze durch menschliche Eingriffe umgestaltete Landschaft. Ihre Erhaltung ist meist dort besonders gut, wo es sich um von wirtschaftlicher Entwicklung vernachlässigter Regionen handelt. Auf der Halbinsel Eiderstedt an der schleswig-holsteinischen Nordseeküste etwa haben sich in guter Qualität zahlreiche mittelalterliche Deiche erhalten, wie sie sonst im Nordseeraum nicht vorhanden sind.

Die Bewahrung des kulturellen Erbes ist nicht nur eine Aufgabe der Nationalstaaten, sondern eine europäische. Daher verfaßte der Europarat 1995 eine Deklaration zum Schutze der Kulturlandschaften, in der für eine interdisziplinäre Betrachtungsweise und die Erhaltung von historisch gewachsenen Kulturlandschaften geworben wird. Unter Erhalt ist dabei eine Integration des kulturellen Erbes dieser Landschaften in die Planung gemeint. Die »European Landscape Convention« vom 20. Oktober 2000 (Erklärung von Florenz) betont die Bedeutung der europäischen Kulturlandschaften und ihrer verbesserten Integration in die Raumplanung. Ferner wird die Bedeutung ihrer Qualität und des kulturellen Erbes für den einzelnen unterstrichen, denn der Substanzverlust an Geschichtlichkeit hätte Auswirkungen auf uns alle.

In Deutschland bewahren und erforschen die archäologischen Landesämter und die Baudenkmalpflege als Träger öffentlicher Belange das kulturelle Erbe. Die landschafts- und siedlungsgeschichtlichen Denkmäler der Kulturlandschaften lassen sich nach Kriterien ordnen und kartographisch darstellen, nach dem Dokumentationswert etwa, der Repräsentativität, der Erhaltung oder dem Gefährdungsgrad. Der Wert und die Potentiale der Kulturlandschaften werden zunehmend auch in der regionalen Raumplanung erkannt. Ihre Pflege kann aber keineswegs in der bloßen Konservierung von auf uns überkommenen Landschaften oder Einzelelementen bestehen, sondern eine sinnvolle, den Wert nicht substantiell beeinträchtigende Weiterentwicklung ist unvermeidlich. In Bauernhäusern des Mittelalters ließe sich heute nicht mehr wirtschaften, in Städten nicht mehr wie im Mittelalter leben. Für mittelalterliche Baudenkmale ist es die beste Erhaltungsgarantie, wenn sie durch eine angemessene Nutzung mit Leben erfüllt werden.

Aber auch historische Bedeutung und mentale Wirksamkeit der Kulturlandschaften sind zwei wesentliche Aspekte. Neben dem in den

Denkmalschutzgesetzen verankerten Schutz von Gebäuden und archäologischen Denkmalen fordert auch das Bundesnaturschutzgesetz den Erhalt der historischen Kulturlandschaft (»Historische Kulturlandschaften und -landschaftsteile von besonderer charakteristischer Eigenart sind zu erhalten«, Bundesnaturschutzgesetz § 2 Absatz 1 Nummer 13). Aber eigentlich gibt es keine historischen Kulturlandschaften mehr. Durch die großflächige Zerstörung älterer Landschaftsstrukturen haben sich nur solche mit historischen Elementen erhalten, wie Dorfstrukturen, Flurformen, Ackerterrassen, Wölbäcker, Mühlen, Burgen, Bauernhäuser, Resten des Bergbaus, Warften oder Deiche. Hinzu treten alte Wege, Pfade, Bewässerungsgräben oder Bäume. Nicht alle diese Elemente reichen bis in das Mittelalter zurück, dennoch lassen sich Zeugnisse mittelalterlicher Wirtschafts-

Archäologische Ausgrabungen dokumentieren unsere Vergangenheit und machen das kulturelle Erbe wieder sichtbar. An der Basis dieser Wurt liegt ein 2000 Jahre altes Wohnstallhaus.

tätigkeit in der Landschaft ebenso finden wie Denkmale der territorialen und politischen Geschichte.

Um das vertraute Bild der Städte, Dörfer und Landschaften aber zu bewahren, ist die Kenntnis der Entwicklung der Kulturlandschaften, der

Dörfer und Städte unerläßlich. Nicht nur der Erhalt eines Kulturdenkmals allein ist von Bedeutung, sondern auch deren Verknüpfung mit anderen Elementen der Kulturlandschaft. Zu einer Wassermühle gehört ein Wehr, zu den mittelalterlichen Dörfern gehören die Flurformen. Aus der Lage der Hofstellen ergeben sich Dorfstrukturen und Siedlungsmuster. Sie sind ebenfalls Abbild der historischen Landnutzung. Ferner haben Kulturdenkmale auch eine landschaftsökologische Wertigkeit. Der Schutz einer Kulturlandschaft kann aber nicht bedeuten, etwa die Landschaft des Mittelalters oder gar der Steinzeit wiederherstellen zu wollen. Vor falscher Romantik sei gewarnt, denn das Mittelalter kannte keine Hemmungen, die als Wildnis empfundene Natur in landwirtschaftliche Nutzflächen umzuformen oder Bodenschätze auszubeuten.

Das kulturelle Erbe läßt sich zwar archivieren, dokumentieren, schützen und erforschen, auch »in Wert setzen« und verträglich nutzen – aber die Gesellschaft muß es auch akzeptieren. Akzeptanz von Denkmalen ebenso wie der Kulturlandschaft setzt deren Kenntnis voraus. Daher haben sich europäische Projekte wie »Landscape and Cultural Heritage of the Wadden Sea« (Landschaft und Kulturelles Erbe des Wattenmeeres: www.lancewad.de) oder das Belvedere Projekt in den Niederlanden die Archivierung des kulturellen Erbes in der Küstenregion der Nordsee zum Ziel gesetzt und Vorschläge zu einem nachhaltigen Management der Kulturlandschaft gemacht. Andere Vorhaben, wie »Pathways to European Landscapes« (Wege in die Europäischen Kulturlandschaften: www.pcl-eu.de), dienen der Vermittlung beispielhafter europäischer Kulturlandschaften.

In der Erklärung von Stade 1997 einigten sich die Umweltminister der drei Küstenanrainerstaaten Deutschland, Dänemark und der Niederlande darauf, dem kulturellen Erbe der Nordseeküste die gleiche Bedeutung wie den Naturwerten des Gebietes zukommen zu lassen. Hier war es zu erheblichem Protest weiter Kreise gekommen, als die Erweiterung des Nationalparks Wattenmeer beschlossen wurde. Von der einheimischen Bevölkerung wurde darauf hingewiesen, daß die zu schützende Natur eigentlich eine Kulturlandschaft sei. Besonders wurde die Notwendigkeit der Landerhaltung durch den Deichschutz, der Wert der agrarischen Landnutzung und des Fischfanges als angestammter Nutzung an der Küste und der Erhalt der eigenen Kultur propagiert. Der Vorrang der Ökologie wurde als Gefahr für das kulturelle Erbe betrachtet. Rufen wir uns dabei in Erinnerung, daß das Mittelalter der Zeitraum war, in dem erstmals Menschen mit dem Schutz ihres Wirtschaftslandes durch Deiche begannen. Daher konnte man auf den Plakaten lesen: »Gott schuf das Meer, der Friese die Küste!«

Sicherlich hat erstmals der Deichbau des Mittelalters die Kultivierung der Marschen in einem großen Stil überhaupt möglich gemacht. Hinsichtlich des Umweltschutzes hingegen ist das Mittelalter – trotz einiger Hygienevorschriften in den Städten – kein gutes Beispiel. Die im Mittelalter begonnene Waldzerstörung und Übernutzung der Landschaft hätte in eine ökologische Katastrophe führen können, durch Wiederaufforstungen seit der frühen Neuzeit wurden jedoch manche der Umweltfolgen gemildert. Aber die seit dem Mittelalter neu entstandene Kulturlandschaft ist auch neu geschaffene Natur, die artenreicher ist als manche Naturlandschaft. Denn mit der Zunahme von Nutzungsräumen stieg auch die Artenvielfalt. Der Mensch ist Teil des Ökosystems, als Akteur hat er in Mitteleuropa im Mittelalter in den Grundzügen die Kulturlandschaft geschaffen, in der wir heute leben. Um unsere heutige Ökologie wirklich zu verstehen und die zukünftige Entwicklung zu prognostizieren, ist der Blick in die Umwelt- und Landnutzungsgeschichte notwendig. Die vielfältigen Verbindungen zwischen Umwelt und Siedlung, zwischen Stadt und Land, lassen sich nur vor dem Hintergrund einer langen Zeitachse wirklich begreifen. Naturkatastrophen haben sich nicht nur in den letzten hundert Jahren ereignet, die Betrachtung des Alpenraumes, der Nordseeküste oder der Flüsse zeigt dies deutlich. Im 14. Jahrhundert gingen, wie erwähnt, Starkregenfälle nieder, welche Agrarflächen ebenso vernichteten wie über die Ufer tretende Flüsse. Inwieweit der Mensch des Mittelalters selbst zum Ausmaß der damit verbundenen Bodenerosionen beigetragen hat, wird diskutiert. Die umfangreichen Rodungen des Waldes haben zweifellos ebenso ihren Einfluß gehabt wie der Bau von Deichen, vor denen sich das Wasser staute. Hinzu treten natürliche Klimaeinflüsse und Sturmfluten, denen die Menschen fast ohnmächtig gegenüberstanden. Das kulturelle und landschaftsgeschichtliche Erbe ermöglicht eine historische Umweltforschung, die auf Grund einer gesicherten Datengrundlage der Vergangenheit Szenarien und Prognosen für die Zukunft erlaubt.

Auch wenn dieses kulturelle und landschaftliche Erbe unvollständig ist, wenn es in unserer heutigen technisierten Zeit weniger »harte Daten« liefert, die man einer Formel gleich berechnen und vermessen kann, so ist die Erforschung des Mittelalters nicht weniger bedeutend als etwa die der heutigen Ökologie. Eine Landschaft kann schließlich nur verstanden werden, indem man den heutigen Zustand charakterisiert und die historische Tiefe aufzeigt. Das Mittelalter mit seinem enormen Umweltveränderungen hat dabei einen besonders hohen Stellenwert für das Verständnis der Kulturlandschaften Europas und somit gleichermaßen für Stadt und Land.

LITERATURVERZEICHNIS

Die Literatur zur Umwelt, zur Wirtschaftsweise, zu den Städten und zum Landesausbau im Mittelalter ist mittlerweile kaum noch zu übersehen. Das vorliegende
Buch hat beispielhaft Untersuchungen archäologischer, historischer und paläo-
ökologischer Forschungen zu diesem Themenkomplex betrachtet. Im Literaturver-
zeichnis wird die benutzte Literatur der einzelnen Kapitel genannt. Aus Gründen
der leichteren Lesbarkeit wurde auf Anmerkungen oder Literaturangaben im Text
verzichtet.

1. EINLEITUNG:
AM ANFANG DER MODERNE

Barros, C.: Die »Vermenschlichung« der Natur im Mittelalter. In: Spindler (1998)
281–310.

Boockmann, H.: Einführung in die Geschichte des Mittelalters (München ⁷2001).

Fehring, G. P.: Einführung in die Archäologie des Mittelalters (Darmstadt 1987).

Lutz, D.: Die Archäologie des Mittelalters. Archäologische Ausgrabungen in Baden-
Württemberg 1984, 204–207.

Seibt, F.: Glanz und Elend des Mittelalters. Eine endliche Geschichte (Berlin 1987).

Spindler, K. (Hg.): Mensch und Natur im mittelalterlichen Europa. Archäologische,
historische und naturwissenschaftliche Befunde. Schriftenreihe der Akademie Friesach 4
(Klagenfurt 1998).

Toman, R. (Hg.): Das hohe Mittelalter. Besichtigung einer fernen Zeit (Köln 1988).

2. PFAFFEN, RITTER UND GEBURE:
ANMERKUNGEN ZUR GESELLSCHAFT DES MITTELALTERS

Abel, W.: Geschichte der deutschen Landwirtschaft vom frühen Mittelalter bis zum
19. Jahrhundert. Deutsche Agrargeschichte 2 (Hg. G. Franz) (Stuttgart ³1978).

Borst, A.: Lebensformen im Mittelalter (Frankfurt – Berlin 1973).

Borst, A. (Hg.): Das Rittertum im Mittelalter (Darmstadt 1976).

Brunner, K. u. Daim, F.: Ritter, Knappen, Edelfrauen. Ideologie und Realität des Rit-
tertums im Mittelalter (Wien – Köln – Graz 1981).

Brunner, K. u. Jaritz, G.: Landherr, Bauer, Ackerknecht. Der Bauer im Mittelalter:
Klischee und Wirklichkeit (Wien – Köln – Graz 1985).

Droege, G.: Landrecht und Lehnrecht im hohen Mittelalter (Bonn 1969).

Frank, K. S.: Grundzüge des christlichen Mönchstums (Darmstadt 1975).

Gebhardt, B.: Handbuch der europäischen Geschichte. Bd. 1: Europa im Wandel von der Antike zum Mittelalter. Hg. Th. Schieffer (Stuttgart 1976).

Nitz, H. J.: Grenzzonen als Innovationsräume der Siedlungsplanung. Dargestellt am Beispiel der fränkisch-deutschen Nordostgrenze im 8. bis 11. Jahrhundert. Siedlungs-forschung. Archäologie – Geschichte – Geographie 9, 1991, 101–134.

Rösener, W.: Bauer und Ritter im Hochmittelalter. Aspekte ihrer Lebensform, Stan-desbildung und sozialen Differenzierung im 12. und 13. Jahrhundert. In: Festschrift J. Fleckenstein 1984, 665–692.

Rösener, W.: Bauern im Mittelalter (München 1985).

Seibt, F.: Glanz und Elend des Mittelalters. Eine endliche Geschichte (Berlin 1987).

3. GEHAUEN IST DER WALD, GEBREITET DAS FELD: VON DER NATURLANDSCHAFT ZUR KULTURLANDSCHAFT

Abel, W.: Geschichte der deutschen Landwirtschaft vom frühen Mittelalter bis zum 19. Jahrhundert. Deutsche Agrargeschichte 2 (Hg. G. Franz) (Stuttgart [3]1978).

Behre, K.-E.: Kleine historische Landeskunde des Elbe-Weser-Raumes (Stade 1994).

Bock, G.: Natur- und Landeskunde. Zeitschrift für Schleswig-Holstein, Hamburg und Mecklenburg 1/2, 2003, 13–26.

Borchers, K.: Die Harzfichtenwirtschaft – Rückblick und Zielsetzungen. Allgemeine Forstzeitschrift 14, 1959, 301–306.

Bork, H.-R., Bork, H., Dalchow, C., Faust, B., Piorr, H.-P. u. Schatz, Th.: Landschaftsent-wicklung in Mitteleuropa. Wirkungen des Menschen auf Landschaften (Stuttgart 1998).

Ennen, E. u. Janssen, W.: Deutsche Agrargeschichte. Vom Neolithikum bis zur Schwel-le des Industriezeitalters (Wiesbaden 1979).

Grabmeyer, J.: Die Siebenzahl ist der Schlüssel zur Welt. Über das abendländische Wissen um das Jahr 1000. In: Spindler (1998) 15–38.

Küster, H.: Geschichte der Landschaft in Mitteleuropa. Von der Eiszeit bis zur Gegen-wart (München 1996).

Nitz, H. J. (Hg.): Historische Kolonisation und Plansiedlung in Deutschland. Ausge-wählte Arbeiten 1 (Berlin 1994).

Pott, R. u. Püppe, J.: Die Hudelandschaften Nordwestdeutschlands. Abhandlungen aus dem Westfäl. Museum für Naturkunde Münster 53, 1991, 1–313.

Rückert, P.: Wald und Siedlung im späteren Mittelalter aus der Perspektive der Herr-schaft. Siedlungsforschung. Archäologie – Geschichte – Geographie 19, 2001, 121–144.

Spindler, K. (Hg.): Mensch und Natur im mittelalterlichen Europa. Archäologische, historische und naturwissenschaftliche Befunde. Schriftenreihe der Akademie Friesach 4 (Klagenfurt 1998).

Wiethold, J.: Studien zur jüngeren postglazialen Vegetations- und Siedlungsgeschichte im östlichen Schleswig-Holstein. Universitätsforschungen zur Prähistorischen Archäologie 45 (Bonn 1998).

4. AUF IN DIE FREMDE:
DER MITTELALTERLICHE LANDESAUSBAU

Böhme, H. W. (Hg.): Siedlungen und Landesausbau zur Salierzeit. Teil 1: In den nördlichen Landschaften des Reiches; Teil 2: In den südlichen Landschaften des Reiches (Sigmaringen 1991).

Denecke, D.: Siedlungsentwicklung und wirtschaftliche Erschließung der Mittelgebirge in Deutschland. Ein historisch-geographischer Forschungsüberblick. Siedlungsforschung. Archäologie – Geschichte – Geographie 10, 1992, 9–47.

Gringmuth-Dallmer, E.: Die Entwicklung der frühgeschichtlichen Kulturlandschaft auf dem Territorium der DDR unter besonderer Berücksichtigung der Siedlungsgebiete. Akademie der Wissenschaften der DDR. Zentralinstitut für Alte Geschichte und Archäologie. Schriften zur Ur- und Frühgeschichte 35 (Berlin 1983).

Gringmuth-Dallmer, E.: Untersuchungen zum Landesausbau des 11./12. Jahrhunderts im östlichen Deutschland. In: Böhme (1991) 147–162.

Gringmuth-Dallmer, E.: Die mittelalterliche Besiedlung des Mittel- und Unterharzes. Siedlungsforschung. Archäologie – Geschichte – Geographie 10, 1992, 145–161.

Janssen, W.: Siedlungsgeschichtliche und siedlungsarchäologische Beobachtungen zum Haus- und Reichsgut der Salier. In: Böhme (1991) 7–14.

Hardt, M.: Das »slawische Dorf« und seine kolonisationszeitliche Umformung nach schriftlichen und historisch-geographischen Quellen. Siedlungsforschung. Archäologie – Geschichte – Geographie 17, 1999, 269–291.

Kühl, U.: Zum Einfluß der Klöster auf die neuzeitliche Siedlungsgeschichte des Schwarzwaldes. Siedlungsforschung. Archäologie – Geschichte – Geographie 10, 1992, 63–78.

Lutz, D.: Archäologische Beiträge zur Besiedlung des nördlichen Schwarzwaldes im Früh- und Hochmittelalter. In: Böhme (1991) 15–38.

Meier, D.: Scharstorf. Eine slawische Burg in Ostholstein und ihr Umland. Archäologische Funde. Offa-Bücher 70 (Neumünster 1990).

Meier, D.: Landschaftsentwicklung und Siedlungsgeschichte des Eiderstedter und Dithmarscher Küstengebietes als Teilregionen des Nordseeküstenraumes. Teil 1: Die Siedlungen; Teil 2: Der Siedlungsraum. Untersuchungen der AG Küstenarchäologie des FTZ-Westküste. Universitätsforschungen zur Prähistorischen Archäologie 79 (Bonn 2001).

Nitz, H. J.: Grenzzonen als Innovationsräume der Siedlungsplanung. Dargestellt am Beispiel der fränkisch-deutschen Nordostgrenze im 8. bis 11. Jahrhundert. Siedlungsforschung. Archäologie – Geschichte – Geographie 9, 1991, 101–134.

Nitz, H. J. (Hg.): Historische Kolonisation und Plansiedlung in Deutschland. Ausgewählte Arbeiten I (Berlin 1994).

Schmid, P.: Mittelalterliche Besiedlung, Deich- und Landesausbau im niedersächsischen Marschgebiet. In: Böhme (1991) 9–36.

Schulze-Dörrlamm, M.: Das Dorf Wülfingen im württembergischen Franken während des 11. und 12. Jahrhunderts. In: Böhme (1991) 39–56.

Sick, W.-D.: Die Besiedlung der Mittelgebirge im alemannischen Raum. Siedlungsforschung. Archäologie – Geschichte – Geographie 10, 1992, 49–62.

5. ZWISCHEN PFLUG UND ERNTE: DÖRFER UND LANDNUTZUNG

Austermann, M.: Archäologische Forschungen zu den mittelalterlichen Siedlungen in der Wetterau. Ergebnisse der Arbeit von 1993–1997. Siedlungsforschung. Archäologie – Geschichte – Geographie 17, 1999, 47–64.

Bergmann, R. (Hg.): Zwischen Pflug und Fessel. Mittelalterliches Landleben im Spiegel der Wüstungsforschung. 2 Bde. (Münster 1993).

Böhme, H. W. (Hg.): Siedlungen und Landesausbau zur Salierzeit. Teil 1: In den nördlichen Landschaften des Reiches; Teil 2: In den südlichen Landschaften des Reiches (Sigmaringen 1991).

Gebauer, N.: Archäologische und historische Untersuchungen zur früh- und hochmittelalterlichen Besiedlung im westlichen Mittelhessen. Siedlungsforschung. Archäologie – Geschichte – Geographie 17, 1999, 65–76.

Kightly, C., Pieters, M. u. Tys, D.: 1465 Walraversijde. De bloeiperiode van een vissersdorp aan de zuidlijke Noordzeekust. Die Blüteperiode eines Fischerdorfes an der südlichen Nordseeküste (Oostende 2003).

Meier, D.: Landschaftsgeschichte und Siedlungsmuster von der römischen Kaiserzeit bis in das Mittelalter in den Küstengebieten Eiderstedts und Dithmarschens. Siedlungsforschung. Archäologie – Geschichte – Geographie 14, 1996, 245–276.

Meier, D.: Landschaftsentwicklung und Siedlungsgeschichte des Eiderstedter und Dithmarscher Küstengebietes als Teilregionen des Nordseeküstenraumes. Teil 1: Die Siedlungen; Teil 2: Der Siedlungsraum. Untersuchungen der AG Küstenarchäologie des FTZ-Westküste. Universitätsforschungen zur Prähistorischen Archäologie 79 (Bonn 2001).

Moraw, P. (Hg.): Raumerfassung und Raumbewußtsein im späteren Mittelalter. Vorträge und Forschungen XLIV (Stuttgart 2003).

Nitz, H. J.: Grenzzonen als Innovationsräume der Siedlungsplanung. Dargestellt am Beispiel der fränkisch-deutschen Nordostgrenze im 8. bis 11. Jahrhundert. Siedlungsforschung. Archäologie – Geschichte – Geographie 9, 1991, 101–134.

Recker, U.: Dörfer im Tagebau. Anmerkungen zur archäologischen Siedlungsforschung im rheinischen Braunkohlerevier am Beispiel des mittelalterlichen Kirchspiels Lohn. Siedlungsforschung. Archäologie – Geschichte – Geographie 17, 1999, 77–94.

Rösner, W.: Strukturen und Wandlungen des Dorfes in Altsiedellandschaften. Siedlungsforschung. Archäologie – Geschichte – Geographie 17, 1999, 9–28.

Schmid, E.: Webhäuser der Wüstung Sülchen auf Gemarkung Rottenburg am Neckar, Kreis Tübingen. Archäologische Ausgrabungen in Baden-Württemberg 1983, 215–217.

Schröder, H.: Bauernhäuser, Bauernhöfe mit ihren Bergeräumen in Nordwestdeutschland, Jütland und den Niederlanden. Bau- und Gefügegeschichte bäuerlicher Hauptwirtschaftsgebäude aus dem Bereich des Hallenhauses, archäologische Funde und Parallelen zu anderen frühen Holzkonstruktionen (Frankfurt 1999).

Spek, K.: Die bodenkundliche und landschaftliche Lage von Siedlungen, Äckern und Gräberfeldern in Drenthe (nördliche Niederlande). Eine Studie zur Standortwahl in vorgeschichtlicher, frühgeschichtlicher und mittelalterlicher Zeit (3400 v. Chr. – 1000 n. Chr.). Siedlungsforschung. Archäologie – Geschichte – Geographie 14, 1996, 95–193.

Vits, B.: Ist das Haufendorf strukturlos? Siedlungsforschung. Archäologie – Geschichte – Geographie 17, 1999, 95–116.

Waterbolk, H.-T.: Mobilität von Dorf, Ackerflur und Gräberfeld in Drenthe seit der Latenezeit. Offa 39, 1982, 97–138.

Waterbolk, H.-T.: Das mittelalterliche Siedlungswesen in der Drenthe. Versuch einer Synthese aus archäologischer Sicht. In: Böhme (1991) 47–108.

Waterbolk, H.-T.: Gefügemuster der bäuerlichen Kulturlandschaft in den nördlichen Niederlanden. Siedlungsforschung. Archäologie – Geschichte – Geographie 14, 1996, 47–94.

Zimmermann, H. J.: Die früh- bis hochmittelalterliche Wüstung Dalem, Gem. Langen-Neuenwalde, Kr. Cuxhaven. Archäologische Untersuchungen in einem Dorf des 7.–14. Jahrhunderts. In: Böhme (1991) 37–46.

Zimmermann, H. J.: Haus, Hof und Siedlungsstruktur auf der Geest vom Neolithikum bis in das Mittelalter. In: Dannenberg, H.-E. u. Schulze, H.-J. (Hg.): Geschichte des Landes zwischen Elbe und Weser. Bd. I: Vor- und Frühgeschichte (Stade 1995) 251–288.

6. AUF DER ALM WAR ES NICHT WIE BEI HEIDI: ALMWIRTSCHAFT UND HOCHWEIDENUTZUNG

Acta Murensia oder Acta Fundationis. In: Kiem, M. (Hg.): Das Kloster Muri im Kanton Aargau. Quellen zur Schweizer Geschichte 3/3 (Basel 1883).

Geiser, W. (Hg.): Bergeten ob Braunwald, ein archäologischer Beitrag zur Geschichte des alpinen Hirtentums (Basel 1973).

Gschwend, M.: Siedlungsplätze und Baureste. In: Geiser (1973) 38–51.

Hösli, J.: Die Wüstung Bergeten und die »Heidenhüttchen« in der Glarner Geschichte. In: Geiser (1973) 52–72.

Küster, H.: Geschichte der Landschaft in Mitteleuropa. Von der Eiszeit bis zur Gegenwart (München 1996).

Mandl, F. u. Cerwinka, M.: Dachstein. Vier Jahrtausende Almen im Hochgebirge. Bd. 1: Das östliche Dachsteinplateau. 4000 Jahre der hochalpinen Weide- und Almwirtschaft (Gröming 1996). Bd. 2 (Gröming 1998).

Meyer, W.: Grabungsbericht. In: Geiser (1973) 13–23.

Meyer, W.: Besiedlung und wirtschaftliche Nutzung hochalpiner Zonen in der mittelalterlichen Schweiz. In: Spindler, K. (Hg.): Mensch und Natur im mittelalterlichen Europa. Archäologische, historische und naturwissenschaftliche Befunde. Schriftenreihe der Akademie Friesach 4 (Klagenfurt 1998) 231–260.

Patzelt, G.: Modellstudie Ötztal – Landschaftsgeschichte im Hochgebirgsraum. Mitteilungen der Österreichischen Geographischen Gesellschaft, 1996, 53–70.

Schäfer, H. (Hg.): Alpine Vorzeit in Tirol. Begleitheft zur Ausstellung. Arbeiten und erste Ergebnisse vorgestellt vom Forschungsinstitut für Alpine Vorzeit, vom Institut für Botanik und vom Forschungsinstitut für Hochgebirgsforschung der Universität Innsbruck (Innsbruck 1997).

Scheuchzer, J. J.: Helvetia Historia Naturalis. Beschreibung der Naturgeschichten des Schweizerlandes. 2 Bde. (Zürich 1707).

7. TRUTZ, BLANKE HANS: DEICHBAU UND SIEDLUNGEN IN DEN NORDSEEMARSCHEN

Bantelmann, A.: Die Landschaftsentwicklung an der schleswig-holsteinischen Westküste. Offa-Bücher 21 (Neumünster 1967).

Bantelmann, A.: Die frühgeschichtliche Marschensiedlung beim Elisenhof in Eiderstedt. Landschaftsgeschichte und Baubefunde. Studien Küstenarchäologie Schleswig-Holstein Ser. A, Elisenhof 1 (Bern – Frankfurt 1975).

Behre, K. E.: Meeresspiegelschwankungen und Siedlungsgeschichte in den Nordseemarschen. Vorträge Oldenburgische Landschaft 17 (Oldenburg 1987).

Behre, K. E.: Kleine historische Landeskunde des Elbe-Weser-Raumes (Stade 1994).

Borger, G. J.: Die mittelalterliche und frühneuzeitliche Marschen- und Moorbesiedlung in den Niederlanden. Einige Bemerkungen zum Forschungsstand. Siedlungsforschung. Archäologie – Geschichte – Geographie 2, 1984, 101–110.

Brandt, K. E.: Archäologische Untersuchungen in einem mittelalterlichen Marktort an der Nordseeküste. Ergebnisse der Ausgrabungen in Langwarden (Landkreis Wesermarsch). Probleme der Küstenforschung im südlichen Nordseegebiet 16, 1984, 51–64.

Brandt, K. E.: Die mittelalterliche Siedlungsentwicklung in der Marsch von Butjadingen. Siedlungsforschung. Archäologie – Geschichte – Geographie 2, 1984, 155–185.

Brandt, K. E.: Die mittelalterlichen Wurten Niens und Sievertsborch (Kreis Wesermarsch). Probleme der Küstenforschung im südlichen Nordseegebiet 16, 1984, 89–140.

Ey, J.: Hochmittelalterlicher und frühneuzeitlicher Landesausbau zwischen Jadebusen und Weser. Probleme der Küstenforschung im südlichen Nordseegebiet 18, 1991, 1–88.

Ey, J.: Die mittelalterliche Wurt Neuwarfen, Gde. Wangerland, Ldkr. Friesland – Die Ergebnisse der Grabungen 1991 und 1992. Probleme der Küstenforschung im südlichen Nordseegebiet 23, 1995, 265–317.

Hofmeister, A. E.: Besiedlung und Verfassung der Stader Elbmarschen im Mittelalter. Teil 1: Die Stader Elbmarschen vor der Kolonisation des 12. Jahrhunderts. Veröffentlichungen des Institutes für historische Landesforschung der Universität Göttingen 12 (Hildesheim 1979). Teil 2: Die Hollerkolonisation und die Landesgemeinden des Landes Kehdingen und Altes Land. Veröffentlichungen des Institutes für historische Landesforschung der Universität Göttingen 14 (Hildesheim 1981).

Meier, D.: Landschaftsgeschichte und Siedlungsmuster von der römischen Kaiserzeit bis in das Mittelalter in den Küstengebieten Eiderstedts und Dithmarschens. Siedlungsforschung. Archäologie – Geschichte – Geographie 14, 1996, 245–276.

Meier, D.: Landschaftsentwicklung und Siedlungsgeschichte des Eiderstedter und Dithmarscher Küstengebietes als Teilregionen des Nordseeküstenraumes. Teil 1: Die Siedlungen; Teil 2: Der Siedlungsraum. Untersuchungen der AG Küstenarchäologie des FTZ-Westküste. Universitätsforschungen zur Prähistorischen Archäologie 79 (Bonn 2001).

Nitz, H. J.: Die mittelalterliche und frühneuzeitliche Besiedlung von Marsch und Moor zwischen Ems und Weser. Siedlungsforschung. Archäologie – Geschichte – Geographie 2, 1984, 43–77.

Schmid, P.: Die mittelalterliche Besiedlung, Deich- und Landesausbau im niedersächsischen Küstengebiet. In: Böhme, H. W. (Hg.): Siedlungen und Landesausbau zur Salierzeit. Teil 1: In den nördlichen Landschaften des Reiches (Sigmaringen 1991) 9–36.

Strahl, E.: Die mittelalterliche Besiedlung des Wangerlandes durch die Friesen. Berichte zur Denkmalpflege in Niedersachsen 1, 1997, 34–38.

Tys, D.: Een Middeleuws Landschap als Materielle Cultur: De Interactie tussen Macht en Ruimte in een Kustgebied en de Wording van een laatmiddeleeuws tot vroegmodern Landschap Kamberlings Ambacht, 500–1200/1600. 4 Bde. Proefschrift Vrije Universiteit Brussel. Faculteit Letteren en Wijsbegeerte, opleiding Geschiedenis (Brüssel 2003).

Wassermann, E.: Reihensiedlungen in Aufstreck-Breitstreifenfluren im westlichen Osfriesland. Zur Rekonstruktion der Primärformen der mittelalterlichen Binnenkolonisation im vermoorten Grenzbereich zwischen Marsch und Geest. Siedlungsforschung. Archäologie – Geschichte – Geographie 2, 1984, 111–122.

8. IM ZEICHEN DES KREUZES:
KIRCHE UND KLÖSTER

Bärenfänger, R.: Aus der Geschichte der Wüstung »Kloster Barthe«, Landkreis Leer, Ostfriesland. Ergebnisse der Untersuchungen 1988 bis 1992. Probleme der Küstenforschung im südlichen Nordseegebiet 24, 1997, 9–252.

Markgräflich Badische Museen (Hg.): Kloster und Staat. Besitz und Einfluss der Reichsabtei Salem. Ausstellung zum 850. Jubiläum (Tettnang 1984).

Meier, D.: Zu den archäologischen Untersuchungen vor dem Neuen Bau und auf dem Münsterplatz in Ulm 1988. Ulm und Oberschwaben 45/46, 1990, 311–323.

Mol, J.: Mittelalterliche Klöster und Deichbau im westlauwersschen Friesland. In: Steensen, Th. (Hg.): Deichbau und Sturmfluten in den Frieslanden. Beiträge vom 2. Historiker-Treffen des Nordfriisk Instituut (Bredstedt 1992) 46–59.

Rösener, W.: Reichsabtei Salem. Verfassungs- und Wirtschaftsgeschichte des Zisterzienserklosters von der Gründung bis zur Mitte des 14. Jahrhunderts. Vorträge und Forschungen Sonderband 13 (Sigmaringen 1974).

Rösener, W.: Zur Wirtschaftstätigkeit der Zisterzienser im Hochmittelalter. Zeitschrift für Agrargeschichte und Agrarsoziologie 30, 1982, 117–120.

Spicker-Beck, M. u. Keller, Th.: Klosterinsel Reichenau. Kultur und Erbe (Stuttgart 2001).

Stephan, H.-G.: Studien zur Siedlungsentwicklung und -struktur von Stadt und Reichskloster Corvey (800–1670). Eine Gesamtdarstellung auf der Grundlage archäologischer und historischer Quellen. Göttinger Schriften zur Vor- und Frühgeschichte 26 (Neumünster 2000).

Zimmermann, W. u. Priesching, N. (Hg.): Württembergisches Klosterbuch. Klöster, Stifte und Ordensgemeinschaften von den Anfängen bis in die Gegenwart (Stuttgart 2003).

Austermann, M.: Archäologische Forschungen zu den mittelalterlichen Siedlungen in der Wetterau. Siedlungsforschung. Archäologie – Geschichte – Geographie 17, 1999, 47–64.

Balzer, M.: Paderborn als karolingischer Pfalzort. In: Binding (1996) 9–85.

Bauer, E. W. u. Schönnamsgruber, H.: Das große Buch der Schwäbischen Alb (Stuttgart 1988).

Binding, G. (Hg.): Deutsche Königspfalzen von Karl dem Großen bis Friedrich II. (765–1240). Beiträge zu ihrer historischen und archäologischen Erforschung (Darmstadt 1996).

Böhme, H. W.: Burgen der Salierzeit. Teil 1: In den nördlichen Landschaften des Reiches. Teil 2: In den südlichen Landschaften des Reiches. Römisch-Germanisches Zentralmuseum Monographien 25 (Sigmaringen 1991).

Brachmann, H. J.: Zum Burgenbau salischer Zeit zwischen Harz und Elbe. In: Böhme (1991) 97–148.

Gebauer, M.: Archäologische und historische Untersuchungen zur früh- und hochmittelalterlichen Besiedlung im westlichen Mittelhessen. Siedlungsforschung. Archäologie – Geschichte – Geographie 17, 1999, 65–76.

Grimm, P.: Tilleda – Eine Königpfalz am Kyffhäuser. Teil 1: Die Hauptburg (Berlin 1968). Teil 2: Die Vorburg und Zusammenfassung (Berlin 1990).

Gringmuth-Dallmer, E.: Die mittelalterliche Besiedlung des Mittel- und Unterharzes. Siedlungsforschung. Archäologie – Geschichte – Geographie 10, 1992, 145–161.

Heine, H.-W.: Frühe Burgen und Pfalzen in Niedersachsen. Von den Anfängen bis zum frühen Mittelalter. Wegweiser zur Vor- und Frühgeschichte Niedersachsens 17 (Hildesheim 1991).

Herrmann, F.-R. u. Seitz, G.: Von der Vorzeit zum Mittelalter. Archäologische Ausflüge in der Wetterau. Archäologische Denkmäler in Hessen 84 (Wiesbaden 1989).

Janssen, W.: Niederungsburgen im Rheinland. Vom Holzbau zur Steinburg. In: Schweizerischer Burgenverein (Hg.) (1977) 11–42.

Mecke, B.: Die Pfalzen in Paderborn. Entdeckung und Auswertung. In: Stiegemann, C. u. Wemhoff. M.: 799. Kunst und Kultur der Karolingerzeit. Karl der Große und Papst Leo III. in Paderborn. Beiträge zum Katalog der Ausstellung Paderborn 1999 (Mainz 1999) 176–181.

Meckseper, C.: Zur salischen Gestalt des Palas der Königspfalz in Goslar. In: Böhme (1991) 85–96.

Meiborg, C. u. Reuling, U.: Die Burg Weißenstein bei Marburg-Wehrda. In: Böhme (1991) 149–176.

Meyer, W.: Rodung, Burg und Herrschaft. In: Schweizerischer Burgenverein (Hg.) (1977) 43–80.

Müller-Wille, M. u. Struve, K. W. (Hg.): Oldenburg – Wolin – Staraja Ladoga – Novgorod – Kiev. Handel und Handelsverbindungen im Ostseeraum während des frühen Mittelalters. Berichte der Römisch-Germanischen Kommission 69 (Mainz 1988).

Piper, O.: Abriß der Burgenkunde (Leipzig 1914).

Renaud, J.: Niederländische Backsteinburgen des 13. und 14. Jahrhunderts. In: Schweizerischer Burgenverein (Hg.) (1977) 95–106.

Rückert, P.: Ravensburg und Falkenberg. Die Geschichte zweier Burgen in der Stauferzeit (Würzburg 1992).

Schmidt, H.: Die Creuzburg. Geschichte und Baugeschichte. Veröffentlichungen des Burgvereins Creuzburg e.V. (Eisenach 1995).

Schweizerischer Burgenverein (Hg.): Burgen aus Holz und Stein. Burgenkundliches Kolloquium in Basel 1977 (Olten 1979).

Seibt, F.: Glanz und Elend des Mittelalters. Eine endliche Geschichte (Berlin 1987).

Weidemann, K.: Pfalz und Stadt als Zentren der Königsherrschaft am Nordharz. In: Goslar – Bad Harzburg. Führer zu vor- und frühgeschichtlichen Denkmälern 35 (Mainz 1978) 11–50.

10. WO DAS LEBEN TOBT:
STÄDTE

Abel, W.: Einige Bemerkungen zum Land-Stadtproblem im Spätmittelalter (Göttingen 1976).

Boe, G. u. Verhaeghe, F. (Hg.): Urbanism in Medieval Europe. Papers of the »Medieval Europe Brugge 1997« Conference. Vol. 1. I.A.P Rapporten 1 (Zelijk 1997).

Böhner, K. (Hg.): Führer zu vor- und frühgeschichtlichen Denkmälern 38. Köln II: Nördliche Innenstadt (Mainz 1980).

Bracker, J. (Hg.): Die Hanse. Lebenswirklichkeit und Mythos. 2 Bde. Ausstellungskatalog Museum für Hamburgische Geschichte (Hamburg 1989).

Bräuning, A.: Um Ulm herum. Untersuchungen zu mittelalterlichen Befestigungsanlagen in Ulm. Forschungen und Berichte. Archäologie des Mittelalters Baden-Württemberg 23 (Stuttgart 1998).

Cieslaka, E.: Historia Gdanska (Gdansk 1978).

Coreanu-Windauer, S. u. Wintergerst, E.: Regensburg – eine mittelalterliche Großstadt an der Donau. In: Wiecorek, A. u. Hinz, H.-M. (Hg.) (2000) Band 1, 179–184.

Fehring, G. P.: Stadtarchäologie in Deutschland. Kölner Jahrbuch für Vor- und Frühgeschichte 23, 1990, 605–611.

Fehring, G. P.: Stadtarchäologie Lübecks 1973–1993. Zeitschrift für Archäologie des Mittelalters 22, 1994, 129–180.

Feiler, A.: Entwicklung Kiels von der Frühen Neuzeit zur mittelalterlichen Stadt. Auswertung der archäologischen Ausgrabungen (1989 bis 1991) in der Altstadt von Kiel. Universitätsforschungen zur Prähistorischen Archäologie 29 (Bonn 1996).

Küster, H.: Pflanzliche Ernährung. Einführung. In: Landesdenkmalamt Baden-Württemberg und Stadt Zürich (Hg.) (1992) 289–291.

Küster, H.: Versorgung und Entsorgung der mittelalterlichen Stadt. In: Spindler, K. (Hg.): Mensch und Natur im mittelalterlichen Europa. Archäologische, historische und naturwissenschaftliche Befunde. Schriftenreihe der Akademie Friesach 4 (Klagenfurt 1998) 311–325.

Landesdenkmalamt Baden-Württemberg und Stadt Zürich (Hg.): Stadtluft, Hirsebrei und Bettelmönch. Die Stadt um 1300 (Stuttgart 1992).

Lange, U. (Hg.): Geschichte Schleswig-Holsteins. Von den Anfängen bis zur Gegenwart (Neumünster 1996).

Lingenberg, H.: Der Strukturwandel in der Entwicklung Danzigs vom 12. bis zum 13. Jahrhundert. In: Arnold, U. (Hg.): Die Stadt in Preußen. Schriftenreihe Nordostarchiv 23 (Lüneburg 1983).

Łosinski, W.: Stettin (Szczecin). In: Wiecorek, A. u. Hinz, H.-M. (Hg.) (2000) Band 1, 156–162.

Meier, D.: Zu den archäologischen Untersuchungen vor dem Neuen Bau und auf dem Münsterplatz in Ulm 1988. Ulm und Oberschwaben 45/46, 1990, 311–323.

Meier, D.: Alt Lübeck. Die Ergebnisse der Ausgrabungen 1947–1950 (Teil 3) und 1956–1972 im nördlichen Burgbereich sowie erreichter Forschungsstand. Lübecker Schriften zur Archäologie und Kulturgeschichte 23, 1993, 7–46.

Meier, F.: Konstanzer Stadterweiterungen im Mittelalter. Grundstücksbezogene Untersuchungen zur Erschließungsgeschichte und Sozialtopographie einzelner Quartiere. Konstanzer Dissertationen 277 (Konstanz 1989).

Mührenberg, D.: Der Markt zu Lübeck. Ergebnisse archäologischer Untersuchungen. Lübecker Schriften zur Archäologie und Kulturgeschichte 23, 1993, 83–154.

Röschmann, J. (Hg.): Vorgeschichte des Kreises Flensburg. Die vor- und frühgeschichtlichen Funde in Schleswig-Holstein VI (Neumünster 1963).

Sarfatij, H.: Verborgen Steden. Stadsarcheologie in Nederland (Amsterdam 1990).

Schich, W.: Der Ostseeraum aus der Sicht der mittelalterlichen Siedlungsgeschichte – mit besonderer Berücksichtigung der »Seestädte« an der südwestlichen Ostseekrüste. Siedungsforschung. Archäologie – Geschichte – Geographie 15, 1997, 53–80.

Schütte, S.: Köln als Handelsplatz des Früh- und Hochmittelalters. In: Wiecorek, A. u. Hinz, H.-M. (Hg.) (2000) Band 1, 184–187.

Specker, H.-E.: Ulm. Stadtgeschichte (Ulm 1977).

Vogel 1989: Schleswig im Mittelalter. Archäologie einer Stadt (Neumünster 1989).

Wiecorek, A. u. Hinz, H.-M. (Hg.): Europas Mitte um 1000. Handbuch zur Ausstellung. Beiträge zur Geschichte, Kunst und Archäologie. 2 Bde. (Stuttgart 2000).

11. ES GRÜNE DIE TANNE, ES WACHSE DAS ERZ: TECHNIK UND ROHSTOFFE

Balck, F.: Die Nutzung der Wasserkraft. In: Klappauf, L. (Hg.) (2000) 87–95.

Bantelmann, A.: Die Landschaftsentwicklung an der schleswig-holsteinischen Westküste, dargestellt am Beispiel Nordfriesland. Offa-Bücher 21 (Neumünster 1967).

Bartels, Ch.: Der Bergbau – im Zentrum das Silber. In: Lindgren, U. (Hg.) (1997) 235–248.

Bartels, Ch.: Der Bergbau – Ein Überblick. In: Klappauf, L. (Hg.) (2000) 106–111.

Behre, K.-E.: Kleine historische Landeskunde des Elbe-Weser-Raumes. In: Dannenberg, H.-E. u. Schulze, H.-J. (Hg.): Geschichte des Landes zwischen Elbe und Weser. Schriftenreihe Landschaftsverband ehemalige Herzogtümer Bremen und Verden (Stade 1995) 1–64.

Binding, G.: Bautechnik – Steinbau – Kathedralbau. In: Lindgren, U. (Hg.) (1997) 73–76.

Bock, G.: Wassermühlen des Stormarner Raumes während der Krise des Spätmittelalters. Natur- und Landeskunde. Zeitschrift für Schleswig-Holstein, Hamburg und Mecklenburg 1/2, 2003, 13–26.

Boetius, M.: Matthiae Boetii de cataclysmo Nordstrandico commentariorum libri tres. Quellen und Forschungen zur Geschichte Schleswig-Holsteins 25 (Kiel 1940).

Frenzel, B. u. Kempter, H.: Der Einfluß von Erzbergbau und Erzverhüttung auf die Umweltbedingungen des Harzes in der Vergangenheit. In: Klappauf, L. (Hg.) (2000) 72–77.

Hillebrecht, M.-L.: Der Wald als Energielieferant für das Berg- und Hüttenwesen. In: Klappauf, L. (Hg.) (2000) 83–86.

Klappauf, L.: Zur Bedeutung des Harzes und seiner Rohstoffe in der Reichsgeschichte. In: Böhme, H. W. (Hg.): Siedlungen und Landesausbau zur Salierzeit. Teil 1: In den nördlichen Landschaften des Reiches (Sigmaringen 1991) 211–232.

Klappauf, L. (Hg.): Auf den Spuren einer frühen Industrielandschaft. Naturraum – Mensch – Umwelt im Harz. Arbeitshefte zur Denkmalpflege in Niedersachsen 21 (Hameln 2000).

Krämer, R.: Mittelalterliche Salztorfgewinnung im Gebiet des Jadebusens. Archäologische Mitteilungen aus Nordwestdeutschland, Beiheft 5, 1991, 99–108.

König, W. (Hg.): Propyläen Technikgeschichte, Bd. 1 und 2 (Berlin 1997).

Könke, G.: Die Bedeutung des »Friesensalzes« im späteren Mittelalter als regionaler Wirtschafts- und Handelsfaktor. In: Journal of Salt History. Jahrbuch für Salzgeschichte 4, 1996, 35–67.

Kühn, H.-J.: Morsum – ein Marschhufendorf Alt-Nordstrands. In: Landesamt für den Nationalpark Schleswig-Holsteinisches Wattenmeer u. Bundesumweltamt (Hg.): Umweltatlas Wattenmeer. I Nordfriesisches und Dithmarscher Wattenmeer (Stuttgart 1998) 30–31.

Küster, H. J.: Geschichte der Landschaft in Mitteleuropa. Von der Eiszeit bis zur Gegenwart (München 1996).

Lindgren, U. (Hg.): Europäische Technik im Mittelalter 800–1400. Tradition und Innovation. Ein Handbuch (Berlin 1997).

Mämpel, U.: Keramik und keramische Glasuren. In: Lindgren, U. (Hg.) (1997) 287–289.

Marco, Ch.: Die Maschinen des Leonardo da Vinci (Florenz 1988).

Marschalleck, K. H.: Die Salzgewinnung an der friesischen Nordseeküste. Probleme der Küstenforschung 10, 1973, 127–150.

Maurice, C.: Die deutsche Räderuhr: zur Kunst und Technik des mechanischen Zeitmessers im deutschen Sprachraum. 2 Bde. (München 1976).

Meier, D.: Landschaftsentwicklung und Siedlungsgeschichte des Eiderstedter und Dithmarscher Küstengebietes als Teilregionen des Nordseeküstenraumes. Untersuchungen der AG Küstenarchäologie des FTZ-Westküste. Teil 1: Die Siedlungen; Teil 2: Der Siedlungsraum. Universitätsforschungen zur Prähistorischen Archäologie 79 (Bonn 2001).

Nadler, M.: Fürsten, Krieger, Müller. Archäologie in Deutschland 3, 2000, 6–11.

Petrejus, P.: Denkwürdigkeiten des Amtes Tondern, Bd. 3, Kap. III: Vom Saltzwesen in der Bökingharde des Amtes Tondern. Handschr. Manuskript 1710. Abgedruckt in: Lensch, M.: Die Salzgewinnung in Nordfriesland. Jahrbuch Nordfriesischer Verein für Heimatkunde und Heimatliebe, 1908/09, 45–68.

Pleiner, R.: Vom Rennfeuer zum Hochofen – Die Entwicklung der Eisenverhüttung, 9.–14. Jahrhundert. In: Lindgren, U. (Hg.) (1997) 253–255.

Prange, W.: Alte mündliche Überlieferung aus Nordfriesland und ihre Verwendung bei geologischen und siedlungsgeschichtlichen Untersuchungen in der Marsch. Nordfriesisches Jahrbuch N.F. 4/5, 1968/69, 262–277.

Prange, W.: Eine Berechnung der mittelalterlichen Salzproduktion in Nordfriesland. Die Heimat, Heft 9, 1982, 296–302.

Schwabenicky, W.: Die mittelalterliche Bergbausiedlung auf dem Treppenhäuser bei Sachsenburg (Kr. Kranichen). Arbeits- und Forschungsberichte zur sächsischen Bodendenkmalpflege 32, 1988, 237–266.

Schwabenicky, W.: Hochmittelalterliche Bergstädte im sächsischen Erzgebirge und Erzgebirgsvorland. Siedlungsforschung. Archäologie – Geschichte – Geographie 10, 1992, 195–210.

Steuer, H.: Erzbergbau im Schwarzwald zur Salierzeit. In: Böhme, H. W. (Hg.): Siedlungen und Landesausbau zur Salierzeit. Teil 2: In den südlichen Landschaften des Reiches (Sigmaringen 1991) 67–96.

Steuer, H.: Die Entwicklung des Bergbaus in den deutschen Mittelgebirgen seit der Römerzeit und ihr Zusammenhang mit der Besiedlung. Siedlungsforschung. Archäologie – Geschichte – Geographie 10, 1992, 121–144.

Zich, B., Hill, Th. u. Mueller, M. J.: Von Wegen: auf den Spuren des Ochsenweges (Heerweg) zwischen dänischer Grenze und Eider. Flensburger Regionale Studien 12 (Flensburg 2002).

12. ÜBER STOCK UND STEIN: HANDEL UND VERKEHR

Beranek, B.: Zwei wichtige historische Fernwege im Land Lauenburg. Archäologische Nachrichten in Schleswig-Holstein 8, 1997, 126–138.

Dreyer-Eimbcke, E.: Alte Straßen im Herzen Europas (Frankfurt/Main 1989).

Elmers, D.: Frühmittelalterliche Handelsschiffahrt in Mittel- und Nordeuropa (Neumünster 1972).

Elmers, D.: Die Entstehung der Hanse. Hansische Geschichtsblätter 103, 1985, 3–40.

Elmers, D.: Wikingerschiffe, Koggen, Holken und Dreimaster. Menschen auf See im Mittelalter. In: Spindler, K. (Hg.): Mensch und Natur im mittelalterlichen Europa. Archäologische, historische und naturwissenschaftliche Befunde. Schriftenreihe Akademie Friesach 4 (Klagenfurt 1998) 101–128.

Englert, A., Fischer, J., Hartz, S., Kühn, H. J. u. Nakoinz, O.: Ein nordisches Frachtschiff des 12. Jahrhunderts in der Schlei von Karschau, Kreis Schleswig-Flensburg. Ein Vorbericht. Archäologische Nachrichten aus Schleswig-Holstein 11, 2000, 34–57.

Küster, H. J.: Geschichte der Landschaft in Mitteleuropa. Von der Eiszeit bis zur Gegenwart (München 1996).

Stoob, H.: See- und Flußhäfen vom Hochmittelalter bis zur Industrialisierung (Köln – Wien 1986).

13. AM ENDE?
WACHSTUMSGRENZEN, WÜSTUNGEN UND KATASTROPHEN

Abel, W.: Geschichte der deutschen Landwirtschaft vom frühen Mittelalter bis zum 19. Jahrhundert. Deutsche Agrargeschichte 2 (Hg. G. Franz) (Stuttgart ²1978).

Abel, W.: Die Wüstungen des ausgehenden Mittelalters: ein Beitrag zur Siedlungs- und Agrargeschichte Deutschlands. Quellen u. Forschungen zur Agrargeschichte 1 (Jena 1943).

Abel, W.: Agrarkrisen und Agrarkonjunktur in Mitteleuropa vom 13. bis zum 19. Jahrhundert (Berlin 1935).

Bergmann, R. (Hg.): Zwischen Pflug und Fessel. Mittelalterliches Landleben im Spiegel der Wüstungsforschung. Ausstellungskatalog Westfälisches Museum Münster. 2 Bde. (Münster 1993).

Bock, G.: Wassermühlen des Stormarner Raumes während der Krise des Spätmittelalters. Natur- und Landeskunde. Zeitschrift für Schleswig-Holstein, Hamburg und Mecklenburg 1/2, 2003, 13–26.

Boetius, M.: Matthiae Boetii de cataclysmo Nordstrandico commentariorum libri tres. Quellen und Forschungen zur Geschichte Schleswig-Holsteins 25 (Kiel 1940).

Bork, H.-R., Bork, H., Dalchow, C., Faust, B., Piorr, H.-P. u. Schatz, Th.: Landschaftsentwicklung in Mitteleuropa (Stuttgart 1998).

Jäger, H.: Einführung in die Umweltgeschichte (Darmstadt 1994).

Knutzen, I.: Nachricht wie Eiderstedt landfest geworden. In: Camerer, J. F.: Vermischte historisch-politische Nachrichten Teil 2 (Flensburg 1762) 403–510.

Küster, H.: Geschichte des Waldes: von der Urzeit bis zur Gegenwart (München 1998).

Meier, D.: Trutz Blanke Hans. Mittelalterlicher Deichbau und Existenzkampf an der Nordseeküste. In: Spindler, K. (Hg.), Mensch und Natur im mittelalterlichen Europa. Archäologische, historische und naturwissenschaftliche Befunde. Schriftenreihe Akademie Friesach 4 (Klagenfurt 1998) 129–168.

Meier, D.: Landschaftsentwicklung und Siedlungsgeschichte des Eiderstedter und Dithmarscher Küstengebietes als Teilregionen des Nordseegebietes. Teil 1: Die Siedlungen; Teil 2: Der Siedlungsraum. Untersuchungen der AG Küstenarchäologie des FTZ-Westküste. Universitätsforschungen zur Prähistorischen Archäologie 79 (Bonn 2001).

Meier, D.: Sturmfluten und ihre Auswirkungen auf die Nordseeküste. In: Lozán, J., Rachor, E., Reise, K., Sündermann, J. u. Westernhagen, H. v. (Hg.): Nordsee & Wattenmeer. Eine aktuelle Umweltbilanz. Wissenschaftliche Auswertungen (Hamburg 2002) 29–33.

Pfister, C.: Klimageschichte der Schweiz 1525–1860. Das Klima der Schweiz von

1525–1860 und seine Bedeutung in der Geschichte von Bevölkerung und Landwirtschaft. 2 Bde. (Bern 1984).

Pfister, C.: Historische Umweltforschung und Klimageschichte. Mit besonderer Berücksichtigung des Hoch- und Spätmittelalters. Siedlungsforschung. Archäologie – Geschichte – Geographie 6, 1988, 113–127.

Pötzsch, C. G.: Chronologische Geschichte der großen Wasserfluthen des Elbstromes seit tausend und mehr Jahren (Dresden 1784).

Pötzsch, C. G.: Nachtrag und Fortsetzung seiner chronologischen Geschichte der großen Wasserfluthen des Elbstromes seit tausend und mehr Jahren (Dresden 1786).

Pötzsch, C. G.: Zweyter Nachtrag und Fortsetzung seiner chronologischen Geschichte der großen Wasserfluthen des Elbstromes seit tausend und mehreren Jahren, von 1786 bis 1800, insbesondere der merkwürdigen Fluthen des Jahres 1799, und anderer darauf Bezug habenden Ereignisse (Dresden 1800).

Rösener, W. (Hg.): Jagd und höfische Kultur im Mittelalter (Göttingen 1997).

Rückert, P.: Wald und Siedlung im späteren Mittelalter aus der Perspektive der Herrschaft. Siedlungsforschung. Archäologie – Geschichte – Geographie 18, 2001, 121–143.

Stephan, H.-G.: Stadtwüstungen in Mitteleuropa. Ein erster Überblick. In: Boe, G. u. Verhaeghe, F.: Urbanism in Medieval Europe. Papers of the »Medieval Europe Brugge 1997« Conference 1 (Zellik 1997) 329–361.

14. KULTURELLES ERBE DER LANDSCHAFT

Borger, G. J., Haardsten, A., Vesters, P. u. Horsten, F.: Het Groene Hart. Een Hollands cultuurlandschap (Utrecht 1997).

Common Wadden Sea Secretariat (Hg.): Trilateraler Wattenmeerplan. Ministererklärung der Achten Trilateralen Regierungskonferenz zum Schutz des Wattenmeeres (Groningen 1988).

Council of Europe: European Landscape Convention. European Treaty Series 176 (Bruxelles 2000).

Déjeant-Pons, M.: The European Landscape Convention, Florence. In: Fairclough, G. J. u. Rippon, S. (2002) 13–24.

Fairclough, G. J. (Hg.): Historic Landscape Characterization. Papers presented at an English Heritage seminar held at the Society of Antiquaries, 11. December 1998. English Heritage (London 1999).

Fairclough, G. J.: Europe's landscape: archaeology, sustainability and agriculture. In: Fairclough, G. J. u. Rippon, S. (2002) 1–12.

263

Fairclough, G. J.: Archaeologists and the European Landscape Convention. In: Fairclough, G. J. u. Rippon, S. (2002) 25–37.

Fairclough, G. J. u. Rippon, S.: Europe's Cultural Landscape: archaeologists and the manangement of change. Europae Archaeologiae Consilium 2 (Exeter 2002).

Fischer, L. (Hg.): Kulturlandschaft Nordseemarschen (Husum 1997).

Innenministerium Baden-Württemberg (Hg.): Leben mit der Geschichte (Stuttgart 1984).

Innenministerium Baden-Württemberg (Hg.): Denkmallandschaft Baden-Württemberg (Stuttgart 1988).

Netherlands State Government: The Belvedere Memorandum – a policy document examining the relationship between cultural history and spatial planning (The Hague 1999).

Pathways to European Cultural Landscapes: Webpage: www.pcl-eu.de.

Schenk, W., Fehn. K. u. Denecke Hg.): Kulturlandschaftspflege. Beiträge der Geo, D. (graphie zur räumlichen Planung (Stuttgart 1997).

Vollmer, M., Guldberg, M., Maluck, M., Marrewijk, D. van u. Schlicksbier, G.: LANCEWAD. Landscape and Cultural Heritage in the Wadden Sea Region. Final report. Common Wadden Sea Secretariat (Wilhelmshaven 2000).

BILDNACHWEIS

Bayerische Staatsbibliothek München, Clm 1971 fol. 3v.: S. 202.

Diercke Weltatlas (Westermann Schulbuchverlag, Braunschweig 1969): S. 52 –53.

Essex County Council: S. 191 (Gemälde von Frank Gardiner).

Faksimile-Verlag, Luzern, Stundenbuch des Herzogs von Berry: S. 27, 111.

Germanisches Nationalmuseum Nürnberg: S. 64.

F. Mandl/ M. Cerwinka: Dachstein. Vier Jahrtausende Almen im Hochgebirge, 2 Bde, Gröming, Verein ANISA, 1996/1998: S. 68.

E. Meier: S. 88.

U. Muuß: Luftbildatlas von Schleswig-Holstein und Hamburg (Neumünster 1985): S. 26.

Niedersächsisches Ministerium für Wirtschaft und Verkehr, Hannover, P 292: S. 99.

W. Raabe: S. 90, 219.

Rijkswaterstaat Delft: S. 241.

Toman, R. (Hg.), Das hohe Mittelalter. Besichtigung einer ferner Zeit. Köln, 1998: S. 13, 19, 111.

Archiv des Verfassers: S. 24, 42, 57, 62, 119, 134, 137, 180, 187, 200, 244.